스무 살 때는
있었고

지금은
없는 것

스무 살 때는 있었고

지금은 없는 것

베스 켐프턴 지음 | 김지혜 옮김

시그마북스
Sigma Books

스무 살 때는 있었고 지금은 없는 것

발행일 2018년 9월 20일 초판 1쇄 발행

지은이 베스 켐프턴

옮긴이 김지혜

발행인 강학경

발행처 시그마북스

마케팅 정제용, 한이슬

에디터 권경자, 김경림, 장민정, 신미순, 최윤정, 강지은

표지 디자인 최희민, 김문배

내지 디자인 디자인허브

등록번호 제10-965호

주소 서울특별시 영등포구 양평로 22길 21 선유도코오롱디지털타워 A404호

전자우편 sigmabooks@spress.co.kr

홈페이지 http://www.sigmabooks.co.kr

전화 (02) 2062-5288~9

팩시밀리 (02) 323-4197

ISBN 979-11-89199-36-4 (03190)

FREEDOM SEEKER by Beth Kempton

이 도서의 국립중앙도서관 출판예정도서목록(CIP)은 서지정보유통지원시스템 홈페이지 (http://seoji.nl.go.kr)와 국가자료공동목록시스템(http://www.nl.go.kr/kolisnet)에서 이용하실 수 있습니다.

(CIP제어번호: CIP2018024520)

* 시그마북스는 (주)시그마프레스의 자매회사로 일반 단행본 전문 출판사입니다.

| 차례 |

자유는 창문을 열고 바람을 느끼며 음악을 크게 틀어놓고 탁 트인 길을
달리는 것이라고 생각했다. 내 상상 속의 자유는 호기심 가득한 모험가
이자 열정적으로 아름다움을 좇는 존재였다. 머리를 땋아 꽃으로 장식
하고 신비한 매력을 뿜어내며 거침없이 먼 곳으로 떠날 수 있는 존재였
다. 아침 대신 호기심을, 점심 대신 열정을 먹고, 숨 쉬는 것만큼이나 자
연스럽게 도전을 즐기는 존재, 적극적이며 중요한 존재였다.

스무 살의 나는 이 모든 것을 당연히 알고 있었다. 모든 것이 짜릿하
고 신나던 그 시절 자유는 내 용감한 여행 친구였다. 돌이켜 생각해 봐
도 언제 이 친구와 헤어졌는지 잘 모르겠다. 자유가 기억 속으로 사라
져버린 그 순간을 정확히 짚어낼 수가 없다. 우리가 멀어지게 된 큰 사
건이 있었던 것은 아니다. 내 일상에서 서서히 잊혀가다 어느 날 돌아
보니 사라지고 없었다.

나는 그 이후로 줄곧 자유를 찾아 헤맸다. 내가 결혼을 하고, 엄마가
되고, 일을 하며 사회 구성원으로 살아가는 동안 자유는 어디 있었을
까? 일의 중압감 때문에 소중한 일상을 빼앗길 때나 아이들의 요구에
정신을 쏙 빼앗길 때는? 돈은 빠듯하고 스트레스가 치솟을 때, 내가 질

병에 시달릴 때나 다른 가족이 아픈 것을 지켜봐야 할 때 자유는 도대체 어디 있었을까? 꿈이 너무 크다고, 시작하기에는 이제 늦었다고 머릿속에서 속삭일 때, 나를 가장 아끼는 사람들마저 내게 열정이 돈을 벌어주지는 못한다고, 무슨 자신감으로 그런 꿈을 꾸느냐고 물을 때 자유는 어디 있었을까? 모험이 먼 옛날의 사치처럼 느껴지고 좋아하는 일을 한다는 것이 이기적이며 비현실적인 일처럼 느껴질 때는?

우리는 우리 자신을 억압하는 방식으로 삶을 설계하곤 한다. 하루를 일로 빽빽하게 채우고, 두 귀에는 온갖 소음을, 수납장에는 물건을 가득 채워 넣는다. 걱정, 빚, 의무, 다른 사람의 고통으로 우리 자신을 짓누르기도 한다. 근거 없는 추측을 하거나, 아무 생각 없이 유행을 좇거나, 지나치게 규칙에 얽매여 산다. 우리는 '뭔가를 하지 않는 일에 성공'하는 식의 성공을 좇는다. 우리가 원한다고 생각했던 일은 우리를 행복하게 하지 못한다. 마음의 소리에 귀를 기울여야 할 때 엉뚱한 조언에 귀를 기울이기도 한다.

이 책은 수년간 나의 삶에 큰 영향을 끼친 결혼과 육아의 어려움, 사업 운영에서 오는 압박 등을 겪으며 내 오랜 친구인 자유를 찾아 헤매고 추구해 온 결과물이다. 그리고 내가 지금껏 엉뚱한 곳에서 자유를 찾아 헤맸다는 사실에 대한 깨달음이다.

사실 자유는 우리의 웃음, 우리가 사랑하는 방식, 우리가 추구하는 진실, 우리가 살아온 이야기 안에 존재하고 있다. 자유는 가벼운 마음, 맑은 머리, 편안한 미소다. 자유는 우리 마음 곳곳을 누비며 영혼 가장 깊숙한 곳의 갈망을 건드린다. 자유는 나고 내가 바로 자유다.

하지만 삶은 종종 예상과는 다른 방향으로 흘러가며, 자유와 나는 둘로 나뉘고는 한다. 우리 둘 중 하나는 죄책감, 걱정, 의무, 피곤 등의 창살로 둘러싸인 새장에 갇힌다. 한 가지 다행인 점은 설령 그렇게 느껴지지 않더라도 적어도 우리 중 한 명은 언제나 자유롭다는 사실이다. 갇혔을 때를 정확히 인지하고 나를 가둔 삶의 방해물에서 벗어나는 방법을 아는 것이 중요하다.

새장 하나를 겨우 벗어나자마자 또 다른 새장이 나타나는 것을 발견하게 될 수도 있다. 갇혔다 벗어났다를 반복하는 과정은 인간의 성장에 있어 필연적이다. 갇혔다 벗어나는 일을 반복할 때마다 무언가 교훈을 얻고 조금씩 성장해 간다. 하지만 갇히는 것은 달갑지 않으며 벗어나는 기분이 훨씬 좋은 것은 당연하다.

새장에 갇힌 기분이 들 때마다 이 책은 자유로운 당신을 찾게 해주고 다시 온전한 당신이 되는 방법을 제시해 줄 것이다. 자유를 찾아 나서는 것은 선택이다. 자유를 발견하는 것도 선택이다. 자유가 머무를 이유를 만드는 것 역시 선택이다.

당신이 몇 살이든 어떤 상황에 있든,
자유를 누리는 것은 당신 스스로 만들어내는 기회이고
당신 스스로 선택하는 것이다.

이 책은 자유가 어떤 느낌이었는지 당신에게 다시 상기시켜 주고, 자유를 찾아 탈출할 수 있는 여러 가지 실용적인 방법을 가르쳐줄 것이다. 자기 삶의 주인으로서 당신도 자유로워질 방법을 찾을 수 있었으면 좋겠다. 자유를 향한 이 여정을 함께 시작해 보자.

탈출에의
초대

나는 자유가 어떤 느낌인지 안다. 갇혀 있다는 생각이 들 때면 그 느낌
은 더 생생하게 다가온다.

. . .

　나는 말 위에서 15분도 버틸 수 없었다. 빌려 탄 말은 산길을 올라가
다 아찔한 커브를 만날 때마다 발굽을 달각거리며 엉덩이를 좌우로 흔
들어 나를 거의 절벽 끝으로 밀어내다시피 했다. 그렇지 않아도 전날
밤 예정에 없이 부탄 왕자와 함께 먹은 향신료가 강한 야크 커리 때문
에 뱃속이 불편한 터였다. 할 수 없이 말에서 내려 성스러운 탁상곰파
사원(부탄의 대표적인 불교 성지-옮긴이)까지 남은 길을 걸어 올라가며 왕자
와의 만남을 생각했다. 여전히 꿈같이 느껴졌다.
　나는 오랜 친구인 나카타 히데토시의 초대로 이 '포효하는 용의 나
라'(종카어로 부탄을 일컫는 말인 '드루크윌'의 뜻-옮긴이)를 방문하게 됐다. 그

14

는 멋지고 다정하며 이탈리아어에 능통한 일본 사람으로, 매우 유명한 축구선수이기도 하다(나카타 히데토시는 '일본 축구의 전설'로 불리는 선수로, 약 9년간 이탈리아 리그에서 뛰었다-옮긴이). 나는 그에게 영어를 가르쳤었고, 그게 우리가 친해진 계기였다.

부탄 사람들은 축구를 사랑한다. 젊은 승려들은 승복을 걷어붙이고 자욱한 먼지 안개 속에서 공을 몰고 고대 사원 곳곳을 뛰어다니며, 아이들은 길모퉁이에서 셔츠를 벗어 만든 골대에 공을 차 넣는다. 택시 기사는 거스름돈을 건네며 "데이비드 베컴을 아세요?" 하고 묻는다. 이러니 아시아의 축구 영웅과 부탄을 여행하는 건 놀라운 경험으로 가득할 수밖에 없었다. 내게 버림받은 말은 이미 가이드인 '남게이'와 함께 사라졌고, 나는 산비탈에 서서 숨을 깊게 들이마시며 한동안 혼자 서 있었다. 약 1,000미터 아래 파로 계곡의 논 위에는 엷은 안개가 내려앉아 있었다. 눈앞에는 아무것도 보이지 않았다. 흐릿한 하늘만이 광활했고 사원의 어깨 부분에 구름 몇 자락이 걸쳐 있었다. 흰색의 사원 건물들은 산허리에 꼭 붙어 있었고 기도 깃발(티베트 불교 고유의 깃발. 불교 경전의 문구나 개인적인 소원 등이 적혀 있다-옮긴이)은 자신만만한 줄타기 곡예사처럼 바위 사이를 가로지르고 있었다.

산은 고요함 그 자체였다. 그리고 까마득하게 높았다. 안개가 눈앞까지 몰려와 혀를 내밀면 맛을 볼 수 있을 것만 같았다. 전설에 따르면 '구루 린포체'('존귀하신 스승'이라는 뜻-옮긴이)가 1,300년 전 호랑이를 타고 이곳에 날아와서 3년 동안 동굴에서 수행한 후 부탄 사람들에게 불교를 전했다고 한다. 그럴듯한 이야기라고 생각했다. 이 산의 동굴 중 하나에서 호랑이가 나타나 내 눈앞에서 발바닥을 핥다가 홀연히 사라진다고 해도 전혀 이상하지 않을 것 같았다.

하늘 위의 사원, 이 신성한 장소에 나는 압도되었다. 동시에 잔물결을 이루며 바람에 일렁이는 기도 깃발처럼 몸이 가볍게 느껴졌다. 공기에서 마법 같은 기운이 느껴졌다. 1,300년 전 이곳에 날아왔던 호랑이와 똑같은 공기를 들이마시고 있는 것 같았다. 그 순간의 자유로움은 점술가에게서 듣는 예언만큼이나 신비로웠다.

그로부터 8년 후, 진이 다 빠진 채로 침실 바닥에 쓰러져 어깨를 들썩이며 온 얼굴이 눈물범벅이 되도록 흐느끼던, 엉망진창으로 무너진 내게 갑자기 떠오른 건 그때의 그 여자였다. 딸아이는 울고 있었다. 배 안의 아이는 나를 무겁게 짓눌렀고 내가 가진 청바지는 한 벌도 맞지 않았다. 그날 밤 예정되어 있던 강의 준비도 전혀 되어 있지 않았다. 이불 속에 기어들어가 그냥 며칠 동안 잠만 잤으면 하는 생각이 간절했다.

부탄행은 계획에 없던 일이었다. 일 때문에 인도에 가려고 준비하던 중 친구 히데('나카타 히데토시'-옮긴이)가 부탄에 머물고 있다는 이야기를 들었다. 저녁식사 자리에 '지겔 우겐 왕축' 왕자가 나타났을 때 끝내준다고 생각하긴 했지만, 그와 함께 식사하며 연애, 패션, 낚시 등에 관해 대화를 나누고 외교 의례 따위는 무시한 채 서로 포옹하며 작별인사를 하는 게 얼마나 대단한 경험인지까지는 의식하지 못했던 것 같다.

나는 하염없이 눈물을 흘리며 성스러운 산과 기쁨으로 반짝반짝 눈을 빛내며 활짝 열린 마음으로 온 세상의 기적을 받아들이던 아담한 몸집의 여자, 그녀를 감싸던 안개를 생각했다. 그 여자는 누구였을까? '용의 나라'의 왕자와 저녁식사를 함께하던, 용감하고 쾌활하던 모험가는 도대체 누구였을까?

생생한 장면들은 계속해서 머릿속을 스쳤다. 객차를 가득 메운 중국 상인들 사이에 끼어 앉아 시베리아 횡단 철도를 탔던 여자는 누구였을까? 제시간에 버스를 탈 생각에만 정신이 팔려 운동화 챙기는 것도 잊고 달랑 플립플롭(엄지발가락과 둘째발가락 사이로 끈을 끼워서 신는 슬리퍼-옮긴이)만 신고서 깔깔대며 만리장성을 걸어 올라가던 그 여자는 누구였을까? 남극의 빙산에서 떨어진 얼음 조각을 넣은 진토닉을 마시며 혹등고래가 헤엄치는 모습을 넋 놓고 바라보던, 자연을 사랑하던 탐험가는? 사하라 사막에서 밤하늘을 올려다보며 언덕 위로 떠오르던 새해의 첫 달을 감상하던 순수했던 그 여자는? 어떤 사람과도 즐겁게 대화를 나누던, 어디로든 떠나 무엇이든 시도해 보던 즉흥적이고 자유롭던 모험가는 대체 누구였을까?

그녀들은 전부 나였다. 나를 둘러싼 세상이 이 침실 바닥 위로 무너져 내리기 전의 나. 이렇게 말할 때면 마음이 불편해진다. 이런 생각을 한다는 사실만으로도 죄책감이 든다. 내가 이기적이며 감사 따위는 모르는 사람처럼 보일 거라는 것도 알지만, 그게 내 진심이다. 모든 것이 무너져 내리고 나면 비로소 진심을 마주할 수 있게 된다.

끝도 없이 기저귀를 갈고, 떼쓰는 아이와 씨름하고, 마감에 맞춰 일을 끝내려 고군분투하다 보면 그 여자가 누구였는지도 잊고 사는 날이 더 많다. 거울 앞에 서면 내 얼굴조차도 낯설게 느껴진다. 미간 사이로 깊게 팬 주름, 눈 밑에 드리워진 다크서클, 출산 후에도 절대 빠지지 않는 군살. 머리라도 감을 수 있는 날은 그나마 나은 편이다.

하지만 이제는 분명히 할 때다. 나에게 달린 문제다. 선택은 내게 달렸고, 새장에 갇힌 이 새는 자유롭게 날아갈 준비가 됐다.

탈출할 시간

이 책은 당신의 삶 구석구석에서 자유를 찾을 수 있는 계기가 되어줄 것이다. 더 적극적으로 살며, 걱정은 줄이고, 매일 당신이 좋아하는 일을 할 방법을 찾는 것이다. 너무 간단하게 말하는 것처럼 들린다는 것을 안다. 어떻게 보면 실제로도 단순하다고 할 수 있지만, 날개가 꺾인 채로 새장에 갇혀 있을 때는 도저히 간단하게 보이지 않는다. 자유란 너무 멀리 있어서 잡을 수도 없고 깊숙이 묻혀서 찾을 수 없는 보물처럼 느껴진다. 그 기분을 잘 안다. 나도 여러 번 겪어봤기 때문이다.

무엇보다도 당신이 혼자가 아니라는 것을 알았으면 좋겠다. 너무나도 많은 사람들이 똑같이 질식할 것 같은 기분, 무기력, 죄책감과 고통을 겪고 있다. 길에서 마주치는 낯선 사람들의 눈에서 그런 기분을 읽고, 대화의 공백 사이에서도 들을 수 있으며, 친구들이 하는 말에서 읽거나 내 웹사이트 게시판에 올라오는 글에서도 보인다.

마음속으로는 우리 모두 자유가 선택이며 인간의 권리라는 것을 안다. 하지만 셀 수 없이 많은 사람들이 그 사실을 피부로 느끼지 못하고 하루하루를 살아간다. 우리가 처해 있는 상황, 관계, 사회적 압력, 재정 상태, 육아에 꼼짝 못 하게 묶여 있는 것 같은 기분이 들고, 스스로에 대한 기대, 남들이 우리에게 하는 기대, 우리 자신의 믿음, 의심, 두려움에 갇혀 옴짝달싹 못 하곤 한다.

우리는 충만한 삶에서 스스로 우리 자신을 멀리 떨어뜨려 놓는다. 개인으로 볼 때도 마음 아픈 일이고, 전체적으로 보면 엄청나게 가능성을 낭비하는 일이다. 우리는 함께 이 상황을 바꿔나갈 것이다. 새장을 벗어나 빛날 수 있는 용기와 자신감을 찾고, 다른 사람들도 그렇게 할 수 있도록 도울 것이다.

내 개인적인 경험은 인생 최악의 순간에서 바닥을 치고 올라왔다는 극적인 이야기는 아니다. 전혀 그렇지 않았다. 어느새 일상에서 기쁨이 서서히 사라져가기 시작했고, 그 흐름을 바꿔 삶을 사랑하며 사는 현재의 나 자신을 다시 찾아가는 경험이었다.

새장의 문이 눈앞에서 닫히는 경험을 했던 사람들의 이야기 역시 나눠볼 것이다. 깊은 어둠이 계속 그들을 절벽으로 몰아가 결국 거기서 탈출할 수밖에 없었던 사람들의 이야기다. 자유를 찾는 일이 그들의 삶을 어떻게 바꿔놓았는지, 그 진실을 말해주는 역동적이며 흥분으로 가득한 이야기가 될 것이다.

어느 쪽에 더 공감하든 모든 이야기에는 소중한 교훈이 담겨 있다. 그 이야기들을 통해, 미래에 무슨 일이 일어날지 정확히 모른다 해도 어쨌든 미래를 만들어나가는 데 능동적인 역할을 하는 것은 오롯이 당신의 몫이라는 것을 알게 되기를 바란다.

갇혀 있다는 느낌

당신은 아마 당신의 삶이 더 나아질 수 있다고 믿기 때문에 이 책을 읽고 있을 것이다. 자유롭게 살 수 있는 삶 말이다. 갇혀 있다는 느낌이 들게 한 이유가 무엇이든 우리가 당신을 그곳에서 꺼내줄 것이다.

행복의 반대말이 꼭 불행인 것은 아니다. 정확히 설명하기 어려운 막연한 어두움일 수도 있다. 웃음소리로 가득하던 자리를 대신 차지한 건조한 목소리일 수도 있다. 명확하게 증명할 수 없으며 말로 표현하기도 어려운 것들이다.

통계적인 수치로 볼 때 우리는 가장 많은 특권을 누리며 살고 있기 때문에, 갇혀 있다는 느낌에 관해서 대화를 나누기 어려울 때가 많다. 이런 생각들이 아마 꽤 익숙할 것이다. "안정적인 직업이잖아. 뭐 때문에 투덜거리지? 일자리가 없는 사람들도 널렸어." "왜 배우자에 대해 불평해? 적어도 짝이 있다는 건 다행이잖아." 우리 자신을 남들과 비교하면서 어쨌든 무언가를 가지고 있다는 것은 갖지 못한 것보다 낫다고 단정 짓고 우리의 현실적이며 중요한 고민을 짧지만 치명적인 '적어도'라는 한 단어로 깎아내린다.

물론 감사하며 사는 것은 중요하다. 하지만 잘못된 것들에 잘못된 이유로 감사하는 것은 위험하다. 만약 당신이 새장 안에 갇혀 있다면 철창살의 보호에 감사할 수 없을 것이다. 대신 창살 사이 틈이 있어 새장 밖을 내다볼 수 있다는 데 감사해야 한다.

우리는 탈출과 도피를 꿈꾸며, 넓게 펼쳐진 세상에서 우리만의 길을 찾고 오랫동안 행복하게 사는 삶을 꿈꾼다. 하지만 그런 꿈을 직접 실현할 능력이 없다는 생각 역시 자주 하게 된다. 무언가를 바꿔야 한다는 생각을 하면서도 자유라는 개념에 익숙하지 않아 우리가 실제로 뭘 원하는지도 확신하지 못한다. 이 책은 그런 생각과 느낌을 꼼꼼히 짚어보고 거기서 벗어날 수 있도록 도와주는 역할을 할 것이다.

탈출은 과정이지 약이 아니다. 자유를 찾아가는 여정은 늘 쉽지만은 않을 것이다. 하지만 꼭 필요한 과정이며 다시 삶에 활기를 불어넣을 수 있는 길이 될 것이기 때문에 매우 절박한 과정이기도 하다. 긴 여정이 될 테고 때때로 힘들기도 하겠지만, 혼자가 아닌 함께 가는 길이 될 것이다.

나는 이 책의 모든 페이지에 적혀 있는 대로 직접 살아봤다. 이 책을 쓰는 동안 웃고, 울고, 춤을 추고, 넘어지고, 산산이 무너져 내리거나 움츠러들기도 하며 성장했다. 수천 킬로미터를 여행하고 낯선 사람들과 만나 대화했으며 나 자신의 이야기를 다시 떠올려보기도 했다. 내면에 집중하기도 하고 엉망으로 실패하기를 몇 번이나 반복했다. 시끄러운 곳에 가서 마음놓고 미친 듯이 소리를 질러보기도 했고 침묵 속에 침잠하기도 했다. 해를 쫓았고, 달을 향해 울부짖기도 했으며 별에게 감사하기도 했다. 수백 명의 여성, 꽤 많은 수의 남성들과 대화를 나눴고 그들에게서 잊지 못할 이야기들을 들었다. 내가 할 수 있고 그들이 할 수 있었다면 당신 역시 해낼 수 있다는 커다란 교훈과 용기를 주는 그 모든 이야기를 최대한 담아낼 수 있도록 노력했다.

이 책을 쓰면서 나는 지난 수년간 잊고 있었던 세상과 연결된 느낌, 진정으로 살아 있다는 기분과 용기를 되찾을 수 있었다. 이 책을 읽고 책에 나온 방법을 실천해 가며 당신 역시 삶의 마법과 미스터리, 아름다움을 받아들일 수 있게 되기를 바란다. 당신이 어디에 있든, 나이가 몇이든, 누구이든 간에 말이다.

자유의 정의

20여 년 동안 자유를 찾아 헤맨 끝에 내가 내린 자유에 대한 정의는 다음과 같다. '자유는 자신의 진정한 정체성을 가지고 자신만의 삶의 방식을 선택할 수 있는 의지와 능력이다.' 어떤 환경에서 태어나고 어디서 살며 무엇을 믿든, 우리는 누구나 자유를 느낄 수 있는 타고난 능력을 갖고 있다. 사랑이 우리의 본성인 것처럼 자유 역시 우리의 일부분이기 때문이다.

하지만 삶이 늘 순탄하게 흘러가지만은 않으며, 어려운 상황에 놓이게 될 때도 있다. 처한 상황에 대한 생각, 감정적 반응, 상황을 정리하며 머릿속에 펼쳐지는 이야기들은 우리가 주의를 기울이면 기울일수록 거대해진다. 결국에는 이런 생각과 반응들이 마음을 가득 채우고 이내 철창살이 되어 우리를 가두고 만다. 한 가지 다행인 것은 스스로 선택한 일 때문에 새장에 갇히게 되었다면 거기서 나오는 방법 역시 스스로 선택할 수 있다는 사실이다.

처한 상황을 늘 뜻대로 바꿀 수는 없지만
그 상황에 대처하는 방법은 언제나 바꿀 수 있다.

이 책은 법적인 자유[liberty]의 개념이 아니라 개인적인 자유[freedom]에 대해 다루고 있다. 둘을 구분하는 것은 중요하다. 법적인 자유^{liberty}는 법, 관습, 정부의 허가 등으로 보장된 자유로운 '상태'를 뜻한다. 그러나 이 책에서 말하는 자유^{freedom}는 자유로운 '감정'이다. 그리고 당신에게 필요한 것은 스스로 이 자유를 허락하는 것뿐이다.

새장 밖은 위험해

새가 새장에서 벗어나는 모습은 늘 인간이 처한 상황의 두려움과 용기의 상징으로 여겨져 왔다. 하지만 나는 이 비유가 부족하다고 생각했다. 새장 안이나 밖, 새장이 있거나 없는 상태, 갇혀 있거나 자유로운 상황을 말할 뿐이다. 하지만 그렇게 간단히 나눌 수 있는 것은 아니다.

우리는 겁을 먹거나 용기를 내거나 둘 중 하나가 아니라 보통은 둘 다일 때가 많다. 우리는 어느 순간 갑자기 새장에서 탈출하지 않는다. 처음에는 새장 안에 갇혀 있는지도 모르다가 마침내 철창살을 발견하게 되고, 문이 열리더라도 막상 나가면 어디로 가야 할지 막막해서 문 열린 새장 안에 그대로 머물기도 한다. 게다가 새장 문 너머의 넓은 세상이 두렵기도 하다. 새장에 오랫동안 있다 보면 계속 그 안에 있는 것이 훨씬 안전하게 느껴질 때도 있다.

이 책은 당신을 문밖으로 이끌고, 당신 자신의 인생에 온몸으로 뛰어들 수 있도록 당신에게 용기를 줄 것이다. 무엇보다도 모든 가면을 벗어던진 숨김없는 진짜 모습으로 도전할 수 있게 해줄 것이다. 우리는 한 걸음 물러서서 왜 우리가 이렇게 옴짝달싹 못 하게 되었는지 그 원인부터 파악해 볼 것이다. '우리에게 가장 좋은 것'이 무엇인지에 대해 말하는 사회 규범과 억측을 깊이 파고들어가 보고, 왜 그 '좋은 것'들이 우리를 행복하게 만들지 못하는지에 대한 질문을 던져볼 것이다. 늘 당신의 일이라고 당연히 여겨졌던 일, 스스로 '해야 한다'는 부담을 느껴왔던 일들에 이의를 제기해 보기를 바란다.

당신이 일상에 짬을 내어 이 책을 위한 시간과 공간을 할애해 준다면 좋겠다. 좋아하는 일을 하며 하루를 보낼 수 있다는 것은 아침에 일어나야 할 명분을 줄 것이고, 자유를 느끼며 살 수 있다는 큰 상까지 줄 것이다.

모든 것에 질문을 던져보자. 현재 상황을 흔들어보자. 필요하다면 지금 상황을 완전히 잊어버리고 다시 시작하는 것도 좋다. 규칙을 어기거나, 새로 규칙을 만들거나, 규칙 없이 살아보자. 당신이 가야 할 여정이다. 당신 뜻대로 선택할 수 있다는 것을 기억하라.

정말 찾아 헤매던 것을 찾을 수 있는지, 아니면 그 과정에서 얻게 되는 보상이 중요한 것인지 궁금한가? 그 답을 발견하는 것 역시 당신에게 달렸다.

자유를 찾는 여정은 중요한 일이고 대담한 일이다.
그리고 당신의 삶을 구할 수도 있는 일이다.

개인적인
고백

가족, 아이들, 관계, 직장에서의 기회, 성공 등 인생의 가장 큰 선물이 종종 우리를 가둔다는 것은 아이러니하다. 내 개인적인 여정을 통해 나는 이런 선물을 희생하지 않고도 새장에서 탈출하는 방법을 발견할 수 있었다. 나는 평범한 가정에서 태어나 자란 평범한 사람이다. 그러나 내 삶의 주인이 되기로 하면서 특별한 경험을 누리는 축복을 받았다. 20여 년 전, 첫 번째 새장에서 탈출해 나오면서 시작된 여정을 지금부터 말해보려고 한다. 이 경험은 이후 내 인생을 살아가는 데 중요한 역할을 했다.

. . .

대부분의 열일곱 살이 위조 신분증을 들고 펍에 가서 맥주를 홀짝이며 최근 데뷔한 인디 록밴드를 둘러싼 소문에 관해 이야기하고 있을 때, 나는 비스케이 만(서유럽 해안에 뻗어 있는 북대서양의 넓은 만. 스페인 북부에서 프랑스 서부까지 이어져 있다-옮긴이) 한가운데 떠 있는 보트 위에서 깨달음의 순간을 경험하고 있었다. 나는 배우기를 좋아하는 호기심 많은 10대 소녀였지만, 그때까지 집을 떠나 먼 곳으로 여행해 본 적은 없었다. 꼬박꼬박 내 수학 숙제를 인기 있는 친구들에게 보여주고 대신 그들과 점심을 같이 먹을 기회를 얻지 않았더라면 내게는 공붓벌레라는 꼬리표가 내내 따라다녔을 것이다. 나는 전 과목에서 A를 받는 학생이었고 케임브리지대학교에 진학해 경제학을 전공할 계획이었다. 천재였다기보다는 노력파인 데다 기억력이 좋아 시험문제에 맞는 답을 알아내는 요령이 좋았던 것뿐이다.

연봉이 높고 안정적인 직업을 목표로 삼아야 한다는 말을 귀에 못이 박이게 들어왔던 터라 대학을 졸업하고 나면 회계사 교육(영국은 공인회계사협회 자격시험에 합격한 후 직업훈련을 거쳐야 정식 회계사로 인정받는다-옮긴이)을 받을 생각이었다. 모든 계획이 짜여 있었다. 부모님과 선생님들 모두 이 안전한 선택이 내 미래를 보장해 줄 것이라고 믿었고 전폭적으로 지지해 주었다.

솔직히 나 역시도 그게 내가 원하는 것이라고 상상했다. 깔끔하게 정장을 갖춰 입고 좋은 차를 타는 내 모습을 상상했다. 멋진 직책과 대기업 로고가 찍힌 명함을 상상하는 것도 좋았다. 업무차 비행기를 타고 전 세계를 여행하며 고급 호텔에 머물고 일류 식당에서 식사하는 모습도 상상했다.

분명 꼼꼼히 따져보지는 않았던 것 같다. 지금 생각해 보면 회계사로서의 일상과 현실은 나와 전혀 맞지 않기 때문이다. 하지만 모두가 권하는 일이었고, 그에 동의할 만한 이유도 충분했기 때문에 그 '계획'에서 벗어날 생각은 해보지 못했다.

영국에서 출발해 스페인까지 항해하는 '커티삭 범선 대회'(매년 여름 열리는 세계 최대의 범선 항해대회. 만 25세 미만의 젊은 청년들이 7~10일간 범선을 타고 항해한다-옮긴이) 참가 팀에 합류하게 되기 전까지는 그랬다. 나는 셀 수도 없이 많은 차를 세차하고 기금 모금을 위한 수영대회에도 참가하며 모은 돈을 탈탈 털어 참가비를 냈다. 그때까지 외국에는 딱 한 번밖에 나가본 적이 없었고 그것도 부모님과 함께였으니, 그 여행은 내게는 엄청난 모험이었다. 비스케이 만은 오싹하도록 위험한 곳으로 유명했다. 나는 만약을 대비해 실제로 유언장도 써서 떠나기 전 내 방 책상 서랍에 넣어뒀다. 소니 워크맨은 오빠에게, 자전거는 남동생에게 남긴다고 썼다.

대회를 시작하고 며칠이 지났을까. 나는 긴 밤을 지새우며 불침번을 서고 있었다. 궂은 날씨가 지나가고 푸른 하늘이 열리며 배는 완벽하게 고요한 해역에 다다랐다. 아직 이른 아침이어서 다른 사람들은 선실에서 자거나 쉬고 있었다. 활발하게 움직이는 돌고래 떼를 친구 삼아 배위에 서 있자니 바다 전체가 내 것인 것 같았다. 돌고래들이 첨벙거리며 뱃머리 주위를 돌았고, 나는 바다를 내다보며 깊고 고요하게 한숨을 내쉬었다. 햇빛은 반짝였고 주위는 탁 트여 있었다. 몇 년 동안 숨을 참아왔다가 그제야 비로소 숨을 내쉬는 것처럼 느껴졌다. 세 가지 생각이 번개처럼 번뜩였다.

1. 회계사가 되고 싶지 않다.
2. 앞으로 내가 뭘 하며 살고 싶은지 전혀 모르겠다(그런데 왠지 들뜨는 기분이다).
3. 지금의 이런 느낌으로 평생을 살았으면 좋겠다.

그때 느낌이 어땠느냐고? 행복했다. 세상과 깊이 연결된 것 같았다. 나 자신이 파도, 하늘, 자연의 아름다움, 그 모든 것의 일부분이 된 것 같은 기분이었다. 모험을 시작해야만 했다. 내 마음은 이미 돌고래와 함께 춤을 추고 있었다.

모든 것이 명확해지던 그 순간, 내가 모험으로 가득한 삶을 원한다는 것을 깨달았다. 그 깨달음은 두려운 동시에 짜릿했다. 내가 이뤄야 한다고 생각했던 목표에 대한 구체적인 그림을 그려왔고 수년간 그 그림을 꽉 붙잡고 살아왔다. 하지만 그 깨달음의 순간, 나는 그동안 나에 대해 완전히 잘못 이해해 왔다는 사실을 깨달았다.

꼭 햇빛이 내 새장에 부딪혀 반사하며 그동안 보이지 않았던 철창살을 드러낸 것 같았다. 나는 그동안 기대, 의무감, 이미 정해놓은 내 진로에 얽매여 있었다. 직업을 갖기도 전에, 그 물질적 성공을 목표로 하고 거기에 사로잡혀 있었다.

나는 빠져나오고 싶었다. 나는 모두가 동경하는 진로를 거부하고 규칙도 무시하고 경제적 보상으로 향하는 빠른 길에서도 벗어나겠다고 다짐했다. 자유를 찾고 내 방식대로 살겠다고 결심했다. 그 순간 새장 문이 활짝 열렸고 나는 더 큰 세상을 봤다.

남은 여행 동안 내 감각들은 매우 예민했다. 자연, 태양, 바람, 별을 아무리 봐도 질리지 않았다. 항구에 닿은 후에는 밤새 파티를 즐겼다. 집에 돌아온 후에는 모든 것을 다시 생각해야 했다.

사실 아무런 계획이 없었다. 무엇을 하고 싶은지보다 무엇을 하기 싫은지에 대한 생각이 더 확실했지만, 아무 생각도 없는 것보다는 나았다. 막 깨달음을 얻은 10대 소녀에게 '인생을 어떻게 살아야 할까?'라는 질문은 버겁게 느껴졌기 때문에 나는 대학 전공을 다시 정하는 데 일단 노력을 쏟기로 했다.

나는 그때까지 A 레벨(영국의 대학선수과정으로, 향후 대학에서 전공할 과목이나 자신 있는 과목 3~4개를 선택해 공부한 후 그 성적으로 대학을 지원한다-옮긴이)로 수학, 심화 수학, 경제학, 물리학, 교양 과목을 공부하고 있었다. 대부분은 세 과목만 선택하는데, 나는 다섯 과목이나 선택해서 나 자신을 지나치게 몰아붙이고 있었다. 그래서 다섯 과목 중 일단 한 과목을 골라 그만둔 후, 시험만 마치고 나면 다른 과목도 전혀 신경 쓰지 않겠다고 다짐했다.

대신 나를 모험으로 이끌어줄 무언가를 배우고 싶었다. 교환학생 프로그램으로 1년을 해외에서 보낼 수 있는 전공을 선택하면 좋을 것 같았다. 멀리 떨어진 나라에서 사람들과 교류한다는 생각이 마음에 들었다. 문제는 당시 모든 현대 언어 전공의 전제조건이 A 레벨 언어 과목이라는 것이었다. 예외는 흔하지 않으며 말도 안 되게 어려운 중국어, 일본어, 러시아어, 아랍어 같은 전공뿐이었다.

지금은 통용되는 언어들이지만, 1994년 당시 이 언어들은 천재적인 언어학자들에게나 허락된 영역이었다. 프랑스어조차 겨우 할까 말까 한 수준인 내가 이런 언어들을 알 리가 없었다. 나는 약간 무모한 여느 10대들이 할 법한 방법으로, '어느 것을 고를까요, 알아맞혀 보세요' 노래를 부르며 내 인생에서 가장 중요한 선택을 했다. 손가락은 일본어에 멈췄고, 그 순간 나는 새장에서 벗어났다.

. . .

부모님이나 선생님들에게서는 어떤 강요나 억압도 없었다. 모두 그 여름 내게 처음으로 생기가 넘치는 모습을 봤기 때문이었다. 일본어는 쉽지 않았지만 나는 부단히 노력했고, 곧 언어뿐 아니라 문화에도 푹 빠지게 되었다. 지금 생각해 보면 그 이후 일어난 모든 일은 배 위에서의 그 순간과 지금까지 만났던 사람들이 계기가 되었던 것 같다. 딱 한 가지의 결정이 만약 계획했더라면 절대 할 수 없었을 풍부한 경험을 하게 해주었다. 그 한 가지의 결정은 바로 내가 내 삶의 주인이 되기로 한 것이다.

물론 그 이후로 새장을 완전히 벗어나 매일 자유로움을 누리며 살았던 것은 아니다. 그동안에도 갇혔다가 벗어나기를 여러 번 반복했다. 확실한 것은 내가 매번 새장 열쇠(이 책에서 그 특별하고 효과적인 방법을 소개할 것이다)를 사용해 새장에서 벗어나 자유롭게 날 수 있었다는 사실이다.

새장
열쇠

지난 6년여 동안 나는 수많은 사람을 그들 각자의 새장에서 탈출할 수 있는 문으로 안내해 왔다. 내가 설립한 회사인 '두 왓 유 러브^{Do What You} Love(좋아하는 일을 하라-옮긴이)'는 개인적인 의문, 창조성, 탐구를 통해 사람들의 열정이 잠재력을 발휘할 수 있도록 하는 온라인 과정, 워크숍, 자유토론을 운영하고 있다. 나는 사람들이 자기가 좋아하는 일을 하며 개인적, 직업적, 재정적 자유를 얻을 수 있도록 전 세계에 있는 사람들을 도와왔다.

하지만 처음 내가 이 과정들을 계획할 때는 자유라는 것을 크게 염두에 두지 않고 있었다. 내가 늘 신경 썼던 것은 '좋아하는 것을 하라'는 개념, 우리가 열정에 집중할 때 더 행복하며 우리의 꿈을 좇을 때 기적이 일어난다는 근본적인 믿음을 갖는 것이었다. 나는 우리를 빛나게 하는 일을 할 때 가장 이상적인 존재가 될 수 있으며, 그게 궁극적으로 모두에게도 좋은 일이라고 믿었다.

물론 그 믿음은 여전히 가지고 있지만 지난 6년간 온라인 과정을 마친 사람들이 변화한 이야기를 계속해서 들으며 모든 것이 결국은 자유와 관련되어 있었다는 사실을 깨닫게 되었다. '좋아하는 일을 하는 것'은 여행하는 방법의 하나일 뿐이며, 결국 목적지는 '자유롭게 사는 것'이었다.

갇혀 있다 보면 자유는 다른 사람들에게만 허락된 사치처럼 느껴진다. 자유는 우리가 다 알고 있다고 생각하지만 자주 잊어버리는 개념이 된다.

자유롭게 날아오르는 것이 지금의 현실과 크게 동떨어져 있는 것처럼 보일 때도 우리는 오늘이 어제보다 낫다고, 내일이 오늘보다 나아질 것이라고 믿고 싶어 한다. 새장 안에서의 삶이 전부가 아닐 거라고, 영원히 지금처럼 살아야 하는 것은 아닐 거라고 말이다. 더 이상은 갇혀 있다는 느낌, 짓밟히고 작아진 느낌에서 벗어나고 싶어 한다. 우리 모두가 탈출을 원한다.

자유는 성배와 같다.
우리는 우리 삶을 스스로 이끌 수 있고 방향을 정하며
행복을 만들어내는 힘을 갖고 싶어 한다.

나는 궁금해졌다. 나는 '두 왓 유 러브'의 많은 사람과 이야기하며 그들의 새장에 대해, 그리고 그들이 어떻게 견뎌냈으며 결정적으로 어떻게 거기에서 빠져나올 수 있었는지 이해하려 해왔다. 나는 갇혀 있다가 탈출한 개인적인 경험 역시 분석하고, 공통점이나 반복되는 주제가 있는지 깊이 들여다보았다.

그 모든 이야기를 분해해 들여다본 끝에 내가 발견한 사실은 이렇다. 모든 새장에는 문이 있다. 모든 문에는 자물쇠가 있고 열쇠가 있다. 그 열쇠를 찾기만 하면 된다. 아주 간단한 문제다. 언제든 당신은 스스로 그 자유를 얻어낼 능력을 갖추고 있다.

탈출에는 분명한 패턴도 있다(모든 이야기, 모든 상황, 모든 사람에게서 발견되는 것이었다). 이를 통해 나는 어떤 새장이든 열 수 있는 '마법의 열쇠'

라고 이름 붙인 8개의 법칙을 찾아낼 수 있었다. 이 법칙은 내가 당신에게 주는 선물이라고 생각해 주면 좋겠다.

죄책감, 질투, 스트레스, 분노 혹은 당신을 가두는 철창살이라고 느껴지는 그밖의 어떤 것을 치유하는 방법을 찾자는 것이 아니다. 그런 부정적 감정이 전혀 주목을 받지 않을 만한 곳, 진정한 자유로움이 있는 곳으로 당신의 마음을 이끄는 것이 목적이다. 무엇이 당신을 가둬놓았든, 그곳이 얼마나 어두운 곳이든, 이 마법의 열쇠는 당신을 그곳에서 꺼내 새로운 곳으로 데려다줄 것이다.

8개의 열쇠는 다음과 같다.

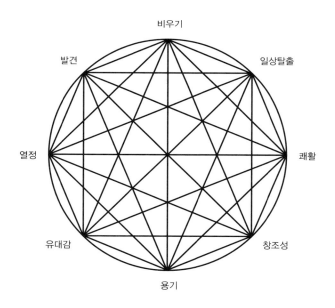

그림 1 | 잠긴 문을 여는 8개의 열쇠

1. 비우기

2. 일상탈출

3. 쾌활

4. 창조성

5. 용기

6. 유대감

7. 열정

8. 발견

이 8개의 열쇠는 당신이 갇혀 있던 새장의 문을 활짝 열어줄 뿐 아니라 평생 당신이 자유롭게 날 수 있도록 안내해 줄 것이다.

갇힌 상태

나는 두 가지의 '갇힌' 상태가 있다는 것을 알게 되었다. 하나는 깊고 어두컴컴하며 즉시 주의를 기울여야 하는 상태이다. 이런 상태에 있으면 단순히 숨을 쉬는 일에도 엄청난 노력이 필요하다. 이 상태는 마치 떼쓰는 어린아이처럼 당신에게 매달린다. 이 상태의 부담, 압박, 고통이 심해질 때 마법의 열쇠는 즉각적으로 문제를 해결해 줄 수 있다.

그리고 또 다른 '갇힌' 상태가 있다. 어디선가 새어 나와 당신을 감싸는 연기같이, 심하지 않은 것처럼 보이지만 서서히 당신의 숨을 가쁘게 하며 모든 색을 흐릿하게 만드는 회색 같은 상태다. 당신에게 조심스럽게 다가와 일상에 서서히 스며들면서 귀에 걱정거리를 속삭이며 당신이 두려워하는 일들로 괴롭힌다. 서서히 에너지와 희망을 빨아들이는 종류다.

이 상태는 모르는 사이에 자유를 잡아먹는다. 당신이 지긋지긋해하는 직장에서 낭비하는 나날들, 끔찍이도 싫은 상사의 의견에 고개를 끄덕이며 동의하는 일, 매일 출근길의 숨 막힐 듯한 답답함 등의 형태로 말이다. 또 한 번의 생일을 보내고, 그저 그런 한 해를 보내는 일, 내가 원했던 것을 다 가진 친구를 보는 일이다. 친구들과 만나 놀거나 와인을 마시는 일 등을 제외하고는 먹고 일하고 자는 일의 반복이다. 이렇게 살다 보면 어느 날 일어나 문득 세월이 어떻게 이렇게 빨리 지나갔는지 모르겠다는 생각이 든다.

이런 유형의 갇힌 상태를 우리는 종종 무시해 버리곤 한다. 물이 한 방울씩 떨어지는 수도꼭지를 고치지 않는 것처럼 말이다. 처음에는 크게 해가 되지 않는 것처럼 보이더라도, 그냥 놔두면 그 물에 잠기게 된다. 열정의 불을 다시 타오르게 할 불꽃이 필요할 때, 마법의 열쇠는 그 불씨가 되어줄 것이다.

열쇠에 따라 선택을 하다 보면 당신은 어느새 열정을 다시 찾을 수 있을 것이다. 즉각 행동을 취하면 의식의 초점을 새장의 철창살 대신 행동으로 옮길 수 있으므로 바로 해결책을 얻을 수 있다. 그 행동은 큰 것일 수도, 작은 것일 수도 있다. 어느 쪽이든 괜찮다. 단지 첫걸음일 뿐이다.

적어도 아직은 바다를 가로질러 날아간다거나 하는 게 아니라 문밖으로 나서려는 것뿐이다. 한 걸음만 내디디면 된다. 어떤 식이든 상관없다. 열쇠로 잠긴 문을 열고 나면 열린 문은 이전보다 훨씬 더 자유를 느끼며 살 수 있는 삶으로 당신을 이끌어줄 것이다. 자유로운 기분을 느낄수록 실제로 더 자유로운 존재가 된다.

우리는 상황이 달랐더라면 삶이 어땠을지에 대해 상상을 한다. 하지만 갇혀 있을 때는 모든 일이 너무 버겁게 느껴져 종종 아무것도 하지 못한다. 그럴 때야말로 상황을 바꾸기 위해 무언가를 해야 할 때라는 것은 아이러니한 일이다.

내가 새장에 갇혀 있을 때 나 역시 갇혀 있는 상황에 대해 악담을 퍼부으며, 자유로웠으면 좋겠다고 상상만 할 뿐 실제로는 아무것도 하지 않으면서 많은 시간을 낭비했다.

나는 이국적인 나라의 고대숲(임령林齡이 오래된 숲. 일반적으로 300년 이상인 숲-옮긴이)을 탐험하는 꿈을 꾸면서도 집 근처 숲으로 산책하러 갈 생각조차 하지 않았다. 우뚝 솟은 빙하 사이로 카약을 타는 환상을 품으면서도 동네 강에서 카누를 빌리지는 않았다. 자전거를 타고 프랑스의 포도밭을 누비는 공상을 하면서도 차고에 처박아놓은 자전거는 생각조차 하지 않은 채 레드 와인을 꺼내 와 마시는 게 전부였다. 마법의 열쇠는 무기력함이라는 저주를 푸는 주문이다.

열쇠
사용법

8개의 열쇠는 모두 똑같이 중요하지만 몇 가지 열쇠는 다른 열쇠보다 당신에게 더 큰 도움이 될 것이다. 각각 적용해 볼 수도, 몇 가지씩 한꺼번에 적용해 보거나 원하는 순서대로 시도해 볼 수도 있다. 한 가지 특정한 열쇠 한두 개에 더 마음이 끌릴 수도 있다. 혹은 어둠 속에서 잠긴 자물쇠를 찾은 탓에 모든 열쇠를 만져보며 맞는 하나의 열쇠를 찾을 때까지 전부 다 시도해 봐야 할지도 모른다.

아니면 우연에 맡기고 싶을 수도 있다. 그렇다면 눈을 감고 손을 더 들어 표^{diagram}의 아무 곳이나 가리킨 다음 눈을 떠 손가락이 어디 있는지 보자. 손가락이 특정한 하나의 열쇠를 가리켰다면 그걸 시도해 보자. 만약 손가락이 선 위에 멈췄다면 그 선 끝에 어떤 열쇠들이 있는지 보고 그것들을 선택하면 된다. 만약 표 위에서 선이 교차하는 지점에 손가락이 놓였다면 그 선들이 닿는 모든 열쇠를 시도해 보면 된다. 아니면 재미 삼아 www.bethkempton.com/flyfree에 있는 '랜덤 열쇠 생성기'를 찾아 어떤 결과가 나오는지 봐도 좋다.

마음을 열고 모험해 보자. 당신의 새장에서는 당신 자신이 열쇠의 주인이다. 단단한 금속 고리에 8개의 열쇠가 달린 모습을 상상해 보자. 그 열쇠 뭉치만 들고 앞으로의 여정을 시작해 볼 것이다. 열쇠의 주인으로서 당신은 지금부터 어느 때든 이 새장을 열고 나갈 수 있는 능력을 갖춘 것이다.

기억을 떠올리며 다음 질문에 대답해 보자.

1. 진정으로 자유롭다고 느꼈던 마지막 기억은 언제인가?
2. 어디였는가?
3. 왜 그곳에 있었는가?
4. 무엇을 하고 있었는가?
5. 누구와 함께 있었는가? 혹은 혼자였는가?
6. 온몸에 어떤 느낌이 들었는가?
7. 마음속에서는 무엇이 느껴졌는가?
8. 그날 느꼈던 개인적인 느낌을 되찾을 수 있다면 어떤 사람이 되고 싶은가?

다시
자유로워지기

앞에서 묘사했던 것처럼, 가장 최근 겪은 '갇혀 있었던' 경험은 내 사업을 키우는 동시에 18개월 터울로 두 아이를 낳아 키우는 두 가지 상황이 완벽하게 겹친 것이었다. 모든 것이 무너져 내리기 전에 변화를 주어야 했다. 다시 자유로워질 방법을 찾아야 했다.

　나는 두 딸이 넓은 마음과 강한 호기심을 가진, 따뜻하면서도 강하고 사랑이 넘치며 대담한 사람으로 자랄 수 있도록 해주고 싶다. 나 자신이 그런 사람이 되어 아이들에게 본보기가 되고 싶다. 딸들을 보살피고 용기를 주며, 성장하거나 실패하고 웃고 우는 등 삶의 모든 순간에 두 아이를 위해 옆에 있어주고 싶다. 그리고 그들의 엄마가 아닌 나 자신이 어떤 사람인지도 보여주며 아이들이 날개를 펴고 날 수 있도록 자극이 되고 싶다.

당신의 새장 밖에 어떤 놀랍고 멋진 경험이 기다리고 있을지 생각해 보라. 이 책은 자유롭게 사는 것은 선택이라는 단 한 가지의 단순한 개념을 바탕으로 하고 있다. 지금은 이 이야기를 듣기 힘들지 몰라도, 온 마음을 다해 믿어보자. 당신에게 선택권이 있다는 사실을 깨닫게 되면 온 세상이 당신 눈앞에 열릴 것이다.

행복해지기 위해 애쓰는 것을 그만두고 그 대신
자유를 목표로 삼으면 비로소 행복이 찾아온다.

잠긴 문을
여는 열쇠

간혀 있거나 단절된 느낌, 미쳐가는 것 같은 기분 등 감정에 대해 이야
기할 때 우리는 종종 증상과 원인을 혼동한다. 무언가 잘못되었다는 것
은 알지만 분명히 설명할 수는 없다. 좌절하고 지쳐 어찌할 바를 모를
때 우리는 마음을 열고 지지를 얻기 위한 말이 아니라 더 억울해지고
비난을 퍼붓는 말들을 쏟아낸다. 이렇게 되지 않고 다른 식으로 설명하
기 위해서는 당신의 새장이 외부와 단절된 곳에 존재하는 것이 아니라
전후 사정이 있는 곳에 있다는 사실을 이해해야 한다.

상황과
새장

완전히 무너져 내린 채 침실 바닥에 쓰려져 있던 그 순간을 다시 떠올
려 보면 그때 내가 확실하게 아는 사실은 두 가지였다.

1. 나는 두 딸의 엄마다. 이건 사실이다.
2. 죄책감, 불만, 스트레스가 나를 가두고 있는 것 같고, 임신했을 때 쪘던 살을 아직도 빼지 못해 자존감이 바닥을 친 것 같다.

1번과 2번에서 서로 다른 점은 무엇일까? 첫 번째 것은 내 상황을 설명하는 구체적인 사실이다. 내 삶이 지금 흘러가고 있는 상태다. 두 번째 것은 실체가 없는 감정이다. 심리적인 문제이고 느낌이다. 내가 상황에 '반응하는' 방식이며 나 스스로 하는 이야기다. 내가 처한 환경에 대해 이런 감정을 나 스스로 갖는 것이다. 다른 사람들이 나에 대해 이런 감정을 갖도록 불러일으키는 것이기도 하다. 이게 바로 나를 가두고 있는 새장이다.

상황과 새장은 같지 않다.
고독(상황)과 외로움(상황에 대한 반응)의 차이 같은 것이다.

우리가 당면한 상황에 대해 화를 낼 수는 있다. 하지만 새장에서는 반드시 벗어나야 한다. 엄마가 된다는 현실에 갇혀 있는 기분이 든다고 해서 엄마가 되고 싶지 않은 것은 아니다. 내 두 딸은 축복이며 내가 그들을 사랑하는 마음으로 별을 밝힐 수 있을 정도다.
하지만 엄마라는 상황을 너무 크고 소중하게 여겨서 새장의 철창살을 더 절망적이라고 느끼는 것인지도 모른다. 철창살이 그밖의 다른 경

아무 판단을 하지 말고, 있는 그대로의 당신의 역할, 상황, 감정을 서술하는 '나는 [어떤 사람]이며 [어떠하다]'라는 문장을 완성해 보자.

예시

- 나는 아이 넷을 키우는 싱글맘이고 갚아야 할 대출이 있다. 매 순간이 전쟁처럼 느껴지고 아이들의 필요를 충분히 채워주지 못하고 있다는 생각이 든다.
- 나는 괜찮은 직장에 다니고 있는 아버지이고 내가 부양해야 할 가족이 있다. 영화감독이 되는 게 꿈이지만 돈을 벌어야 하므로 회사를 그만둘 수 없다.
- 나는 퇴직한 여성이고 남편과 사별했고 류머티스성 관절염을 앓고 있다. 매일 통증 때문에 괴로우며 더 이상 손자손녀들에게 옷을 떠줄 수 없다는 생각에 우울하다.
- 나는 30대 여성이며 애인은 없지만 아이는 갖고 싶다. 좋아하지도 않는 직장에 매여 있으며 가임기도 얼마 남지 않았다는 사실에 초조해진다.
- 나는 한창나이다. 편찮으신 부모님을 모셔야 한다는 부담감이 어깨를 짓누르고 있으며, 세계 여행만이 머릿속에 가득하지만 그렇게 할 수 없는 이유인 부모님을 원망하고 있다.

주의 주어를 정확히 쓰고 그 주어에 대한 설명(여자, 남자, 엄마, 딸, 유럽에 사는 호주 사람 등)을 문장 처음에 쓰는 것이 중요하다. 예를 들어 '나는 절실하게 작가가 되고 싶지만 자신이 없다'라고 쓴다면 주어가 누구인지가 명확하지 않다.

이제 써놓은 문장을 보면서 정확히 사실인 것에만 밑줄을 긋자. 이것이 당신의 상황이다.

예시 '나는 어린아이와 갓난쟁이의 엄마이며 여유 시간이 하나도 없다.' 여기서 상황은 단순히 '어린아이와 갓난쟁이의 엄마'라는 것뿐이다. '여유 시간이 하나도 없다'는 것은 완전한 사실은 아니다. 여유 시간이 적기는 하지만 하나도 없는 것은 아니다.

'나는…'으로 시작하는 문장에서 상황을 **빼면** 무엇이 남는가? 밑줄 쳐지지 않은 것이 무엇인가? 바로 당신이 상황을 받아들이거나 상황에 반응하는 방식, 혹은 자기 자신에게 이야기하는 방식이다. 이것들이 새장의 철창살이다.

험을 방해하기 때문이다.

지금 하는 일이 너무 싫어서 일 자체가 당신을 지치게 만들고 에너지를 서서히 빼앗아가고 있다고 해보자. 일하고 있다는 것이 당신의 상황이다. 상사가 당신을 얼마나 짜증나게 하는지, 혹은 사무실 문을 들어서자마자 에너지가 빠져나가는 것 같다든지, 일에서 의미를 찾을 수 없어 힘이 빠진다든지 하는 이야기는 그 일에 당신이 반응하는 방식, 혹은 자신에게 하는 이야기다.

불행한 연인 관계에 갇혀 있는 느낌이 들고 그 때문에 자존감이 무너지는 것 같을 수도 있다. 당신에게 연인이 있다는 것은 상황이다. 여기서 당신이 갇혀 있는 새장은 상황 자체가 아니라 연인과의 관계에 반응하는 당신의 방식, 혹은 연인이 당신의 감정을 좌지우지하도록 놔두는 당신의 방식이다. 당신이 어리석고 보잘것없다거나 다른 누구도 당신을 받아주지 않을 테니 고마워해야 한다는 등의 생각을 믿기 시작하는 것, 눈치를 보며 살아야 한다는 생각, 친구에게 말을 꺼내고 싶을 때마다 결국 입을 다물게 만드는 창피함 같은 것들이다.

당신이 새장에 갇혀 있다는 것을 인식하는 것이 탈출로 향하는 첫 단계다. 당신이 있는 곳이 새장 안이라는 것을 알아야만 당신 앞을 가로막는 장애물과 철창살 너머의 세상을 알게 되기 때문이다. 이렇게 가능성을 인식하면 당신의 열망에 더 힘이 실리고 시야는 더 넓어지며 결국에는 새장에서 나올 수 있게 된다.

다음의 번아웃(신체적, 정신적 피로로 인한 무기력-옮긴이) 이야기는 우리가 어디서든 수없이 들어본 이야기다. 사람, 국가, 직업이 다를 뿐 결국 똑같은 악순환이다.

번아웃

니콜라 모스는 대학교를 졸업하자마자 광고회사에 취직했고 다른 사람보다 일찍 출근하고 늦게 퇴근하는 것은 물론, 주말까지 반납하며 회사에 헌신했다. 회사에서는 모든 일을 훌륭하게 해내는 것처럼 보였지만 집에 돌아가면 신체적, 정신적으로 완전히 지쳐 소파에 쓰러지곤 했다. 그러다 어느 날 출근해서 사무실 문을 여는 순간, 니콜라는 누군가가 힘껏 목을 조르는 듯한 기분을 느꼈다. 온몸이 뻣뻣해졌지만 사무실에는 아무도 없었다. 극심한 공황 발작이었다.

그다음에 일어난 일들은 천만다행이었다. 니콜라의 상사는 그녀를 조용한 곳으로 데려가 니콜라가 마음속에 꾹꾹 담아두었던 말들을 모두 쏟아내는 동안 가만히 들어주었다. 몇 년 전 아내가 신경쇠약을 겪는 것을 본 상사는 니콜라가 당장 쉬어야 한다는 것을 알고 있었다. 그는 니콜라가 석 달간 휴가를 쓸 수 있도록 배려해 주었다.

그로부터 3주가 채 지나지 않아, 2주 동안 모자란 잠을 보충한 니콜라는 방콕으로 가는 비행기에 몸을 실었고, 몇 달간 기차, 배, 도보 등으로 세계를 횡단했다. 느긋한 여행은 그녀에게 만병통치약과도 같았고, 그녀를 다시 일상으로 돌아갈 수 있도록 해주었다. 니콜라는 그 후 라이프 코치 교육을 받고 다른 사람들이 삶의 속도를 줄이고 번아웃을 피할 수 있도록 돕고 있다.

번아웃은 현대 사회의 물질적이며 권력 중심의 성공, 부모님이나 상사가 바라는 성공 등 우리가 정말 원하는 것과는 상관없는 기대가 새장처럼 우리를 가둘 때 생긴다.

우리는 자존감의 원천을 업무 실적, 은행 잔고, 외모 등에서 찾기 때문에 일이 잘못되거나 직장에서 더 이상 행복하지 않거나 살이 찌거나 경제 상황이 나빠지거나 실직하는 순간 위기에 빠지는 것은 어쩌면 예상 가능한 일이다. 우리가 자신을 이런 상황에 몰아넣고 있다는 것을 알아채는 데 몇 년이 걸리기도 하며, 그때야 우리가 그동안 얼마나 꼼짝없이 갇혀 있었는지를 깨닫게 된다. 우리는 접시돌리기 곡예사처럼 접시를 하나도 놓치지 않으려 애쓰며 한계상황까지 자신을 몰아붙인다. 하지만 번아웃 상태가 되면 모든 접시가 바닥에 떨어져 깨진다.

니콜라의 이야기에서처럼 몸이 위험 신호를 보내는 등 우리가 현실을 파악할 때까지 극단적인 상황은 여러 번 벌어진다. 하지만 그런 충

격적 사건이 우리에게 무엇을 말하려 하는지만 깨달을 수 있다면 궁극
적으로는 오히려 진정한 행운이라고 볼 수도 있다.

거울 들여다보기

거울을 보면서 갇혀 있는 당신은 거울 뒤에 있고 거울 앞에 선 당신은 자유로운 존재라고
상상해 보자. 거울 뒤의 갇혀 있는 존재에게 다음의 질문을 해보고 최대한 솔직한 대답을
끌어내 보자.

- 지금 어떤 기분이 들어?
- 몸에서는 어떤 느낌이 들어?
- 머릿속에서는 무슨 생각을 하고 있어?
- 자주 느끼는 감정은 어떤 거야?
- 그 감정에 어떻게 대처하고 있어? 아니면 어떻게 도망치고 있어?
- 그 감정에 영향을 받는 사람이 또 있어?
- 그 사람들은 어떻게 대처하고 있어?
- 그 감정을 어떻게 해소하고 싶니? 그 방법을 지금 시도한다면 무엇이 얼마나 달라질까?

이제 갇힌 당신의 눈을 보면서 다음 이야기를 크게 말해보자.

'너는 혼자가 아니야. 내가 그곳에서 너를 꺼내줄게.'
'이 철창살 너머에는 크고 넓고 아름다운 세상이 있어.'
'다시 한 번 자유롭게 날 수 있을 거야.'

거울 앞에 마주서는 이 방법은 갇혀 있는 당신의 안부를 확인하기 위한 것이다. 복도에
서, 쇼윈도를 지나치며, 이를 닦는 동안, 당신의 모습을 비춰볼 기회가 있을 때마다 잠깐
멈춰 서서 이야기를 건네보자. '어떻게 지내고 있니? 지금 어떤 이야기를 듣고 싶어? 어
떻게 하면 어제보다 나은 오늘이 될 수 있을까? 내일은 어떻게 달라질까?'

고통을 대하는
자세

감정적인 고통이 너무 커서 그 고통을 직접 대면하기보다 새장 안에 있는 것이 더 안전하게 느껴질 때도 있다. 그럴 때는 이 사실을 명심하자.

고통을 경험하는 것과 고통에 반응하는 것은 다르다.

철창살 뒤에 숨어 있으면 고통을 자세히 들여다볼 필요가 없다. 화, 좌절감, 분노, 죄책감, 복수심 등으로 반응하기는 하지만 문제를 해결해야 할 필요는 없다. 하지만 이런 반응에 휩싸이게 자신을 놔두는 것은 더 큰 고통이며 당신을 새장에 더 단단히 가둬놓을 뿐이다.

어린 시절 학대에 시달린 경험이 있고 그 때문에 계속되는 분노, 죄책감, 수치심에 갇혀 있었던 친구가 있었다. 나는 그 친구를 통해 배웠다. 학대받았던 일을 입 밖으로 꺼내고 사실과 정황을 살펴본 후에야 그녀는 마침내 그 일과 마주할 수 있게 되었다. 모든 과정 하나하나가 매우 고통스러웠다. 그녀의 잘못 때문에 학대받았던 게 아니라는 사실을 깨달았을 뿐 아니라 부모님 중 한 분에게 학대의 책임이 있었다는 사실 역시 알게 되었기 때문이다. 그 부모님과의 관계 역시 당연히 완전히 틀어졌다. 하지만 친구는 그녀를 가두고 있던 철창살이 무엇이었는지 알게 되었을 뿐 아니라 진실을 마주함으로써 마침내 자유로워졌다.

괴로움 속에 빠져 있을 때 처음 상처는 깊고 매우 아프다. 하지만 그 상처를 겪으며 느끼다 보면 그 상처는 흉터로 바뀐다. 흉터는 진짜다. 무언가가 당신에게 생겼다는 증거다. 당신의 삶의 경험과 처한 상황의 일부다. 흉터를 바라보다 보면 가끔은 당신이 겪은 일들이 다시 떠오르겠지만 더 이상 아프지는 않을 것이다. 하지만 새장 안에 남아 있으면 상처는 절대로 치유되지 않으며 오히려 더 덧나고 고통이 심해질 것이다.

상황 속에서 보물 찾기

흔히 삶은 우리가 기대한 대로 흘러가지 않는다. 상상도 한 적 없었던 상황에 놓이기도 하며 전혀 답을 알 수 없는 일과 마주하게 되기도 한다. 일시적일지라도 우선 당장 상황을 받아들이고 자유를 찾을 방법에 집중한다면 당신의 경험을 단순히 견딜 만하게 해주는 것을 넘어 즐거운 것으로 만들어줄 것이다.

사실상 모든 상황에서 보물을 찾을 수 있다. 새로운 가능성, 삶을 돌아볼 기회, 옛 친구와 다시 연락할 계기, 감사하는 마음을 갖게 되는 계기가 될 수도 있다. 부모가 된다는 것에서 찾을 수 있는 보물은 사랑, 웃음, 성장, 관계 등 다양하면서도 명확하다. 힘든 직장이라면 동료와의 우정, 공과금이나 카드 대금을 낼 수 있는 능력, 금요일마다 돌아오는 재택근무 등을 보물로 생각할 수도 있다. 심지어 정리해고 상황이라고 해도 마음을 열고 찾아본다면 보물을 발견할 수 있다.

케리 로이를 예로 들어보자. 2012년 정리해고를 당한 직후 그녀가 느낀 감정은 실망과 초라함이었다. 하지만 케리는 오랫동안 자기 연민에 빠져 있을 사람은 아니었다. 그녀는 이를 새롭게 시작할 기회로 보고, 몇 년간 생각만 해왔던 아이디어를 마침내 시도해 봐야겠다고 생각했다. 글램핑장을 여는 것이었다. 케리는 영국 북부 요크셔 지역에 있는 1제곱 킬로미터 넓이의 땅을 빌리기로 하고 퇴직수당과 주택담보대출금을 합쳐 '행복'이라는 뜻의 아이슬란드어에서 이름을 따온 '캠프 카우투르'를 열었다. 회사의 모토로 정한 '야외에서 행복을 찾으세요'는 케리 자신에게도 딱 맞는 말이었다. 정리해고를 기회로 바꿔 그녀 역시 야외에서 행복을 찾았기 때문이다.

보물을 발견하기 어려울 때도 있다. 보물이랄 것이 있을지조차 상상하기 힘들 때도 있다. 하지만 어느 상황에서든 보물은 찾을 수 있다고 장담할 수 있다. '모든 일에는 이유가 있다'라는 이야기를 하는 것이 아니다. 오히려 '일은 이미 벌어졌으니 헤쳐 나갈 방법을 찾아야 한다'에 더 가깝다.

때로 가장 중요한 보물은 비슷한 일을 다시는 겪고 싶지 않다는 깨달음이 될 수도 있고, 수많은 일을 그렇게 오래 견뎌온 자신의 능력을 발견하는 일이 될 수도 있다. 내 경우, 앞에서 설명한 개인적인 깨달음 덕분에 나는 두 번째 임신, 출산, 육아휴직에 첫 번째와는 다른 방식으로 '대처할' 수 있었다.

당신이 처한 상황을 삶에서 일어나는 힘든 일 중 하나로 받아들일 수도 있고, 삶 전체를 하나의 상황으로 보고 거기서 보물을 찾을 수도 있다. 당신은 살아 있으며, 마음뿐이라 해도 아직 젊다. 당신을 계속 앞으로 나아갈 수 있게 해주는 사랑하는 가족이나 소중한 꿈이 있을 수도 있다.

분명 선물이 있을 거라는 생각을 믿고 적극적으로 찾아 나서는 것만으로도 변화를 만들기에는 충분하다. 얼마나 찾기 힘든 곳에 깊이 묻혀 있든 간에 보물을 찾을 수 있다고 믿으면 현재 상황을 더 잘 받아들이고 대응하는 방식 역시 조금 더 편안하게 만들어줄 것이다.

통증 자체와 통증으로 인한 분노

내 웹사이트의 온라인 과정을 듣는 리사 맥아더 에드워즈는 용감한 여성이다. 그녀는 만성적인 허리 통증으로 집에 누워만 있었다. 수업을 듣는 동안 리사는 통증 자체와 통증 때문에 느끼는 좌절과 분노는 다르다는 사실을 깨달았다. 상황을 다르게 받아들이면서 리사는 친구들이 그녀를 돕기 위해 모일 때 드는 사랑받는 기분 등 그 안에서 보물을 찾게 되었다. 할 수 없는 일에 집착하는 대신 그녀가 할 수 있는 일들을 찾기 시작했다. 물리적으로 예전보다 훨씬 어려워지기는 했지만 운전을 할 수 있었기 때문에 여전히 도전은 가능했다. 리사는 몇 달 만에 처음으로 다시 외출하기 시작했고, 현재는 병가를 낼 필요 없이 집에서 일할 수 있도록 온라인 비즈니스를 준비 중이다.

보물 발견

'나는 …이고 …하다'라고 적었던 문장을 다시 살펴보며 그 안에서 보물을 찾아보자. 찾기 어렵다면 상황을 좀 더 넓게 바라보자. 지금 처한 상황에 대한 사실이 또 무엇이 있는가? 분명 무언가 보물을 찾을 수 있을 것이다. 정말 아무것도 생각나지 않는다면 주변 사람에게 물어봐도 좋다. 힘든 상황에서도 감사할 만한 점이 있다는 것을 잊지 않기 위해서 이 보물을 종이에 적고 매일 볼 수 있는 곳에 붙여놓자. 원한다면 나도 볼 수 있도록 #freedomseeker 해시태그를 달아 SNS에 공유해도 좋다.

철창살 안에 숨기

아이러니하게도 우리는 새장 안에 있을 때 더 편안하다고 느끼기도 한다. 직면한 문제 속으로 깊숙이 파고들어 계속해서 하나하나 곱씹어 볼수도 있다. 걱정과 괴로움에 집착하는 사람들이 주변에 많다면 특히 더그렇다. 동정받는 데 익숙해질 수도, 관심을 즐기게 될 수도 있다. 다른 사람들에게는 보여주지 않은 정체성이 있다면 다른 사람들에게 이야기하는 것보다 그 뒤에 숨어 있는 것이 당장은 더 편하기도 하다.

우리가 남들에게 하는 이야기는 사방에서 반향을 불러일으키고, 완전한 진실이 아닌 그 이야기들을 우리는 계속해서 하게 된다. 넋두리를 계속해서 반복하는 것은 위험하다. 그 이야기 없이 존재하는 자신이 어떤 사람인지 알 수 없게 되기 때문이다. 우리는 넋두리를 하지 않음으로써 잃어버리게 될 것들이 두려워서, 넋두리를 멈춘다면 발견하게 될지도 모를 어떤 것들에 대해 생각하지 않게 된다.

우리는 제한된 기회 안에서 그릇된 안도감을 느낀다. 익숙한 것만을 고수하거나 오히려 우리의 가능성을 가로막고 있는데도 우리가 아는 영역에서 '해야 하는 일'이라고 생각되는 일을 한다. 의문점을 깊이 파고들어야 할 때 오히려 해결책이 미칠 영향에 대해 지나치게 고민한다. 이런 보호의 역설에서, 마음 깊은 곳에서는 우리에게 무엇이 최선인지 알고 있음에도 내부가 아닌 외부에서 도움을 찾으려 한다.

$\cdots$

회사를 시작하고 처음 몇 년간은 나라는 개인이 주목을 받지 않도록 노력했다. 나는 회사의 전략가이자 후원자였고, 다른 사람들의 지지자였다. 그런 일에 재능이 있어서이기도 했지만 나 자신이 이목을 끌고 싶지 않아서이기도 했다.

위험을 감수하지 않으면 실패할 일도 없다고 생각한다면 틀렸다. 모험을 피하는 것이야말로 가장 큰 실패다. 실패는 배움의 기회다. 시도하지 않으면 무슨 일이 일어날지 전혀 알 수 없게 될 뿐 아니라 아무것도 배울 수 없다. 작고 안전한 듯 보이는 새장 안에 머무르는 일은 단기적으로는 쉬울지 모르지만 장기적으로는 인생을 더 풍요롭게 살 가능성을 뺏는 것이다.

새장 안은 비좁고 어둡고 답답하지만 위험하지는 않다. 구석구석 잘 알기 때문에 안전하게 느껴진다. 새장 밖은 넓고 정신없으며 눈이 부시다. 모르는 세상이 넓게 펼쳐져 있다는 생각만으로도 두렵다. 하지만 빛이 있고 가능성이 있으며 즐거움이 있는 곳이 바로 그곳이다. 새장 밖에서 비로소 우리는 비행의 즐거움을 느낄 수 있다. 독일어 단어 중 '주군루어zugunruhe'라는 흥미로운 단어가 있다. 문자 그대로 번역하면 '이동 충동'이라는 뜻이다. 새장에 갇힌 새들이 야생에서라면 다른 곳으로 이동했을 시기가 되면 안절부절못하고 동요하는 등 불안증세를 보이는 현상이다. 사람의 경우라면 '방랑벽'이라고 하기도 하고, 더 고급스러운 단어를 쓰고 싶다면 '엘루테로매니아eleutheromania'라고 할 수도 있겠다. 이는 어디론가 가야 한다는 절박한 기분, 자유를 향한 맹렬한 갈망을 말한다.

우리 모두 마음속으로는 갇혀 있는 것을 바라지 않지만 바깥세상에 무엇이 있을지를 생각하면 두려워진다. 철창살 사이로 크고 넓은 세상의 새로운 환경을 언뜻 엿보고 나면 의심과 공포 때문에 바로 물러서게 된다. '내가 할 수 있을까?', '저걸 원할 자격이 있을까?', '너무 이기적이야', '어차피 안 될 거야', '사람들이 알면 뭐라고 할까?'

남들을 돌보고 배려하는 데 능숙하거나 익숙한 여성들은 특히나 더 그럴 것이다. 우리는 앞으로 나아가는 일이 이기적이라는 오해를 하며 종종 우리 앞에 온 기회를 거절한다.

다음에서 할 피아의 이야기처럼, 우리는 결국 갇힌 상태로 머무르는 것은 누구에게도 도움이 되지 않는다는 사실을 깨닫지 못한 채로 자신의 행복을 희생하면서까지 이런 선택을 내린다. 당신의 시각을 새장 안에만 가둬둔다면 그 너머에 있는 모든 가능성을 놓치게 된다.

진정 원하는 것

피아 제인 비예케르크는 호주 시드니에서 실내복 부티크를 운영했다. 남자친구와 안락한 집, 겉보기에는 모든 것이 좋아보였다. 그러나 그녀가 처한 상황은 달랐다. 피아는 수년째 중병을 앓고 있는 어머니를 간병해 왔는데 방랑벽이 충족되지 못한 채로 어머니를 돌봐야 한다는 의무에 짓눌려 현실을 원망하기 시작했다.

스물여덟 살이 되던 해에 피아는 벗어나기로 결심했다. 그녀는 어머니를 돌봐줄 사람을 구했고, 갖고 있던 물건을 전부 정리해 창고에 넣은 후 파리로 떠났다. 피아는 그곳에서 한 남자를 만나 결혼을 약속했고 아이도 낳을 예정이다. 그녀는 네덜란드 암스테르담에서 주거용 보트에서 사는 실험을 했고, 사진과 스타일링 작업을 늘려나갔으며, 가정생활과 양립할 수 있는 탄력적인 비즈니스를 시작했다. 또한 그녀는 놀라울 만큼 훌륭한 『정처 없이 떠도는 마음My Heart Wanders』을 포함해 네 권의 책도 썼다. 가장 중요한 것은 피아가 진정한 자신의 모습과 다시 마주하게 되었다는 점이다.

피아는 다시 호주로 돌아가서 어머니가 돌아가시기 전까지 몇 년간
어머니를 돌봤다. 이번에는 피아가 원했던 이상적인 딸로서 깊은 감사
함과 존경심을 가지고 어머니를 돌볼 수 있었다.

새장 밖 풍경

이제 새장 안에서 보는 모습과 느끼는 감정에 대해서는 잘 알게 되었
을 것이다. 지금부터는 자유로워진 당신의 눈으로 바라본 새장 밖의 모
습이다. 스스로 해온 이야기를 더 넓은 시각에서 바라보면 정말로 무슨
일이 일어나고 있는지 이해하는 데 도움이 될 것이다. 궁극적으로는 새
장 안에서의 삶과 새장 밖에서 사는 삶의 차이를 이해하는 것이다. 이
제 모든 에너지와 관심을 새장에서 탈출해 나와 끝없는 가능성의 세계
로 들어서는 데 쏟아보자. 이제 출발점에 선 것이다. 아직 목적지가 어
디인지는 모른다. 마음은 열되 긴장은 놓지 말자. 이 여정이 당신을 어
느 곳으로 데려갈지 지켜보자.

인간은 천성적으로 시커seeker다. '시크seek'라는 단어에는 에너지와
의지가 포함되어 있다. '시크'는 라틴어 '사티레satire'와 같은 어원에서
왔으며 '냄새로 알게 된다'라는 뜻이다. 우리는 감각으로 답을 찾아내

야 한다. 답을 찾아내려면 호기심과 행동이 필요하다. 우리는 탐색하기를 좋아하며, 그중에서도 가장 멋진 일이 자유를 탐색하는 것이다.

자유를 찾기 위해 지구 끝까지 가야 할 필요는 없다.
자유는 바로 이곳, 우리가 매일 하는 선택에서 찾을 수 있다.

자유로운 내 모습

절망에 빠져 침실 바닥에 누워 있던 그 순간, 내가 떠올렸던 산 중턱의 여자는 바로 자유로운 나 자신이었다. 그녀는 내게 바깥에는 아주 넓은 세상이 있다는 사실을 또 한 번 일깨워주었다. 아직 어렸던 열일곱 살, 보트에 서 있던 나는 광활한 바다 일부분이 되는 듯한 기분을 느꼈다. 자연이 내게 자유롭게 사는 법을 가르쳐주는 것 같았다.

자유로운 자신은 늘 주변을 날며 새장 밖의 세상이 얼마나 아름다운지를 보여주려 애쓰며 당신을 부르고 있다. 가끔은 자유로운 자신이 기억, 몽상이나 변화하고자 하는 욕구의 형태로 나타나기도 한다. 혹은 어린아이가 소매를 잡아끄는 듯한 기분으로 느껴질 때도 있다. 자유로운 자신은 공기같이 가벼우며 섬세하고 큰 소리를 내지 않으므로 우리에게 무엇을 이야기하는지 들으려면 열린 마음, 맑은 정신을 가지고 조용히 있어야 한다.

자유로운 자신이 나타날 때까지 기다릴 필요 없다. 당신이 초대하면 된다. 자유로워진 당신을 상상하며 다시 불러보라. 자유로운 자신은 걱정, 스트레스, 부정적인 목소리의 영향을 받지 않는 당신 최고의 모습이다. 자신감 있고 용감하며 행복한 존재, 호기심 많고 독특하며 대담한 동시에 독창적이고 낙천적이며 유연한 존재, 순수한 사랑과 빛으로 만들어진 존재 말이다. 한동안 자유로운 자신의 모습을 보지 못했을 수도 있지만 마지막으로 진정한 자유를 느꼈던 때를 생각해 본다면 다시 그곳에서 자유를 찾을 수 있을 것이다. 자유로운 자신을 관찰하면 더 높은 차원의 정신세계를 활성화할 수 있다. 자유로운 자신을 자세히 상상해 볼 때 그 존재에 더 가까이 갈 수 있을 것이다.

내 모습 상상하기

새장 밖을 날아다니는 자유로운 자신의 모습을 떠올려보자. 자세히 들여다보며 다음의 질문을 해보자.

- 무엇을 볼 수 있는가?
- 자신을 자유롭게 만들어주는 것은 무엇인가?
- 움직임은 어떤가?
- 자유로운 자신이 삶에 접근하는 방식은 어떠한가?
- 관심 있는 것은 무엇인가?
- 아끼는 것은 무엇인가?
- 자유로운 자신이 당신에게 보여주려 하는 것이 무엇인가?
- 지금 이 순간 당신에게 자유란 어떤 의미인가?

발견과 성장의 길을 밟아가는 동안, 나무, 길 위, 하늘의 새들에 주의를 기울여보고 그들을 우주가 보낸 메신저라고 생각해 보자.

- 당신이 홀로 있거나 무리 지어 있는 새를 발견했을 때 무엇을 하고 있었는지, 무슨 말이나 생각을 하고 있었는지 생각해 보자.
- 어느 곳을 날고 어떻게 움직이는지, 새들이 어떤 행동을 하는지 살펴보자.
- 새들의 움직임이나 행동을 볼 때 어떤 생각이나 감정이 떠오르는지 생각해 보자.
- 가능하다면 노트에 스케치를 해보는 것도 좋다. 그리고 떠오르는 생각도 함께 적어보자. 새를 발견할 때마다 반복하면서 어떤 일정한 패턴이 보이는지 주의를 기울여 보자. 새들이 당신에게 어떤 메시지를 전해주는가?
- 다른 새들의 흔적도 찾아보자. 걸을 때 깃털을 보면 잠시 멈추자. 새 모양의 타투를 보거나 누군가가 깃털 모양의 액세서리를 한 것을 보면 질문을 던져보자. 어쩌면 생각지도 못했던 대화를 나누게 될지도 모른다.

새들이 당신의 비행에 영감을 줄, 가능성을 나타내는 상징이라고 생각해 보자.

빈 시간과
빈 공간 만들기

엄마가 된 것이 내 삶에 어떤 영향을 미쳤는지 설명하기는 어렵다. 내가 겪은 경험 중 최고이면서 가장 힘든 일이다. 솔직히 아이를 낳기 전과 지금의 나는 다른 사람이나 마찬가지다. 마음이 훨씬 넓어졌고, 사랑은 점점 더 깊어진다. 잘못될 가능성이 훨씬 큰 일이기도 하지만, 그역시 감수할 만한 가치가 있다.

마음이 넓어지는 동시에 머릿속도 온갖 복잡한 것들로 가득 찼다. 이전까지는 생각이 잘 정리되어 있던 머릿속이 누군가 침입해 온통 헤집어놓은 듯 정신없어졌고, 그걸 다시 정리할 시간조차 없어졌다. 아이들은 그런 존재다. 미친 것이나 다름없는 사람처럼 만들어놓고, 사랑과 호르몬을 한껏 끌어올려 놓는가 하면, 뇌의 기능을 멈추게 하고 기억은 지워버린다. 한때는 총리와 흥미로운 대화를 나눌 줄도 알았던 똑똑한 아가씨는 단어가 기억나지 않아 머릿속을 더듬거리게 되었고, 시작한 문장을 끝맺는 데도 노력이 필요하게 되었다. 신용카드를 냉장고에 집어넣거나 왼쪽 오른쪽 신발을 바꿔 신고 나가는 것은 물론, 방에 들어선 순간 무엇을 하려고 했는지 잊은 적은 셀 수도 없을 정도다. 사랑과 수면 부족에 취해 늘 몽롱하고 취한 듯 정신없었다.

$$\cdots$$

첫아이 시에나가 6개월이 되었을 무렵, 나는 거의 로봇이 되어 있었다. 눈을 뜨고 있는 시간 내내 나는 시에나를 돌보거나 일을 하며 보냈다. 유일한 '혼자만의 시간'은 정신없는 5분간의 샤워 시간이나 가끔 30분 동안 목욕하는 시간뿐이었다. 그때마저도 일과 관련된 책을 읽는 나쁜 습관이 있었다.

물론 그 사이사이에는 기쁨으로 가득한 소중한 순간들이 정말 많았다. 시에나가 자라나고 세상을 탐험하는 모습을 보고, 아이를 꼭 껴안는 순간들 말이다. 시에나는 사람들과 교감하는 것을 좋아하고 우리 부부를 웃게 하는 밝은 아기였다. 하지만 내 에너지 대부분은 저녁 준비를 하고 기저귀를 갈고 아이를 산책시키고 건강을 해칠 만큼 많은 시간 동안 업무를 보는 등 단순히 내게 주어진 의무를 수행하는 것만으로도 바닥이 나곤 했다. 미스터 케이(내 남편)와 친정엄마는 기꺼이 내 몫의 일을 나누어 낮 동안 아이를 수유하지 않는 시간에는 대부분, 많은 시간 시에나를 봐주었다. 할머니는 시에나의 첫 번째 친구였고, 아빠는 소중한 존재였다. 이렇게 강한 유대관계가 만들어진다는 것은 축복이었다. 하지만 솔직히 말하면 모든 것을 다 제대로 못 하는 듯한 기분이

들었다. 시간은 늘 모자랐다. 아이에게 쏟는 관심도 충분하지 않았다. 잠깐 틈이 생기거나 에너지가 생길 때마다 스스로 잘하고 있는지 묻는 것도 충분하지 않았다.

멀티태스킹이 된다는 사실에 감탄하며 컴퓨터 앞에 앉아 시에나에게 모유를 먹이려고 하다가도 순간 허리 통증 때문에 험한 소리를 내뱉으며 아기를 컴퓨터 가까이에 둔다는 사실에 나 자신을 비난했다. 바닥에 누워 딸아이와 놀면서도 손은 움직이면서 머릿속으로는 답장해야 할 이메일들을 생각했다. 밤에는 너무나 지쳐 잠도 오지 않았다. 잠시후 겨우 잠이 들면 곧 일어나 다시 딸에게 젖을 물려야 했다. 몸이 회복될 새도 없었다. 어린아이를 둔 부모들 대부분이 그렇다는 것을 알면서도, 그걸 안다고 해서 견디기 쉬워지는 것은 아니었다.

가장 힘들었던 건 살아 있다는 기분을 느끼기 힘들다는 것이었다. 소중한 내 딸을 돌보고, 사랑을 쏟고, 안아주는 사람은 진짜 내가 아닌 껍데기였다. 마음으로는 감사했지만 머릿속은 복잡했고, 내 시간을 빼앗는 의무들을 생각하느라 순간순간을 즐길 수 없었다. 작고 아름다우며 푸른 눈의 기적을 만든 내 능력에 충만함을 느껴야 할 때 나는 무능한 존재라는 느낌이 들었다.

그리고 나는 무너졌다. 침실 바닥에 누워 있는 내 모습이 바로 새장에 갇힌 새라는 생각이 들자마자 나는 탈출해야겠다고 생각했다. 그다음 내가 한 일은 그 상황에서 내가 할 수 있었던 가장 중요한 일이었다. 내가 할 수 있었던 유일한 일이기도 했다.

나는 나만을 위한 시간을 만들기로 했다. 내 아이, 가족, 일을 제대로 지켜내기 위해서는 가장 먼저 진짜 나 자신을 찾아야 했다. 시작은 숨을 돌릴 수 있는 5분간의 시간이었다. 그다음에는 맨발로 뜰에 나가 햇볕을 느끼며 10분씩 서 있었고, 그다음은 차 한잔을 마시며 잡지 〈플로〉를 읽는 20분의 시간으로 늘어났다. 곧 그 시간은 1시간짜리 요가 수업을 듣거나 2시간 동안 해변을 산책하는 등으로 늘어났다. 그리고 업무 시간에서도 여유를 찾기 시작했다. 회사의 주요 프로젝트 중 하나는 화요일에만, 다른 하나는 금요일에만 다루기로 했다. 무엇보다도 놀랐던 건 이런 방식이 팀의 다른 직원들에게도 효과가 있었다는 사실이었다. 나만 여유를 반기는 것이 아니었다.

호브 해안에 산책하러 나갔던 어느 날, 나는 오랫동안 그 해변에 있던 상징적인 오두막 중 하나를 갖고 싶다는 생각을 하기 시작했다. 탈출해 쉬어갈 수 있는, 오롯이 내 것인 공간이 있으면 어떨까 하는 상상 말이다. 바다를 내다보고 파도 소리를 들으며 깊고 느리게 호흡할 수 있는 모퉁이의 오두막에서 책을 읽을 수도, 그림을 그릴 수도, 아니면 그냥 앉아 있어도 좋을 것이다. 생각하면 할수록 오두막을 갖고 싶다는 생각은 더 커졌다. 404번 오두막은 페인트가 군데군데 벗겨진 데다 썩어가고 있었지만 쳐다보면 쳐다볼수록 그 오두막을 구해주고 싶었다. 그 과정에서 나 자신도 구하게 될 거라는 건 그때는 몰랐다.

나는 그 오두막을 샀다. 별 것 아닌 듯했지만, 호브 해안의 무너져가는 오두막 하나를 사는 데 무려 1만 2,000파운드라는 거금이 들었다.

하지만 별로 개의치 않았다. 은행 계좌에 들어 있는 돈은 내게 그다지 도움이 되지 않았다. 거금 안에 들어앉아 바다를 내다볼 수 있다면 그 편이 훨씬 더 나았다.

계약을 마치자마자, 오두막이 너무 심하게 썩어 있어 전부 허물고 처음부터 새로 지어야 한다는 사실을 알게 되었다. 게다가 오두막만 샀을 뿐 그 땅을 소유한 것이 아니라서 땅은 지방 의회에서 별개로 빌려야 한다는 사실도 알게 되었다. 심장이 멎는 듯한 심정으로 오두막을 무너뜨리고 나니 남은 것은 1만 2,000파운드짜리 썩어가는 나무 한 무더기뿐이었다. 나는 도대체 무슨 정신 나간 짓을 한 것일까?

실력 있는 목수인 친구의 도움을 받아 나는 결국 새 오두막을 지었다. 정확히 말하면 친구가 지었고, 나는 페인트칠을 했다. 오랫동안 간절히 원했던 고요함을 가져다줄 옅은 회색으로 내부를 칠했고, 바닷가의 분위기에 맞도록 문은 흰색과 빨간색 줄무늬로 칠했다. 푹신한 쿠션을 가져다 놓고, 추운 날을 대비해 두툼한 뜨개 담요도 갖다 놓았다. 작은 책장은 바다, 파도, 섬 생활, 모험 등에 관련된 책으로 가득 채워놓았다. 상자 하나를 마련해 그 안에는 비눗방울, 직접 판 도장, 일기장, 폴라로이드 카메라 등 놀 거리를 채웠다. 세상에서 벗어나 하루를 보내고 싶을 때 필요한 모든 것들이었다.

바닷가 오두막은 정말 평온하고 좋았다. 나는 내 웹사이트의 회원들 역시 바쁜 일상 중에 조용한 순간을 누릴 수 있도록 그들에게도 오두막을 개방했다. '바닷가 작은 꿈의 오두막'은 이렇게 시작되었다. 우리는 사람들이 공상하거나 계획을 세우고, 작품을 만들거나 소설을 쓰고, 혹은 혼자서 조용한 시간을 보낼 수 있도록 하루 동안 무료로 오두막을 사용할 수 있는 프로그램을 짰다. 회사를 옮기면서 '바닷가 작은 꿈의 오두막'은 팔아야 했지만, 오두막을 소유했던 시간은 늘 소중하고 감사하게 간직하고 있다.

나 자신을 위한 시간을 점점 더 많이 내면서, 나 자신이 크게 변화하는 것을 느꼈다. 둘째 아이를 가졌을 때는 육아휴직을 다섯 달 꽉 채워썼다. 사업가로서는 꽤 긴 시간이었다. 하지만 덕분에 우리의 새로운 식구, 둘째 딸 마이아를 돌보며 무엇과도 바꾸지 못할 여름을 보낼 수 있었다.

잠시 멈추고 돌아보고 숨쉬기

'비우기' 열쇠는 잠시 멈추고 돌아보고 숨을 쉬는 방법이다. 당신의 머리와 마음을 서로 조율하고 내면의 고요함을 다시 찾을 수 있는 조용한 순간을 찾는 것이다. 이 열쇠의 가장 중요한 요소는 하루 중(시간), 소음에서(고요함), 이 세상에서(장소) 각각 공간을 찾아 그 빈 공간을 머리와 마음을 명료하고 차분하고 고요하게 만드는 데 쓰는 것이다.

몸에 집중하면 머릿속의 여유를 찾을 수 있다. 사랑, 놀라움, 아름다움 등의 감정에 집중하면 마음의 여유를 찾을 수 있다. 우리는 바쁘게 살아간다. 모두가 마음속에서, 귀를 통해, 전화로, 우리 주변에서, 끊임 없이 소음에 둘러싸여 살아간다. 이런 끝없는 소음이 우리가 무엇을 원하고 필요로 하는지, 무엇을 좋아하는지에 대한 내면의 소리에 귀를 기울이지 못하게 한다. 우리의 마음을 활짝 열리게 하는 대신 세상과 단절시키는 것이다.

우리는 늘 자주 마음이 어지러워진다. 우리 뇌는 사방에서 들어오는 정보를 처리하느라 늘 무리하게 된다. 집중은 어려운 일이 되었다. 끊임없이 더 많은 것을 이루려고 애쓰다 보니 우리는 종종 한계에 내몰리고, 그런 부담은 우리 몸을 계속해서 아드레날린, 코르티솔, 그 외의 스트레스 호르몬으로 채워 넣는 한편, 면역력을 강하게 하고 스스로 치유할 수 있도록 돕는 천연 물질은 우리 몸에서 몰아낸다. 많은 사람이 질병에 취약해지고, 눈에 띄는 노화의 징후를 보이며, 늘 피곤함에 찌들어 있는 것은 어쩌면 당연한 일이다.

빈 시간과 빈 공간 만들기는 뇌와 마음이 편안하게 쉬고 천천히 열릴 수 있게 해주며, 영감이 밀물처럼 밀려들어올 수 있도록 돕는다.

머리와 마음을 비우면 더 많은 가능성을 받아들이고
사랑할 여유를 가질 수 있다.

재충전할 시간과 공간의 여유가 생기면 더 나아진 당신의 모습을 명확하게 그려볼 수 있다. 조용하게 살아야 한다는 이야기가 아니다. 당신의 삶이 목소리를 낼 때, 그 목소리가 힘 있고 분명하며 아름다울 수 있도록 고요한 상태를 유지하는 것이다. 이 열쇠는 모든 것이 너무 버겁다고 느껴질 때 도움이 될 것이다. TV 소리조차도 견딜 수 없을 때, 마음의 소리에 귀를 기울일 수 없을 때 말이다.

시에나가 아직 아주 어렸을 때, 따뜻하고 다정하며 친절한 사람들만 내 주위에 두고 그들에게 기댈 수 있었으면 좋겠다고 생각한 적이 있었다. '제발 입 좀 다물어 줄래?'같이 거친 말로 소리 질러야 할 상황이 너무 싫었기 때문이다. 나를 개인적으로 아는 사람이라면 내가 보통은 그런 사람이 아니라는 것을 알겠지만, 첫아이를 막 낳아서 키우며 전쟁을 치르던 그때는 단순히 고요함과 평안함, 빈 시간과 빈 공간이 너무도 간절했다.

하루를 버티는 것은 고사하고 아침에 일어나는 데만도 엄청난 노력이 필요할 때, 머릿속이 복잡하고 마음이 무거울 때, 회의, 집안일, 이메일에 치여 밥 먹는 것조차 까먹기 일쑤여서 '자유롭게 살기', '좋아하는 일 하기' 같은 생각은 우스울 만큼 엉뚱한 환상처럼 느껴질 때, 이 열쇠는 당신이 갇힌 새장의 문을 열어줄 수 있을 것이다. 끊임없이 주변에 베풀다 기진맥진해지고, 남들에게 정서적으로 위안이 되어주느라 내 행복 따위는 신경 써본 지도 오래일 때 필요한 것이 이 열쇠다.

비우기는 눈앞의 안개를 걷어준다.
당신은 다시 날아오를 꿈을 꿀 수 있을 것이다.

1

이 열쇠를 활성화하기 위해서는 평화롭고 편안한 물리적 장소에서 시간을 보내는 것이 좋다. 흙, 공기, 불, 물 같은 원소를 생각해 보자. 물을 볼 때 영감이 떠오른다면 강기슭이나 호숫가의 벤치 같은 장소를 찾거나 바닷가를 산책해 보자. 공기가 필요하다면 높이 올라가면 된다. 등산하거나 언덕을 오르거나 아니면 차 한 병을 들고 절벽의 정상으로 올라가는 것도 좋다. 구름을 관찰하거나 밤하늘을 올려다보자. 일찍 일어나 일출을 보고 그 광경에 감탄해 보자.

일본에는 '산린요쿠'(산림욕-옮긴이)라는 치료법이 있다. 말 그대로 '숲 목욕'이라는 뜻이다. 나무의 치유력을 받아들이고 맑은 정신으로 자연을 감상하는 것이다. 조용히 걷고 탐험하고 고요함을 즐기며 그 안에 빠져들고 마음을 여는 과정이다. 가까운 곳에 숲이 없다면 맨발로 마당에 나가도 좋고 개와 산책하러 나가거나 동네 공원을 걸어도 좋다.

자연은 큰 도움이 되지만 꼭 자연이어야 할 필요는 없다. 집 어딘가의 편안한 모퉁이나 좋아하는 카페의 편안한 팔걸이의자도 괜찮다. 심지어 장소일 필요도 없다. 매일 하는 조깅이 될 수도 있고, 자전거 타기, 일기 쓰기, 요가, 리소토를 천천히 젓는 일, 흔들리는 촛불, 벽난로에서 타오르는 불을 바라보는 것이나 아침 커피를 따르는 일일 수도 있다. 단지 숨을 깊이 내쉬고 들이쉬며 잠깐 당신의 전원을 껐다가 다시 켤 수 있기만 하면 된다. 당신에게 맞는 방법을 찾아 시도해 보자.

충분한 시간 동안 다른 곳으로 벗어나 있을 수 있다면 당신이 완전히 달라지는 경험을 하게 될 것이다. 지금 당신의 상황에서 그런 여유가 불가능해 보이더라도 이 열쇠는 당신이 지금 있는 곳, 지금 이 시각, 혹은 이번 주말, 언제든 시작할 수 있다. 하루에 단 몇 분이라도 큰 변화를 가져올 것이다. 당신의 눈이 가는 곳에 집중하고 편안한 음악을 들으며 긴장을 내려놓고 이 열쇠를 활성화해 보자. 폭력적인 영화, 선정적인 뉴스, SNS 등에서는 멀어지는 것이 좋다. 공격적인 자극은 걸러내고 머릿속과 마음에 공간을 만들고 나면 영감과 사랑이 흘러들어올 자리를 내줄 수 있을 것이다.

일상에서
벗어나기

끝도 없는 할 일 목록, 의무, 재정난 등은 새장의 철창살을 눈앞으로 더 가까이 가져온다. 이럴 때 모험은 사치처럼 느껴질 때가 많다. 하지만 이럴 때야말로 더 많은 모험을 시작해야 한다.

. . .

사업이 번창하기 시작하면서 직원들 숫자가 늘어나고 바쁜 일과 책임이 매일 몇 배씩 늘어나기 시작할 때쯤 나는 거의 기계가 되었다. 너무 오랫동안 껍데기처럼 살고 있었다는 생각이 들었다. 진정으로 빠져들지 않고 직접 경험하지 않은 채 겉에서만 삶을 관찰해 왔다. 나는 작은 모험을 시작하기로 했다. 완전히 새로운 장소에 가보기도 하고, 낯선 사람들과 이야기를 나눴다. 그런 작은 시도만으로도 살아 있다는 느낌이 들었다. 그뿐만이 아니었다. 참신한 아이디어, 넘치는 창의성, 에너지를 가지고 다시 일에 임할 수 있게 되었다.

72

미스터 케이는 이런 내 변화를 발견하고 일상에서 진정으로 벗어날 수 있도록 새로운 곳으로 가보는 건 어떻겠냐고 제안했다. 내 옛 친구 비그디스는 10여 년 전 코스타리카로 이사해 카약 별장을 열었다. 늘 가고 싶은 마음만 먹고 있던 차에 마침 완벽한 기회 같았다. 마이아가 막 10개월이 된 때라 잠시 망설였지만 과감하게 표를 예약했다. 출발할 때가 다가오자 마이아는 알아서 젖을 뗐다. 꼭 잘 다녀오라고 행운을 빌어주는 것 같았다.

. . .

코스타리카에서 비그디스와 카약을 타는 동안 내 손끝에서는 은빛 물방울이 튕겨나갔다. 찰랑, 찰랑. 슈퍼히어로가 된 것 같았다. 잉크같이 까맣게 보이는 물 표면으로 노를 저으며 나는 찰랑거리는 무도회장 바닥으로 다이아몬드를 뿌렸다. 노를 수직으로 세워 까만 물을 가르면 머리를 산발한 마녀 같은 백인 여자가 깊은 물속 여신인 듯 밑에서 솟아올랐다. 나는 잘 알려지지 않은 만에서 해양 발광생물을 가르며 야간 카약 투어 중이었다. 하늘은 고요했고 공기는 따뜻했다. 작은 섬의 그림자에 들어서서 헤드램프를 끄고 나니 칠흑 같은 어둠과 으스스한 적막뿐이었다. 나는 넋을 잃었다.

깊은 어둠 속에서 조용하지만 빠르게 미끄러지듯 다가오는 비그디스를 바라봤다. 아름다운 달빛을 받은 그녀의 얼굴이 환했다. "굉장하지?"라고 말을 건네는 비그디스의 금발이 빛났다. 그녀는 이런 광경을 수백 번은 봤을 텐데도 마치 처음인 것처럼 흥분해 있었다. 이게 그녀가 하는 일이었다. 나는 그녀와 지내며 비그디스가 어떻게 그녀의 새장에서 탈출했는지, 어떻게 고향인 노르웨이를 떠나 이곳 파케라에 와서 카약·낚시용품점 겸 숙소를 열게 되었는지 알아낼 생각이었다.

비그디스를 안 지도 12년이 되었지만 그녀의 삶에서 일어난 상세한 일들은 바쁜 일상을 살던 중에 자연히 일어난 것들이었다. 그녀를 다시 만났을 때 나는 이국적인 동물과 새에 둘러싸여 사는 삶, 나무 위의 오두막에서 일하고 남편과 함께 매일 자연 속에서 사는, 그녀가 원하던 바로 그 삶을 개척해 온, 행복한 결혼생활을 하는 한 여자를 발견할 수 있었다.

자유 실현

비그디스 밧세우와 그녀의 남편 토마스 존스는 노르웨이에서 안정된 직업을 가지고 있었지만, 두 사람은 바닷가 근처 숲속의 집을 얻어 낚시와 카약을 즐기며 다른 모험가들과 어울리는 삶을 늘 꿈꿨다. 부부는 조사 끝에 코스타리카에 정착하기로 했다. 낯선 곳으로 삶의 터전을 옮기는 과감한 결단을 하기는 했지만, 원래 두 사람 모두 큰 위험을 즐기는 사람들은 아니었다. 부부는 그들에게 중요한 것들을 목록으로 만들었다. 풍요로운 자연, 해양 활동, 정치적인 안정, 여행자에게 안전한 여건, 유럽과 미국에서 멀지 않은 위치, 이런 것들이었다. 스페인어를 배우고 싶었기 때문에 영어를 쓰는 국가는 제외하고 중앙아메리카로 범위를 좁혔다. 여러 사람에게 연락해 조언을 구하고, 6주간 여행하며 알맞은 장소를 찾아다녔다. 흥미진진한 여정이었다. 파케라 근처의 한 장소를 찾았을 때, 두 사람은 그 여정을 끝내도 되겠다는 것을 알았다.

비그디스와 토마스는 프랑지파니 줄기가 뒤덮은 나무 지붕 아래의 넓고 탁 트인 거실에서 손님들을 맞이한다. 벽도, 안과 밖의 구분도 없다. 분홍색과 흰색 꽃이 흐드러진 부겐빌레아 덩굴이 아침식사 장소까지 들어와 있고, 비가 오는 날이면 분위기는 더 고조된다. 라운지의 그네 의자에서는 보석처럼 빛나는 바다와 새하얀 모래, 바람에 살랑거리는 해먹을 내려다볼 수 있다.

손님들은 종종 부부의 생활방식에 대해 한두 마디씩 하기도 한다. 몇몇 사람들은 부부가 제정신이 아니라고 생각하고, 또 어떤 사람들은 "정말 운이 좋으신 것 같아요"라며 부러움을 나타내기도 한다. 하지만 운에 기댄 것이 아니라 두 사람 스스로 일궈낸 결과다. 부부는 두 사람이 원하는 삶을 얻기 위해 다른 사람들은 감히 용기 내지 못했을 희생을 감수하기로 결심한 것이다. 두 사람은 각자 힘든 일들을 겪어냈지만, 그 모든 과정에서 서로를 지지하고 응원하며 오직 성공에 집중하고 달려왔다.

비그디스는 '일상탈출' 열쇠를 가지고 새장을 벗어난 경우다. 그녀는 바닥부터 삶을 변화시켰고 대륙을 건너 다녔으며 새로운 언어를 배우고 직업을 선택해 매일 모험과 활기를 느낄 수 있는 삶을 얻어냈다.

계속 노력하는 한 그녀는 새장에서 멀리 떨어져 자유롭게 날 수 있을 것이다.

카약을 타는 동안 비그디스와 나는 웃고 서로 물을 튀기며 장난쳤다. 서로 어울리는 슈퍼히어로를 정해주며 농담도 했다. 비그디스는 그녀의 방식대로 사는 것만으로도 주변에 영감의 빛을 비추는 놀라운 능력을 갖추고 있는 사람이다.

한계에 도전하기

단조로운 일상에서 벗어나는 이 열쇠는 무언가 새롭고 다르며 예측 불가능한 일을 시도함으로써 한계에 도전하는 것이다. 열정과 흥분이 넘치는 일이며 틀에 박힌 일상에서 벗어나는 일이다. 모험은 태도다. 삶의 모든 측면에서 미지의 것을 찾아 나서는 것이다. 참신함을 향한 갈망이며 적극적으로 영감을 찾아 나서는 행위다. 새로운 세계로 자신을 몰아넣을 때의 설렘이다.

모험을 하다 보면 종종 곤경에 처할 때도 있고, 실제 위험한 상황에 놓이기도 한다. 그러나 밀도 높은 집중력이 필요하므로 그 순간만큼은 세상의 요구를 잊을 수 있다는 것은 장점이 된다. 모험의 생동감은 현재를 즐기고, 모든 것을 받아들이는 것이다. 모든 것에 관심을 두고 감사하며 호기심을 마음껏 즐기는 것이다. 세상을 경이롭게 바라보는 것이다. 이 열쇠는 당신이 생각보다 훨씬 큰 존재의 일부분, 홍미진진하며 신비로움으로 가득한 더 큰 세상 일부라는 것을 깨닫는 것인 동시에 직접 그 세상을 접하는 것, 그 경험을 위해 노력하는 것이다.

모험의 반대는 무엇일까? 지루함과 단조로움이 아닐까? 생동감의 반대는 생각하고 싶지도 않을 것이다. 이 열쇠가 중요한 이유다. 삶의 심장과 마찬가지이기 때문이다. 이 열쇠는 당신을 둘러싼 세상에 적극적으로 뛰어들며 삶의 작은 순간들을 탐구하며 쌓아나가게 해주고, 삶을 훨씬 홍미진진하게 만들어준다.

깨어 있기

UN에서 일하던 시절, 모든 직원은 해외에 파견 나가기 전 보안 교육을 받아야 했다. 납치나 지뢰를 피하는 방법 말고도 중요하게 배운 것은 '반복되는 일과는 위험하다'는 것이었다. 어느 외교관이 매일 같은 시간, 같은 교통수단으로, 같은 길을 이용해 출근한다고 생각해 보자. 나쁜 의도를 가진 사람이 이를 안다면 습격을 부르는 것이나 마찬가지다. 주기적으로 변화를 주고 의외의 행동을 추가하는 것이 실제로 훨씬 안전하다.

이런 경각심은 우리 삶에 도움이 될 수 있다. 우리는 판에 박힌 일상에 안주하는 경향이 있다. 그편이 훨씬 쉽고 안전하게 느껴지기 때문이지만 실은 은근히 위험하다. 반복적인 일과는 우리를 늘 바쁘게 해주기 때문에 위안이 된다. 우리 중 많은 사람들이 바쁘게 산다는 것을 자랑스럽게 생각하기도 한다. 하지만 바쁘다는 것이 가치 있다는 것을 의미하지는 않는다. 끊임없이 움직인다고 앞으로 나아가는 것은 아니다.

"육체적인 모험은 단조로운 일상에서 벗어날 수 있는 강력한 방법이죠. 지치거나 추위와 싸우거나 두려움과 맞서는 등 원시적인 경험을 하게 되거든요. 안정적인 삶에서는 드문 일들이죠. 넓고 광활한 자연에서 어려운 일을 하다 보면 균형감각을 되찾는 데 도움이 돼요." 전문 모험가이자 『모험은 문밖에 있다』와 『웅장한 모험Grand Adventures』의 저자 앨러스테어 험프리스가 내게 해준 말이다.

모험은 문제 해결에도 효과적이기 때문에 중요하다. 까다로운 문제를 새로운 방법으로 바라보거나, 오히려 일을 다른 방식으로 처리할 기회로 바라볼 수 있게 된다. 모험정신은 당신이 처한 문제 밖으로 당신을 끌어내주고, 장애물을 넘어 언덕 위로 당신을 데려가 언덕 너머의 아름다움을 볼 수 있게 해준다.

자유는 우리의 본질이며, 우리가 활기를 띨 때
비로소 자유를 진정으로 느낄 수 있다.

'일상탈출' 열쇠는 매일 똑같이 단조롭고 힘든 일에서 벗어나야 할 때 가장 큰 힘을 발휘한다. 혹은 심지가 약해지고 지치거나 비참하고 우울하게 느껴질 때, 삶이 너무 뻔하게 느껴지고 권태로워 '계속 이렇게 살아야 하는 걸까?' 하는 의문이 들 때 말이다. 당연히 일상에 단 한 가지도 더 끼워넣을 수 없을 만큼 여유가 없다고 느껴질 때도 이 열쇠는 유용하다. 당신이 해야 할 일을 하는 방식을 바꾸는 것만으로도 일상에 변화를 가져올 수 있기 때문이다. 더 넓게 보면, 큰 변화의 갈림길에 서 있지만 어느 쪽을 택해야 할지 알 수 없을 때 결정적인 열쇠로 활용할 수도 있다. 광대한 가능성을 일깨워주며 당신의 잠재력을 볼 수 있도록 도와주기 때문이다. 당신이 완전히 모험심 넘치고 활기가 넘치는 사람이 되었을 때, 얼마나 크게 변화해 있을지 상상해 보자.

'일상탈출' 열쇠 활성화

1

지구의 반대편으로 날아가고 정글을 탐험하고 모든 일을 던져버리고 세계 여행을 떠나는 것만이 일상탈출은 아니다. 그저 새로운 시도를 해보거나 이전과는 다른 방식으로 일을 하는 것만으로도 충분하다. 돈이 많이 필요한 것도 아니다. 지도 위의 아무 곳이나 찍어서 일단 가보거나, 일상의 틀을 깨고 즉흥적인 일을 해보는 등의 간단한 방법으로도 이 열쇠를 활성화할 수 있다.

어느 곳으로도 갈 수 없는 상황이라면, 마음으로라도 여행자가 되어 몸을 맡겨보자. 여행 중에 우리는 새로운 음식을 먹어보고, 새로운 언어를 써보고, 다른 교통수단을 이용하고 별똥별을 바라보며 밤을 새우기도 한다. 그걸 집에서 해보자. 모두가 이야깃거리를 가지고 있으며 모든 것이 흥미롭다고 상상하며 동네를 돌아다녀 보자. 새로운 식당에 가서 눈을 감고 메뉴판 위를 손가락으로 찍어 그 메뉴를 시켜보자. 낯선 사람에게 말도 걸어보고, 앉아서 사람들도 관찰해 보자.

삶에 변화를 만들고 그걸 즐겨보자. 당신의 감각을 예민하게 만들어주고 매 순간에 몰입할 수 있도록 해주며 삶의 아름다움에 푹 빠질 수 있도록 도와줄 것이다.

쓸데없지만
재미있는 일
해보기

새장에서 탈출하겠다는 결심을 하고 나자 주의가 예민해졌고, 나는 어떤 한 사실을 발견하고 깜짝 놀랐다. 웃음소리가 사라졌던 것이다. 웃는 일이 전혀 없지는 않았지만, 모든 것을 내려놓고 자유롭게 웃는 일은 매우 드문 일이 되었다. 웃음을 사랑하는 사람으로서 굉장히 슬펐다. 이런 생각을 하다가 문득 내 타고난 쾌활함과 왕성한 호기심이 빚어냈던 잊을 수 없는 기억이 떠올랐다.

. . .

나는 배우 제임스 네즈빗이 한 개발사업을 둘러보러 유니세프 대사 자격으로 잠비아를 방문할 때 그와 동행했었다. 네즈빗은 콘크리트 블록으로 지어진 작은 집에 TV 촬영팀과 함께 들어가 젊은 가족과 대화를 나누고 있었다. 집 안에는 공간이 충분하지 않아 나는 몰래 빠져나와 마을을 둘러봤다.

더 작은 집들로 둘러싸인 먼지가 풀풀 날리는 공터로 들어섰다. 황량한 곳이었다. 바닥에는 나무 막대기가 하나 뒹굴고 있었는데, 나는 알 수 없는 호기심에 이끌려 그걸 집어 들었다. 꼭 그 막대기에 마법이라도 걸려 있는 것 같았다. 어느새 나는 막대기를 마술 지팡이처럼 앞뒤로 휘두르며 뛰어다니고 있었다. 문득 맨발로 쌓인 먼지를 헤치고 걸어오는 발소리가 들렸다.

한 남자아이가 나를 따라오고 있었다. 빡빡 깎은 머리는 아이가 뛸 때마다 리드미컬하게 움직였다. 아이는 갑자기 웃음을 터뜨렸다. 몇 초 만에 아이 주위에는 또래 친구들이 모여들기 시작했고, 몇 분 사이에 나는 피리 부는 사나이처럼 얼굴에 장난기 어린 미소를 띠고 키득거리며 웃는, 50여 명은 되는 아이들을 이끌며 뛰어다니고 있었다. 놀라운 일이었다.

나는 내가 어디까지 할 수 있을지 궁금해졌다. 나는 놀이 방식을 바꿨다. 사자를 몰래 쫓기라도 하듯 몸을 낮게 숙이고 천천히 움직였다. 손가락을 입술에 갖다 대고 아이들에게 조용히 하라는 신호를 보냈다. 아이들은 웃고 싶어 안달이 나 있었지만 그래도 순식간에 조용해졌다. 전부 몸을 숙인 채 천천히 움직이고 있을 때 내가 갑자기 몸을 틀어 '으르렁' 하고 큰 소리를 냈다. 아이들은 전부 자지러졌고, 한 번 더 해달라고 내게 손짓했다.

우리는 계속해서 쫓고 포효하고 환호하기를 반복했다. 서로 언어가 달라 말은 통하지 않았지만 우리는 완벽하게 의사소통하고 있었다. 우리와 함께 잠비아를 방문 중이던 사진작가 프랑수아 델베 역시 동네를 돌아보다가 '쉿' 하는 순간들을 조용히 사진에 담았다. 사진 속의 우리는 하나같이 눈을 반짝이고 있었다. 우리는 장난기 어린 호기심과 순수한 기쁨에 푹 젖어 그 순간에 몰입해 있었다.

유니세프에서 일하는 동안 세계를 여행하며 17번의 현장 방문을 하면서 노벨 평화상 수상자, 글로벌 리더, 캠페인 홍보 중인 유명인, 용감한 지역 활동가까지 수많은 훌륭한 사람들을 만났고, 험난한 미래에 직면한 많은 아이들도 만났다. 하지만 그 모든 경험 중에서도 바로 이 순간, 잠비아의 먼지 자욱한 공터에서의 이 경험이 가장 인상적으로 내 마음속에 남았다.

결국 우리에게 남는 것은 우리가 소중히 간직하고 있는 기억들뿐이며,
그런 기억 대부분은 쾌활함과 호기심 넘치는 순간들이다.

어린아이처럼
가볍게

잠비아에서의 그 기억을 떠올린 덕분에 나는 기쁨을 경험하는 것이 어렵지 않다는 것을 다시 깨닫게 되었다. 특히나 지금은 아이들까지 있으니 말이다. 그날 이후, 나는 두 딸아이를 본보기 삼아 더 밝고 쾌활해지려고 의식적으로 노력했다. 어느 장소를 찾기도 하고 특정한 목적지를

정하지 않고 돌아다니기도 하면서 주변에 대해 다시 호기심을 가지려고 노력했다.

우리는 종종 일과에 너무 많은 것들을 밀어 넣으려 애쓰다 보니 명확한 목적이 없는 일들은 내던져버리곤 한다. 하지만 '무의미'한 호기심일 뿐이라고 생각하는 것들이 사실은 마음을 열게 해주고 아이디어를 떠오르게 하거나 새로운 기회를 받아들일 수 있게 해준다.

'쾌활' 열쇠는 어린아이 같은 마음으로 세상을 탐험할 수 있게 해준다. 편한 태도와 가벼운 마음으로 일을 받아들이는 것이다. 이 열쇠는 당신의 호기심을 자극한다. 특별히 힘들이지 않고도 세상에 대해 배우고 발견하는 방법이다. 익살, 순수함, 솔직함이 포함되어 있으며, 편안한 마음으로 기쁨을 찾을 수 있도록 용기를 준다. 가장 좋은 점은? 무엇보다도 쉽다는 것이다.

가볍고 느긋한 마음을 가질 때, 즐거워하며 배꼽 빠지게 웃을 때 모든 것은 자유로워진다. 놀이를 통해 우리는 기쁨을 느끼고 기분이 좋아지며 다른 사람과 더 잘 교류하게 된다. 놀이는 마음뿐 아니라 신체에도 좋은 영향을 미친다. 과학적으로 일리 있는 이야기다. 유쾌한 접근방법을 사용하고 결과에 집착하지 않을 때 훨씬 더 좋은 창의적인 해결책이 떠오른다는 것은 이미 많은 연구들을 통해 증명되었다. 놀이는 주의를 집중시키기 때문에 마음이 모든 걱정에서 벗어나게 될 수 있다. 과거와 미래에 대한 걱정뿐 아니라 당신을 가두고 있는 새장의 철창살도 함께 사라질 것이다.

수년간의 힘든 생활 끝에 케빈 캐럴의 어머니는 여섯 살이었던 그를 이동주택 주차장에 놔두고 갔고, 케빈은 조부모에게 보내졌다. 공터와 가까웠던 조부모의 집에서 그는 학교에 다니며 자랐다. 케빈은 NBA 농구팀 '필라델피아 세븐티식서스의 수석 선수 트레이너가 되었고, 이후 나이키에서 일하는 동안 특유의 쾌활함으로 업무에서 큰 성과를 거뒀다. 현재 그는 작가, 강연자이자 사회 변화에 앞장서는 영향력 있는 인물로 활동하고 있다. 지난 30여 년 동안 그는 빼먹지 않고 일주일에 한 번씩 시간을 내어 상황을 돌아보고 새로운 시각으로 접근해 본 후 그 결과를 기록해 오고 있다. 덕분에 그는 삶의 여러 방면에서 다른 시각을 유지할 수 있었고 늘 아이와 같은 호기심을 유지할 수 있었다.

단지 궁금해서 시작한 엉뚱한 일

가끔은 그저 목적 없이 무언가를 해보는 것도 재미있다. 수년 전 나는 남동생 맷에게 요즘은 집에 오는 우편물이라고는 전부 고지서와 홍보물밖에 없다고 불만 가득한 편지를 썼다. 그러다 우리는 뭔가를 해보기로 하고 재미로 서로에게 우편물을 보냈다. '진짜 편지 보내기'의 시작이었다. 우리는 시험 삼아 봉투는 쓰지 않고 엉뚱한 물건들에 우표를 붙여보기로 했다. 어떤 물건들이 실제로 도착할지 궁금했다. 무사히 도착한 것 중에는 식빵 한 쪽, 선글라스, CD, 파인애플, 정어리 통조림 등도 있었다. 맷은 내게 다 쓴 휴지 심도 보냈다. 그러나 휴지 심이 내게 도착했을 때는 안에 무언가가 들어 있었다.

휴지 심 안에는 돌돌 말린 신문이 들어 있었다. 그것도 그냥 지역신문이 아니라 우리가 사는 곳에서 7,000킬로미터나 떨어진 미국 네브래스카 주 아널드 클러스터 카운티의 신문 〈아널드 센티널〉이었다. 그 신문이 어떻게 해서 휴지 심 안에 들어가게 되었는지 전혀 알 수 없었다. 나는 호기심이 생겼다.

신문을 읽으며 클러스터 카운티에 대한 흥미로운 사실들을 발견했다. 눈보라에 갇힌 사슴 이야기가 실려 있었고, '굿 뉴스 클럽'을 다시 시작할 예정이라는 공지도 있었다. 괜찮은 기획 같았다. 나는 신문사에 내 이야기를 이메일로 보냈고, 신문사에서는 기사로 실어주었다. 많은 독자가 내 이야기를 흥미로워하는 걸 보니 기분이 좋았다.

이런 일을 하게 된 데는 어떤 금전적 이득이나 목표도 없었다. 우리는 단지 호기심이 생겼고 결과가 어떻게 나올지 궁금했을 뿐이다. 가끔은 그 이유만으로 충분하다. 그 작은 이유가 우리를 생각지도 못했던 곳으로 데려가기도 한다. '쾌활' 열쇠는 삶이 너무 진지해진다는 위기감이 들 때 딱 알맞은 열쇠다. 온종일 컴퓨터 앞에 꼼짝 않고 앉아 있거나 업무가 단조롭다고 느껴지거나 머릿속이 걱정으로 가득할 때 말이다.

우리 집에는 2명의 놀이 전문가가 있다. 시에나와 마이아다. 노는 것 외에 그 둘이 하는 일은 거의 없다. 시에나와 마이아의 하루는 이렇다. 일어나기, 웃기, 먹기, 놀기, 옷 입기, 떠들기, 놀기, 웃기, 〈페파 피그〉(돼지 가족 이야기를 그린 영국의 인기 아동용 애니메이션-옮긴이) 보기, 좀 더 놀기, 웃기, 떠들기, 엄마 웃기기, 춤추기, 여기저기 돌아다니기, 달팽이 찾기, 소파 위에서 뛰기, 그림 그리기, 비눗방울 놀이, 킥킥거리며 웃기, 먹기, 간지럼 피우기, 공주 왕관과 발레 치마 차림으로 돌아다니기, 그 차림으로 공놀이하기, 먹기, 잠옷 입기, 노래 부르기, 책 읽기, 더 놀게 해달라고 조르기, 잠들기….

큰딸 시에나는 거의 모든 것을 쾌활함과 호기심을 통해 배운다. 쾌활함과 호기심으로 세상을 이해하며 감탄하고 친구를 사귀며, 마이아와 우리 부부 그리고 세상과 관계를 맺는다. 미운 두 살치고 시에나는 거의 늘 명랑한 상태다. 그런 시에나에게 분명 배울 점이 있다.

당신이 지금보다 좀 더 호기심을 가지고 쾌활한 삶을 산다고 상상해 보라. 어렸을 때 좋아했던 것을 떠올려보고, 어떤 점을 지금 당신의 일상에 녹여낼 수 있을지 상상해 보자. 업무 환경이 놀기에 적합하지 않다면 쾌활함 자체만으로도 파격적인 일이 될 것이다. 직장에 매여 있지 않은 상황이라면 매일의 일과에 얼마나 더 재미를 더할 수 있을지 생각해 보자. 잘 모르는 것, 익숙하지 않은 것, 필요하지 않은 어떤 것에 대해 궁금함을 느껴본 적이 언제였는지 한번 떠올려보자.

창조성
깨우기

내 삶에 더 많은 빈 시간을 만들고 보니 더 많은 것들을 알아차리게 되고, 마이아 임신 후반기와 출산 초반을 기록으로 남기는 데 더 신경을 많이 쓰게 되었다. 나는 아름다움과 놀라움, 우리 가족의 새로운 형태에 적응하면서 오는 어려움 등을 기록으로 남겼다. 쓰면 쓸수록 내 상황과 새장에 대해 더 잘 이해하게 되고, 새장 문과 그 너머의 세상도 더 분명하게 볼 수 있었다. 글을 쓰는 동안 내 머릿속과 마음에 더 많은 여유를 가질 수 있게 되었다. 열쇠들이 서로 시너지 효과를 낸 것이다. 나는 글을 쓰며 자유로워졌다.

글쓰기에 더 집중할수록 그게 나에게 얼마나 큰 의미가 있는지 깨닫게 되었다. 그리고 여유가 더 많이 생기면서 특별한 무언가가 그 공간을 메웠다. 개인적 자유에 대한 새로운 아이디어였다. 더 많은 여유, 글쏠 시간, 자유를 갖기 위해 내 삶과 사업을 혁신할 방법을 생각하며 나는 즐거워졌다.

창의성이 탈출의 계기가 되고 내 경력을 쇄신시킨 경험이 처음은 아니었다. 7년 전쯤, 아무 생각 없이 떠났던 미술 여행이 내 삶의 방향을 바꾸는 계기가 된 적이 있었다.

. . .

좌석벨트 표시등이 켜지고 승무원이 비상시 구명조끼 이용법을 설명하고 있었다. 나는 아는 사람 하나 없는 캘리포니아로 미술 여행을 가는 중이었다. 나는 끝없이 긴 '할 일 목록'에 다 기억하지도 못할 만큼 많은 마감을 앞두고 있었다. 여행 갈 시간은 당연히 없었다. 심지어 나는 그림도 그리지 않는다. 도대체 무슨 생각으로 대서양을 횡단하는 비행기에 오른 걸까?

그로부터 몇 주 전, 나는 침대에 누워 미국의 혼합 매체 아티스트 켈리 래 로버츠가 쓴 책 『비행Taking Flight』을 읽고 있었다. 그 책은 화보였지만 창조적 자아를 발견하는 법에 대한 가이드이기도 했다. 이유는 알 수 없었지만 나는 로버츠의 이야기에 끌렸고, 곧 컴퓨터를 켜고 그녀를 찾아봤다. 웹사이트에는 그녀가 몇 주 뒤 새너제이에서 마티 로즈 맥도너라는 아티스트와 워크숍을 공동으로 진행한다고 되어 있었다. 나는 새너제이가 어디 있는지도 모른 채 워크숍을 예약했다. 나중에야 그곳이 8,000킬로미터나 떨어진 미국 서부 해안지역이라는 것을 알았다.

도착하자마자 발길을 되돌려 집으로 가는 비행기를 타고 싶은 마음뿐이었다. 모든 사람은 서로 이미 친해 보였고, 미술 도구를 챙기는 모습을 보니 전부 아티스트들이라는 것이 분명해 보였다. 도대체 나는 무슨 생각을 한 걸까? 여기 있을 자격은 있는 걸까? 내가 뭐라고 여기 온 거지? 그러나 나를 데려다준 택시는 이미 떠나고 없었다. 어쩔 수 없이 머물러야 했다. 내 인생에서 가장 중요한 경험 중 하나가 될 거라는 사실을 그때는 몰랐다.

그림을 그리기 위해 참가자들이 전부 모여 옛 원주민 소유지였던 미국삼나무 숲 그늘에서 짐을 편 후 주변을 살펴보며 교감했다. 해가 뜨는 순간부터 밤이 끝날 때까지, 모든 순간이 행복했다.

· · ·

어렸을 때는 늘 새로운 춤이나 놀이를 만들어 사람들에게 보여주기를 좋아했다. 아버지가 차고에 만들어주신 암실에서 몇 시간씩 사진을 인화하며 보내기도 하고 아이들이 다 그렇듯 옷을 엉망으로 만들어가며 페인트칠을 하는 것도 좋아했다. 하지만 나이가 들어가며 의심이 자라나기 시작했다.

나는 정식으로 예술 교육을 받은 적도, 기술 교육을 받은 적도 없는데 무엇을 '해야 하는'지 전혀 알 수 없었다. '내가 어떻게 세상에 작품을 내놓지? 당연히 모든 사람이 나를 보며 자격도 없는 사기꾼이라고 생각하지 않을까?' 나는 내가 만든 것이 무엇이든 사람들에게 내보이는 것에 극도로 소심해지기 시작했다. 수년간 내 친구들도 내가 무언가 만들기를 좋아한다는 사실을 전혀 몰랐다.

예술 세계는 언제나 비밀스럽고 감히 끼어들 수 없는 집단, 재능이 뛰어난 사람, 미술 석사, 갤러리 전시회 경력이나 미술품 딜러 연락처가 책 한 권 분량쯤은 있어야만 들어갈 수 있는 집단처럼 보였다. 그중 아무것도 갖고 있지 않았던 나는 그림뿐 아니라 사진, 글쓰기, 그 외 모든 창작 활동과 천천히 멀어졌다. 창조적 자신감은 조금씩이 아니라 바닥이 보이도록 순식간에 사라졌다.

그리고 2010년, 미술 여행에 나섰던 것이다. 그 여행으로 많은 것을 찾았고 모든 것이 변했다. 나는 그곳에서 나와 크게 다르지 않은 많은 여성을 만났다. 하지만 그 사람들은 자신의 창조성을 숨기지 않고 기꺼이 받아들이며 자랑스러워했다. 서로 경쟁하기보다는 지지했고, 비판보다는 순수한 격려가 오갔다.

이렇게 창작에 대한 열정, 배움에 대한 호기심, 삶에 대한 애정으로 서로 뭉친 무리를 찾았다는 게 행운이었다. 몇몇 특별한 영혼을 가진 사람들과 어울리며 서로 영감을 주고받는 아티스트들의 지지와 가르침에 따른 나흘 동안의 창조적 모험이라는 사치를 누릴 수 있었던 것은 드문 기회였다. 잘못된 그림은 없다는 이야기에 용기를 얻어 우리는 새벽까지 행복하게 그림을 그리며 웃고 이야기를 나눴다. 큰 축복이었다.

워크숍에 참여한 사람들은 예술가로서의 경력에서는 서로 차이가 크게 났지만(전업 아티스트부터 미술 선생님, 초보자까지 다양했다), 우리는 각자 나름대로 날개를 펼치고 먼지를 털며 날아오를 준비를 했다. 창조적인 삶에서 자리를 찾아가는 여성들을 그렇게 많이 본 것은 꽤 오랜만이었다. 그들은 삶의 방식을 개혁하고 진로를 변경하며 워크숍을 운영하거나 다른 대륙으로 이주하기도 했고, 선생님이 되거나 책을 쓰기도 하면서 서로 친구 사이를 유지했다. 옛 북미 원주민의 땅이었던 그곳에서 마법이 일어났고, 모든 사람이 변화했다.

　개인적으로는 이런 창조성의 자각이 내게 큰 전환점이 되었다. 내게 그 워크숍은 수천 명의 여성에게 그들만의 창조적인 길을 선택해 나아갈 수 있도록 용기를 주는 사업을 시작할 수 있는 계기가 되었다. 내게도 완전히 혁신적인 직업의 변화였을 뿐 아니라 다른 사람의 삶을 쇄신시키는 데 도움이 되는 일이었다. 그리고 켈리 래 로버츠는 내 사업 파트너이자 친구가 되었다. 타로 점을 봤을 때 카드 마스터는 우리가 전생에 자매였다고 했다. 이 모든 것이 책 한 권과 붓 한 자루에서부터 시작할 것이라고 누가 상상이나 했을까? 창조성과 혁신은 목적을 이루는 수단이다. 가끔은 목적 그 자체가 되기도 한다. 많은 사람에게는 시작이 될 수도 있다.

창조성의
마법

'창조성' 열쇠는 실험정신, 독창성, 재창조와 관련이 있다. 다르게 생각하고 다르게 만드는 것, 예상하지 못했던 독특한 일을 하는 것이다. 행동이기도 하고 사고방식이기도 하며 종종 예술이기도 하다. 우리는 모두 특별한 존재들이며 창조성은 그것을 표현하는 수단이다. 그리고 그 특별함을 사용해 세상에 맞서는 것이 혁신이다.

창조성은 특별한 힘이다. 당신이 일단 당신의 창조성을 받아들이기만 하면 그것은 상상도 하지 못했던 곳으로 당신을 데려갈 것이다. 실제로 당신이 그것을 '잘'하는지 아닌지와는 상관이 없다. 그냥 받아들이기만 하면 된다. 사실 나 역시도 오랫동안 나 자신이 창조적인 사람인지에 대해 의문을 품어왔지만, 인간은 원래 창의적인 존재이므로 그 의문 자체가 우스운 것이다. 창조성을 발산할 수 있는 각자의 배출구를 찾아 그것을 받아들이기만 하면 된다.

창조성은 상상력이 표출되는 것이다. 우리의 깊은 내면을 표현하고 아름다움과 가능성을 받아들이는 가장 진정성 있는 방법이다. 당신이 시도하기 전까지는 특별한 형태가 없었던 것을 새롭게 자각하게 되는 기회이기도 하다. 어떤 일을 하거나 진행되도록 하는 능동적인 결정이다.

새장에서 빠져나오기 위한 열쇠로서 중요한 것은 결과가 아니라 과정이다. 창조물이 아니라 창조의 과정, 혁신의 결과물이 아니라 혁신의 과정 말이다. 다시 말하면, 어디에도 정답은 없다. 시도해서 잃는 것은 없다는 이야기다.

개인적 성장은 우리 삶을 계속해서 혁신하고 재창조하는 데서 온다.
만약 지금까지 어떤 방법도 성공하지 못했다면,
다른 방법을 시도해 보는 것이 좋다.

창조성
치료

우리의 온라인 과정을 통해서 나는 창조성 덕분에 만성질환자가 우울에서 빠져나오는 것을 보았고, 상실감에 대처하거나 이별의 아픔에서 회복하는 것을 보았다. 말로는 잘 표현하지 못하던 감정을 캔버스 위에 표현하는 사람이 있는가 하면 펜과 잉크를 사용해 존재를 드러내는 사람도 있었다.

좋아하는 일을 하며 자유로워지는 과정에서 창의성은 큰 부분을 차지한다. 꼭 손으로 무언가를 만들어내는 것만을 의미하지는 않는다. 당신의 상황, 선택권, 기회를 어떤 식으로 받아들이는지에 관한 마음의 창조성도 있다.

사진을 많이 찍거나 그림을 더 많이 그리거나 일기를 더 길게 쓰는 일일 수도 있고, 더 많이 질문하고, 다른 선택을 해보고, 오랜 문제를 새로운 방법으로 해결해 보는 일일 수도 있다.

창조성에 관해 이야기하고 창조성을 어떤 식으로든 표현해 보는 것은 어색하기도 하고 또 어쩌면 더 자신감 없게 느껴지도록 만들 수도 있다. 우리가 그린 그림을 다른 사람들에게 보여주거나, 쓴 글을 남들 앞에서 읽고, 직접 작곡한 곡을 연주하고, 우리의 아이디어나 꿈에 관해 이야기하는 일 등을 우리는 두려워한다. 우리는 종종 우리가 부족하다는 생각에 내면에 있는 것을 밖으로 내보이기를 두려워한다. 하지만 일단 용기를 내면 진정한 우리의 모습에 한 발 더 다가서게 된다. 진짜 자유를 느끼기 위한 중요한 단계다.

'창조성' 열쇠는 모든 것이 지루하게 느껴질 때, 당신의 삶에 아름다움과 흥미가 필요할 때 당신을 도울 수 있다. 한 가지 일을 시작하고, 삶의 한 부분을 혁신하는 등 첫걸음을 떼기만 하면 영감과 표출의 선순환을 시작하게 될 것이다.

창조성은 하늘에서 뚝 떨어지지 않는다. 영감을 받아들이고 아이디어를 내보내야 한다. 영감을 주의 깊게 찾아다니다 보면 선순환을 이룰 수 있을 것이다. 창조성을 받아들이면 영감이 자유롭게 흐를 수 있는 경로가 열린다.

당신이 새장의 철창살 그늘에서 허우적거릴 때, 특히 절망, 분노, 불만 등의 감정에 빠져 있을 때 이 '창조성' 열쇠는 도움이 될 것이다. 그 감정들이 당신을 갉아먹게 두는 대신, 오히려 기폭제로 삼아 폭발적인 창조성과 놀라운 혁신을 끌어낼 수 있다. 그 과정에서 새로운 기회의 문이 활짝 열리는 경험 또한 할 수 있다.

일상에 대해 걱정하면서 그와 동시에 '무아지경'에 빠진다는 것은 불가능한 일이다. 뭔가를 창조하거나 혁신하려고 하는 동안에도 당신의 무의식은 그동안 계속 걱정해 왔던 문제를 해결하느라 여전히 바쁠 것이기 때문이다. 창조성이 깊숙이 묻혀 있던 문제와 어려움을 끄집어낼 수도 있다는 점을 기억해야 한다. 그러므로 믿을 수 있는 선생님이나 친구들 곁에서 정서적으로 안정적인 상태에서 창조성을 펼칠 수 있다면 좋을 것이다.

무리
짓기

아프리카 전설에 의하면, 새가 무리 지어 이동하면서 대지가 비옥해진
다고 한다. 이와 비슷하게, 마음이 맞는 사람들이 모이면 풍부한 아이
디어를 냄으로써 많은 일을 이루어낼 수 있다. 우리의 온라인 창작 과
정 포트폴리오인 릴라 로저스의 www.makeartthatsells.com과 레이첼
테일러의 www.makeitindesign.com은 전 세계에 있는 비슷한 생각을
하는 사람들을 하나로 이어주는 멋진 수업 모임들로 유명하다. 두 과정
모두 아티스트나 디자이너들 사이의 깊은 유대감을 만들어주고 있고,
수강생들은 공동 사업체를 시작하거나 정보와 인력을 모아 세계적인
박람회에서 전시회를 열기도 하며 함께 경력을 키워오고 있다.

함께 할 때 더 강해진다

직업 카피라이터인 엠마 맥고완은 현재 프리랜서로 패턴 디자인 사업을
운영하고 있다. 우리가 제공하는 몇몇 과정들을 수료하고 난 후, 엠마는
현재 온라인 과정에서 만난 사람들과 함께 '포 코너스 아트 콜렉티브'의
일원으로 활동하며 뉴욕의 '서텍스 박람회' 등에서 함께 전시를 열어오
고 있다.

같은 열정을 공유하는 사람들과 함께 모여 일하며, 이 재능 있는 아티
스트와 디자이너들은 서로의 발전을 돕고 있다. 일을 따내기 위해 서로
경쟁하는 대신 함께 일할 때 훨씬 강하다는 사실을 깨닫고 그들은 다양

한 작품, 다양한 강점을 각각 제공하는 방식으로 일한다. 전문적인 예술가들에게는 매우 중요한 정신적인 지지도 서로 주고받고 있다. 엠마에게도 이런 지원은 필수적이다. 서로 이해하고 응원하며 보살필 '동료'가 있다는 것은 큰 변화를 만들기 때문이다.

'창조성' 열쇠 활성화하기

1 창조적인 사람과 창조적이지 않은 사람, 두 종류의 사람이 있다고 생각한다면 당신은 오해하고 있는 것이다. 우리는 모두 창조적인 재능을 가지고 있다. 다만 창조성을 다른 사람들보다 더 활발하게 사용하는 사람이 있을 뿐이다. 시간이 지나며 (때로는 필요 때문에, 때로는 원해서) 연습을 통해 자연스럽게 우리의 창조성을 더 발달시킬 수도 있다. 특별히 배워야 한다는 이야기에 속지 않기를 바란다. 전혀 그렇지 않다. 기술은 배울 수 있겠지만 창조성은 이미 당신 안에 있다. 창의적인 정신을 살우고, 독창적 사고방식에서 혁신을 키워내기만 하면 된다. 창조일 수 있다면 혁신은 따라온다는 이야기다.

우리의 창조적인 여정은 우리가 인식하는 것보다 더 일찍 시작되었으며, 우리가 인식하고 있는 것보다 더 깊다. 우리는 내면을 표현하는 새로운 방식과 우리 자신의 새로운 면을 배웠다. 이 열쇠는 당신이 세상을 이해하고, 그 지식을 어떻게 활용할지를 가르쳐준다. 당신이 진정 원하는 것을 발견하고 추구하며, 어떤 삶을 살고 싶은지를 아는 것은 당신이 지금까지 해온 것 중 가장 대단하고 창조적인 모험이 될 것이다.

글을 쓰는 것처럼 무언가를 창조해 내고 만들어보자. 무엇이든 좋다. 창조적인 활동이기만 하면 된다. 결과는 신경 쓰지 말고 일단 시작해 보자. 뭘 해야 할지 모르겠다면 다음 몇 가지 중 하나를 시도해 보는 것도 좋다.

- 일기장 표지를 장식해 보자. 어떤 재료를 사용해도 좋고 예쁜 글씨로 장식해도 좋다.
- 자유로움에 대한 시를 써보자.
- 산책하며 당신에게 감동을 주는 것들을 사진 찍어보자. 일기장에 붙이고 각각의 사진에 대한 감상을 써보자.

- 색을 하나 골라 하루 동안 그 색을 찾아보자. 무엇을 찾아냈는지 기록해 보자.
- 방을 아름답게 꾸며보자.
- 꽃꽂이를 해서 책상 위에 놓아보자.
- 돌멩이에 색을 칠해보자.
- 창작 관련 온라인 강좌에 등록해 보자.
- 화방에 가서 도구를 몇 가지 골라보자. 아니면 막대기, 콩 꼬투리, 나뭇잎같이 자연에서 찾은 재료나 낡은 칫솔, 다 쓴 펜 같은 버릴 물건들을 가져다가 잉크나 물감을 묻혀 종이에 모양을 찍어보자. 결과에 연연하지 말아야 한다.
- 음악을 크게 틀어놓고 춤을 춰보자. 다시 말하지만, 과정을 즐기자.
- 직접 카드를 만들어 가족이나 지인에게 보내보자.

이제 창조적인 분위기는 충분히 만들어졌을 것이다. 집이나 직장에서 당신을 괴롭게 했던 문제를 생각해 보자. 앞으로 어떻게 될 것인지 예상했던 것들을 적어보고, 그다음에는 전부 반대로 적어보고 그대로 될 거라고 상상해 보자. 문제를 해결할 새로운 방법이 떠오르는지 보자. 이런 식의 창조적 사고방식은 혁신을 가져오고, 당신의 일상에서 맞닥뜨리는 문제들에 새로운 방법으로 접근할 수 있도록 도와줄 것이다.

일단
부딪쳐보기

시간이 지나며 자유에 대한 내 무모한 계획은 출판기획안으로 발전했고, 나는 새로운 흥분에 들떴다. '책이 정말 사람들에게 변화를 가져오면 어떤 기분일까? 내 아이디어가 정말 사람들을 자유롭게 하면?' 그 흥분에 이어 의문과 두려움이 몰려왔다. '내가 뭐라고 책을 쓴다고 한 걸까? 내 생각에 뭐 특별한 점이 있을까? 사람들이 내 책을 읽어야 할 이유가 있을까?' 내적인 비판과 격려가 끊임없이 번갈아가며 머릿속을 괴롭혔다.

비판에 굴복하게 되면 책을 절대로 쓸 수 없을 거라는 것을 알았다. 그러나 마음속에서 용기를 끌어내고 격려한다면 마법 같은 일이 생길 거라는 것도 알고 있었다. 나는 대담함으로 출판기획안을 보내겠다는 결정을 내렸고, 용감함으로 실제 그 결정을 행동으로 옮겼다. 전에도 용감한 선택을 내린 적이 있었다는 사실을 상기하기만 하면 됐다. 나는 대학을 졸업하자마자 일본에 갔을 때 있었던 일을 생각했다. 그때는 훨씬 어렸고 결과에 대해 덜 연연하던 때였다. 내가 얼마나 용감했었는지 새삼 기억이 났다.

매일 매 순간, 자아와 영혼은 서로 싸운다.
용기가 없을 때는 자아가 계속해서 이기지만,
용기가 있을 때는 늘 영혼이 이긴다.

· · ·

감독은 내게 허리를 굽혀 인사하고는 낮은 검정 가죽 소파에 앉으라고 내게 손짓했다. "면 요리를 좋아하시나요?" 처음 만나는 모든 사람과 이렇게 대화를 시작하는 모양인지, 그가 그렇게 말을 꺼냈다. "그럼요." 나는 대답했다. 정확하게 옮기자면 "보잘것없는 제게까지 그렇게 인정 많고 친절하게 대해주실 필요는 없습니다만, 정중하게 말씀드리건대 저는 훌륭하기 그지없는 메밀국수 요리를 상당히 좋아합니다"가 내가 한 말이었다.

남자는 야마가타 케이블 방송사의 사장이었다. 약 30분간 냉메밀국수를 먹으며 사과, 사과 젤리, 사과로 가득 채워 피부를 부드럽게 만든다는 지역 온천(야마가타는 사과로 유명하다)에 대해 수다를 떨고 나서 자리에서 일어났을 때는 내가 일본어로 TV 쇼 프로그램을 진행하기로 되어 있었다. 내 이름이 프로그램명에 들어가 있는 방송. 세상에!

삐걱거리는 은색 자전거 앞 바구니에 핸드백을 던져 넣고 언덕으로

페달을 밟아 올라가면서 방금 있었던 일을 생각하며 계속해서 고개를 저었던 기억이 난다. 나는 당시 JET 프로그램(일본 지자체 등에서 주관하는 국제교류사업 및 어학 지도 등의 외국 청년 초빙 사업-옮긴이)으로 일본 북부의 눈이 많이 오는 지방인 야마가타현청에서 국제교류 협력 담당으로 일하고 있었다. 일본어 전공으로 대학을 막 졸업해 학사학위만을 들고 모험을 기대하며 떠나온 것이었다.

공문이나 미국·인도네시아의 자매결연을 맺은 도시 간의 서신을 번역하고, 문화 축제에 참여하고, 어린아이들에게 영국에 관해 가르치거나 고위 인사 방문 시 통역을 하는 정도가 보통의 일과였다. 하루는 경찰청장 대행을 맡은 적도 있었다. 하지만 이 TV 프로그램은 예상치도 못했던 것이었다.

냉메밀국수 미팅이 있기 일주일 전, 상사가 내게 야마가타에 있는 동안 꼭 하고 싶은 것이 있는지 물었었다. 업무시간 중 스노보드를 타는 건 어차피 안 될 것 같아서, 나는 반쯤 농담으로 "라디오에 출연해보면 재미있을 것 같아요"라고 대답했었다.

"에또… 아노… 사…" 상사는 담배 연기를 멀리 내뿜으며 대꾸했다. 일본 사람의 이런 반응은 "흠… 그게… 정말 미안하지만 그건 절대 안 될 것 같군요. 하지만 직접 당신에게 그 이야기를 해서 면목을 잃고 싶지는 않고…"라는 뜻이라고 보면 된다. 하지만 그는 곧 뭔가 떠올린 모양이었다. "아는 사람이 있는데…" 상사는 말을 꺼냈다. 그건 무언가 굉장히 흥미로운 일이 벌어질 거라는 신호였다. "미팅을 잡을 수 있는지 한번 보지요."

일주일 후, 나는 앞으로 무슨 일이 일어날지 전혀 모른 채 케이블 방송사로 불려가 최고 책임자를 만났다. 일본에서는 누군가가 나를 위해 애써주었는데 그 약속을 취소하는 것은 굉장한 실례다. 나는 나가지 않을 수 없었다. 나는 긴장돼 겁이 나면서도 흥분됐다. '지역 뉴스에 몇 초간 인터뷰가 나가게 될까?' 재미있을 것 같았다.

얼마 지나지 않아 나는 1년 계약으로 내 이름을 건 정규 프로그램이 예약되어 있다는 사실을 알게 되었다. 제작진은 나를 보자마자 "오프닝 영상에 나올 외국인들이 필요해요"라고 말했다. 나는 큰 파티를 열어 친구들을 초대했고, 우리는 화려한 차림을 하고 조금 지나치다 싶을 만큼 취해버렸다. 그때까지도 사실 실감이 나지는 않았다. 이 모든 일이 현실로 다가온 것은 스태프들이 커다란 마이크를 내 얼굴에 대고 프로그램을 소개해 달라고 했을 때가 되어서였다.

약간 취하니 내 일본어 실력은 훨씬 나아졌다. 그 프로그램은 눈 덮인 그 지역에서의 경험 중 가장 재미있었던 기억이다. 시간이 지나며 나는 맥주 한두 모금을 마시지 않고도 프로그램을 능숙하게 진행할 수 있게 되었다. 한번은 1,000계단을 올라야 나오는 절의 승려가 나를 알아본 적도 있었다. 물론 160킬로미터 반경에 금발 머리 외국인이라고는 아마도 나밖에 없었을 테니 큰 의미는 없었을지도 모르겠다.

유튜브 시대 이전에 방송되었다는 게 천만다행인 그 TV 프로그램을 돌아보면, 나도 용감한 일을 할 수 있던 때가 있었다는 생각을 다시금

하게 된다. 세상 밖으로 나가는 게 너무 힘들 때마다 나는 '영어도 아닌 일본어로 단독 TV 프로그램 시리즈를 진행했던 내가 못 할 일이 뭐가 있겠어!' 하는 생각을 떠올린다.

당신도 마찬가지다. 당신 역시도 그런 일화를 하나씩은 가지고 있을 것이다. 당신이 얼마나 대담하고 용감한 사람이었는지 자신도 놀랐던 경험을 떠올려 잠시 생각해 보자.

다른 사람들에게 용감해 보일 법한 일들이 당신에게는 그렇지 않을 수도 있다.
다른 사람들이 늘 나 자신보다 훨씬 용감해 보이는 이유가 바로 그것이다.
그러나 우리는 모두 우리 스스로 생각하는 것보다 훨씬 더 대담하며 용감한 사람들이다.

선택
하기

'용기' 열쇠는 사실 선택의 문제다. 어렵고 두려우며 새로운 일, 이전에 실패했던 일, 누군가가 당신에게 못 할 거라고 말했던 일, 당신 스스로 못 할 거라고 단정 지었던 일을 하기로 선택하는 것이다. 당신을 두렵게 하는 그 일을 정면으로 바라보고 행동하는 일이다. 우리가 안전하고 평범한 길만 선택하면 우리 삶은 새장의 철창살 너머로 절대 나아갈 수 없다. 늘 꼼짝 못 하고 숨 막히며 긴장한 상태로 살아야 한다. 이렇게 갇힌 상태로 사는 것은 우리에게 아무런 도움이 되지 않는다.

독립적으로 살기 위해서는 더 큰 존재가 되어야 한다.

앞으로 나서서 철창살을 통과해야 한다.

작은 한 걸음부터 시작할 수도 있고, 크게 뛰어넘을 수도 있다.

서서히 익숙해지기

몇 년 전 야외 온천에 간 적이 있다. 2월이었고 눈이 많이 쌓여 있었다. 바깥 온도는 섭씨 영하 6도였으니 옷을 다 벗고 들어가야 한다는 말에 내가 놀란 것도 당연했다. 나는 최대한 빨리 물속으로 뛰어들었다. 온몸에 퍼지는 열기가 기분 좋았다. 나는 한동안 멀리 있는 눈 덮인 산을 바라보며 앉아 있었다.

몇 분이 지난 후 나는 물에서 천천히 발가락을 꺼냈다가 다시 집어넣었다. 혹독한 찬 기운에 이은 포근한 따뜻함은 아주 만족스러웠다. 이번에는 발목까지 꺼냈다가 다시 물속으로 집어넣었다. "아, 좋다." 그다음은 다리를 전부. "오, 추워." 여전히 뜨거운 물속에 다시 집어넣을 때는 천국 같은 기분이었다.

이런 내 시도는 계속되다가 결국 몸을 전부 일으켜 탕에서 나와 눈밭 위를 구르며 크게 웃기에 이르렀다. 나는 이내 다시 정신을 차리고 뜨거운 물에 몸을 담근 채 해가 산 너머로 지는 광경을 보며 20분간 황홀한 시간을 보냈다.

만약 누가 내게 온천에 도착하자마자 눈밭에서 구르라고 했다면 나는 아마도 그 사람이 미쳤다고 생각하고 무시해 버렸을 것이다. 반대로 뜨거운 탕 안에만 머무른 채 밖에 나갔다 들어오기를 반복하지 않았더라면, 그 정도의 황홀감도 경험하지 못했을 것이다.

컴포트 존comfort zone도 마찬가지다. 조금씩 넓혀가다 보면 컴포트 존이 조금씩 커지고, 그 '조금'에 익숙해지다가 점점 더 큰 비율로 넓혀가는 것이다. 아주 조금씩 새로운 시도를 하고 그 시도를 넓혀나가다 보면, 어느새 당신은 알몸으로 눈밭 위를 구르고 완전히 다른 수준의 용감함 안에서 몸을 녹이게 될 것이다. 이전에는 어렵게만 보였던 일들이 당신을 행복하게 해주고 있을 것이다. 생각해 보자. 당신의 컴포트 존 너머에는 무엇이 기다리고 있을까?

팀 씨 파서빌리티

내 친구 앨리슨 퀄터 버나는 마흔이 되었을 때 이것을 직접 발견했다고 한다. 앨리슨은 결혼해 사랑스러운 세 아이, 아름다운 집과 잘나가는 사업까지 가지고 있었다. 쌍둥이 딸들이 아직 어렸을 때 그녀가 남편 보비, 친한 친구들과 함께 공동으로 설립한 '애플 시드Apple Seed'는 뉴욕 시의 아이들에게 편안한 실내 놀이 공간을 제공해 주는 회사였다. 앨리슨은 그녀의 일을 사랑했지만 사업과 가족을 떠나 자신만을 위한 일을 하고 싶다는 생각이 늘 있었다. 그녀는 모험심을 잃은 지 오래였다. 그걸 다시 찾고 싶었다.

앨리슨은 들뜬 마음으로 마흔 번째 생일날 밤 버킷리스트를 끄적거렸다. 그 리스트는 매년 한 가지씩 큰 모험을 해내겠다는 개인적인 도전으로 이어졌다. 모험은 육체적으로 힘들며 새롭고 감동적인 것이어야 했다. 그녀는 일단 닷새 만에 요가 수업 열다섯 번을 듣는 것부터 시작했다. 이 도전은 친구 찰스 스콧과 함께였다.

그 후 두 사람은 하프 철인3종경기에 참가했고 이후 7,000미터에 달하는 고도 변화 속에서 좁고 험악한 산행이 이어지는 총 74킬로미터의 그랜드캐니언 왕복종단에 도전했다. 하프 철인3종경기 참가 당시 앨리슨은 댄 베를린과 브래드 그래프를 만났고, 두 사람 역시 그랜드캐니언 왕복종단에 합류하기로 했다. 댄은 심지어 30대에 추체간체 이영양증으로 시력을 잃은 시각장애인이었다. 댄은 앨리슨에게 큰 영감을 주었고, 앨리슨, 찰스, 댄, 브래드는 함께 '팀 씨 파서빌리티team see possibilities'를 만들어 서로의 컴포트 존을 벗어날 수 있도록 격려하며 관계를 돈독히 해오고 있다. 그랜드캐니언 도전 이후 앨리슨과 나머지 팀원은 댄을 도와 그에게 잉카 트레일을 따라 마추픽추까지 걷는 코스를 하루 만에 정복한 첫 번째 시각장애인 선수라는 기록을 안겨주었다.

그저 어둠 속에서 노트에 끄적였던 막연한 아이디어가 비슷한 생각을 하는 사람들과 관계를 맺고 자선단체를 위해 많은 돈을 모금하는 더 큰 일로 이어져 다른 많은 사람들 그리고 특히 앨리슨의 아이들에게도 가능성에 대해 보여주었다.

용기는 여러 가지 모습을 하고 있다. 때로는 심장이 터질 것 같고 아드레날린이 뿜어져 나올 만큼 대담하고 큰 결정이나 신념의 형태로 나타나지만, 때로는 좀 더 부드러운 방식으로 나타나 더 멀리 돌아가는 길을 선택하도록 하거나 어려운 결정을 내리게 하고, 혹은 단순한 믿음으로 나타날 때도 있다. 어느 쪽이든 당신에게 마법 같은 일이 일어날 것이다.

대담하고 용감하게 의식적인 결정을 하기 위해서는 기회를 잡아 시도하는 것만으로 충분하다. 기운과 자신감이 넘칠 때 이 열쇠를 사용하는 것은 훨씬 쉽다. 하지만 이 열쇠는 자신이 작게만 느껴지고 기회도 한정되어 있으며 희망이 보이지 않을 때 더 중요하다.

첫 번째 데이트를 승낙할 용기를 내야 결혼 승낙까지 할 용기를 낼 수 있다. 존중을 요구할 용기를 내는 것은 이혼 서류를 제출하고 새로 시작할 용기를 갖는 데 있어 첫 단계가 될 것이다. 한계를 인정하는 것이 더 건강한 업무 환경으로 가는 첫 단계가 된다. 먼저 그 대화를 시작할 용기를 내야 새로운 기회도 열 수 있다. 용기가 크게 필요 없어 보이는 때를 포함한 삶의 모든 순간에 대담하고 용감해지는 경험들은 그 대담함과 용감함이 정말로 필요할 때 큰 역할을 하게 된다.

바로 무언가를 시작하지 않는 것이 때로는 더 현명한 행동일 때도 있다. 더 많은 정보를 수집하고 상황을 살펴보며 용기를 키우는 시간이 필요할 수도 있다. 하지만 '아직'이라는 것은 변명이 될 수 없다. '바로 시작하지 않는 것'과 '아무것도 하지 않는 것'은 전혀 다르다. 아무것도 하지 않으면 권태감, 자기만족, 죄책감, 갇혀 있는 느낌, 회의가 느껴질 것이다. 대담함과 용감함이 필요한 일을 하기로 결정했다면 그 너머에는 흥분, 자신감, 끝없는 가능성이 기다리고 있다. 어느 쪽을 선택하겠는가?

'용기' 열쇠를 활성화하면 실질적인 변화가 필요하거나 다른 방향으로 나아가야 할 때 도움이 된다. 옳은 결정이나 행동이지만 당신에게 너무 버겁다고 느껴질 때 그것을 실행에 옮길 수 있으려면 용기가 필요하다. 용기는 내면의 목소리에 스피커를 달아주고 꿈에 날개를 달아주는 열쇠다.

직관에 어긋나는 것처럼 보일 수도 있지만, 자신감이 떨어졌을 때 이 열쇠를 활성화하면 빠르게 자신감을 회복할 수 있다. 원래 어려운 상황에서는 잃을 것보다 얻을 게 더 많은 법이다.

실패할까 봐 걱정되는가?

하지만 성공한다면?

끊었던 관계들을
다시 연결하기

첫아이를 임신했을 때 나는 영국분만재단^{NCT}에 가입했다. 미스터 케이와 나는 시에나와 비슷한 시기에 태어날 아이들의 예비 부모들과 매주 출산 준비 수업을 함께했다. 첫 모임에서 그룹 리더는 예비 부모로서 가장 걱정되는 것이 무엇인지 물었다. 우리는 아이가 딸이라는 것을 알고 있었고, 미스터 케이는 "남자아이들이 가장 걱정되죠"라고 대답했다. 꽤 앞서나가는 걱정이었다. 모임의 모든 사람이 웃음을 터뜨렸고, 우리 사이에는 유대감이 생겼다.

수업이 끝나고도 예비 엄마들은 따로 만나 한없이 불러온 배, 통증과 진통, 앞으로 다가올 일에 대한 공포 등에 서로 공감했다. 통째로 변화하게 될 우리의 삶, 엄마가 된다는 기대에 대해 출산 전까지 계속해서 서로 이야기했다. 6주 사이로 모든 아기가 세상에 태어났고 우리의 생활은 완전히 달라졌다.

대부분은 1년간 육아휴직을 했다. 나는 나흘이었다. 정말이다. 시에

나를 낳고 닷새째 되던 날, 나는 그동안 온 이메일에 답장을 쓰기 시작했다. 여전히 진통제 때문에 몽롱하고 기진맥진해 멍했지만, 1월에 오픈 예정인 일이 있어 그와 관련된 업무 목록이 내 소매를 잡아끌고 있었다. 시에나가 출산 예정일보다 '늦게' 태어난 터라 1월은 벌써 코앞이었고, 갑자기 모든 일이 몰려들기 시작했다. 지금 와서 생각해 보면 그때가 자유로운 나로 불쑥 떠나야 하는 때가 아니었을까 싶다. 그때의 나는 깊은 우울함에 한없이 빠져 매일 고통스러웠고, 찢어져 조각나 있었으며, 사랑으로 가득했다가도 공격적으로 변했다. 감정의 극과 극을 오가며 넘치는 애정과 텅 빈 에너지를 연달아 경험했다.

나는 점점 더 가라앉으면서 사람들을 만나는 것도 피하게 되었다. NCT 친구들을 만나는 것도 꺼려졌다. 아이를 동반한 부모들을 위한 특별 상영회가 있어 지역 영화관에서 모두 모였던 날이 기억난다. 문밖으로 나서는 데만 한 시간이 넘게 걸렸고 영화관까지 가는 일 자체가 엄청난 일이었다. 영화가 끝나고는 근처 카페에 차를 마시러 갔다. 나는 사랑스러운 아이와 함께 외출해 다른 엄마들과 차를 마시는 행복한 초보 엄마였다. 잠깐 동안은 모든 것이 완벽했다.

그러나 시에나가 잠에서 깨 울기 시작했다. 나는 아이를 안아 올려 우유를 주고, 기저귀를 갈고, 안고 돌아다녀도 보고, 얼렀다가 말도 걸어보는 등 할 수 있는 모든 것을 해봤지만 아무것도 소용이 없었다. 다른 엄마들과 이야기를 나눠보려 애썼지만, 내 갓난아이가 소리를 지르며 우는 통에 카페에 있는 모든 사람을 힘들게 하고 있다는 사실을 생각하지 않을 수 없었다. 어떻게 해야 할지 아무것도 생각나지 않았다. 나는 아이가 조용히 품 안에서 잠들어 있는 동안 친구들과 영화를 보고 차를 마시고 담소를 나누면서 쿨하고 침착한 엄마가 되고 싶었지만, 실제로 그곳에 있었던 것은 뭘 어찌해야 할지 몰라 당황하고 좌절한 채 혼란스러워하는 엄마뿐이었다.

결국 나는 핑곗거리를 찾아 자리에서 일어났다. 유모차를 밀고 집을 향해 뛰다시피 걸으며 답을 찾으려 애쓰다 불평을 시작했다. 어떻게 내 아이 하나 진정시키지 못했는지, 어떻게 일상적인 대화조차 나눌 수 없는지, 왜 다른 사람들에게 힘들다는 이야기도 하지 못했는지 말이다. 집에 도착했을 때쯤에는 유모차의 움직임 덕분이었는지 시에나는 뭐가 불편했었는지도 잊었다는 듯 까르륵까르륵 웃으며 천사 같은 얼굴을 하고 있었다. 작은 화살이 마음에 날아와 꽂힌 것 같았다. 우울해졌다 기분이 밝아졌다 하는 이런 감정 기복이 너무 힘들었다. 알아야 하지만 알 수 없는 것들이 힘들었고, 다른 사람들은 어떻게 그렇게 잘 해 나가는지 궁금해하는 것조차 힘들었다.

그 일 이후, 나는 그 엄마들을 거의 만나지 않았다. 나와 비슷한 경험을 했을, 나만큼이나 무력하면서도 희망적이었을 그들은 모두 친절하고 다정했다. 다들 나보다 엄마 노릇을 훨씬 잘하는 것 같았다. 편안하고 안정적이었으며, 1년 동안 유급으로 육아휴직을 하는 동안 늘 다른 엄마들과 만나고 바닷가를 산책하는 등 시간도 많아 보였다. 내 사업을 운영하는 나는 그럴 수 없었다. 내가 회사에 나가지 않으면 돈도 벌 수 없다. 나는 커피 마시러 가자고, 유모차 끌고 조깅하자고, 도서관에서 책 읽자고, 와서 차 마시라고 하는 초대들을 계속해서 거절했다.

그때 나는 너무 바쁘고 할 일이 많아 그럴 시간이 없다고 일 탓을 했다. 하지만 실은 내가 어떤 존재가 되어가고 있는지 모르겠다는 사실을 피하고 싶었던 것 같다. '왜 뭘 해야 할지 알 수 없을까? 내 하루는 어디간 걸까? 왜 내 삶은 이렇게 통제 불능일까?' 나는 말을 꺼내기도 두려웠다. 이야기를 시작하면 멈출 수 없을 것 같았고 완전히 망가질 것 같았다. 그래서 아무 말도 하지 않고 계속 열심히 일했다. 딸을 돌보고 집안일을 하며 일을 계속 늘려나갔지만, 더 이상 어떤 일도 제대로 하고 있지 못한 것 같은 기분에 마음이 불편했다. 그 후 1년을 그렇게 살았고, 둘째를 낳았으며, 침실 바닥에 쓰러져 울던 그날에서야 계속 이렇게 살 수는 없다는 생각이 들었다.

끊어진 것을 다시 연결하기

이 경험은 내가 처음 엄마가 되었을 때 겪은 것이지만, 우리 웹사이트에 오는 수백 명의 사람과의 대화를 통해 많은 사람이 삶의 다양한 부분에서 비슷한 어려움을 겪는다는 것을 알게 되었다. 자기 자신이 '충분히' 성공적인 삶을 살고 있지 못하다고 느껴질 때 사람들은 친구들과의 관계를 끊었다. 서로의 관심사가 달라졌다는 걸 느꼈을 때 오랜 친구들에게서 거리감을 느꼈다는 사람들도 있었고 돈 문제나 잘 풀리지 않은 남녀관계 등 우리 삶의 일부분인 실패가 부끄러워 벽을 쌓았다는 사람들도 있었다. 결국 내가 정말로 속을 터놓고 이야기할 수 있는 사람들과 다시 교제했던 것이 내 탈출의 일부분이 되어주었고, 당신에게도 이 방법이 효과가 있을 수 있다.

내가 작게 느껴지고 꼼짝없이 갇혀 있으며 활기 없이 느껴질 때 다른 사람에게 손을 뻗기란 매우 어렵다. 사실 그럴 때야말로 다른 사람의 도움이 필요한데도 말이다. 산책하거나 일하러 카페에 갈 때를 제외하고 혼자 집을 나서는 것이 현실적으로 힘들 뿐 아니라 새로운 사람을 사귄다는 것에 대한 두려움도 있다. 처음 만나는 사람들은 내가 누구이며 무슨 일을 하는지 질문을 하는데, 나 자신이 작고 활기 없고 갇혀 있다고 느껴질 때 그런 질문에 대한 답을 찾기란 쉽지 않다.

하지만 나 자신이 자유롭게 느껴지고 현실에 충실하며 좋아하는 일을 하는 등 높이 날고 있을 때는 나와 비슷한 사람들이 내게 다가오는 느낌이 든다. 밖에 나가서 탐험하고 흥미로운 대화를 나누고 싶어지며, 자연스럽게 같은 생각과 같은 의견을 가진 사람들과 만날 기회를 만든다. 그럴 때는 그런 사람들이 내게 에너지와 영감을 주고, 따뜻한 기운을 주며, 나 역시 그들에게 같은 경험을 줄 수 있다. 내가 어떤 사람인지 분명하게 알고, 내가 어떤 일을 하는지 사람들이 분명하게 이해하도록 설명할 수도 있다.

침실 바닥에 누워 있던 그 순간을 생각해 보면 나는 외로웠던 것 같다. 좋은 사람들의 도움을 받을 기회가 충분히 있었는데 어쩌면 내가 자초한 일이기도 하다. 일이 잘못되어 가고 있다고 느끼면 느낄수록 사람들에게서 더 멀어지게 되었다. 내 일을 제대로 하고 있지 못하다고 평가받거나 거절당할까 두려웠다. 나는 다른 사람들에게 도움을 요청해 본 적이 없는, 늘 치열할 만큼 독립적인 사람이었다. 도움을 청하는 사람이 아니라 남들에게 도움을 주는 일을 하고 있었으니, 무슨 말이 더 필요하겠는가?

나는 조금씩 사람들에게 다가가기 시작했다. 처음에는 가족들에서 시작했고, 몇몇 친구들, 그리고 더 먼 곳으로도 넓혀나갔다. 모두가 호의적이었던 것은 아니다. 몇몇 사람들은 힘든 이야기를 듣고 싶어 하지 않았다. 나에 대해 가지고 있던 이미지를 바꾸고 싶지 않았을지도 모르겠다. 그런 사람들은 이야기를 듣다가도 얼른 화제를 바꾸고 싶어 했다. 하지만 내게 필요한 게 뭔지 알고 진정한 관계를 맺고 솔직한 대화를 나눌 수 있도록 해준 사람들도 있었다(내가 생각지도 못한 사람들도 있었다). 영원히 감사해야 할 사람들이다.

의미 있는
관계

'유대감' 열쇠는 진정한 자신을 받아들이고 표현하며 다른 사람들과 의미 있는 관계를 맺는 것이다. 말하기와 듣기뿐 아니라 말하지 않은 것들까지 이해하는 일이다. 공통점을 찾고 진짜 문제를 발견하며 그것을 다른 사람들과 나누는 경험이다. 진실을 말하고 그 힘을 믿으며, 당신의 용감한 마음에서 그들의 마음으로 전달되도록 진심을 전달하는 것이다. '내가 여기 있어요. 거기 있군요. 당신이 보여요.' 세상을 살아나갈 때, 다른 사람에게, 그리고 당신 자신에게 친절함을 퍼뜨리는 일이다.

'유대감' 열쇠는 매우 중요하다. 진솔하게 의사소통하고 우리를 진정 이해하는 사람들과 관계를 맺지 않으면 영원히 갇혀 있게 될 수도 있기 때문이다. 우리는 말과 공감, 따뜻함과 우정이 필요한 존재들이다. 유대감은 우리가 더 큰 세상과 연결되어 있다는 느낌이 들게 해준다.

진정한 유대감, 진심에서 우러나온 의사소통은 쉽지만은 않다. 다른 사람에게 솔직하게 마음을 여는 일은 두려울 때도 있다. 듣는 일도 어려울 수 있다. 마음을 전달할 수 있는 말을 찾아야 하고, 그 말을 할 때도 주의를 기울여야 한다. 생각의 차이, 숨은 뜻, 말하지 않은 것들은 때로 입 밖으로 나온 말만큼이나 강렬한 힘을 가지고 있기 때문이다.

우리는 모든 것을 다른 관점에서 바라보는 전혀 다른 사람들이다.
그러나 우리의 말은 서로 간의 거리를 좁히며 서로를 돕는 힘을 가지고 있다.

이 열쇠는 당신의 이야기를 듣는 이가 없다고 느껴질 때나 깊이 없이 표면에서만 겨우 맴돌고 있다고 느껴질 때 당신을 도울 수 있다. 모든 것의 무게에 눌려 가라앉고 있다고 느껴질 때, 적절한 대화는 당신을 건져낼 수도 있다. 가까운 사이에서는 '유대감'이 매일 일상 대화를 통해 원래의 돈독한 관계로 돌아갈 수 있도록 도와줄 것이다. 또한 내 모습을 숨기고 있는 것처럼 느껴질 때, 비밀에 갇힌 것 같거나 부끄럽거나 죄책감이 들어 말하지 못하는 것이 있을 때 '유대감'이 기적을 낳을 수도 있다.

하지만 가까운 사이에서도 우리는 '해야 할 일'('X를 해야 하고, Y를 사야 하고, Z를 잊어버리면 안 돼')에 대해 말하느라 이런 소중한 기회를 놓치기도 한다. 일상의 바퀴를 굴러가게 하기 위한 말과 행동만이 있을 뿐 불꽃을 타오르게 하지는 못하는 것이다. 같은 공간에서 시간을 보내면서도 함께 시간을 보내지는 못한다.

새장에 갇혀 있을 때, 우리는 종종 방어적인 단어를 쓰곤 한다. 나 역시도 나답지 않은 말들을 많이 쓰곤 했다. 손쓸 수 없이 묶여 있다는 느낌이 들 때 남편과 아이에게 짜증을 내면서 나 스스로 '도대체 이런 말은 어디서 나오는 거지? 지금 이 말투로 이야기하는 사람은 도대체 누구야?' 하고 생각한 적도 많다.

다시 예전으로 돌아가는 방법은 늘 눈, 귀, 마음에 달려 있다. 진심으로 보고 듣고 느끼는 것이다. 도움이 필요하다고 이야기해야 사람들이 당신을 도울 수 있다. 당연한 사실이지만 바쁜 일들이 쏟아지다 보면 이 사실을 쉽게 잊고 일상에 쫓기기 바쁘다. 우리는 사람이지 로봇이 아니다. '우리는 존재하는 자human being이지 행위하는 자human doing가 아니다'라는 그라피티를 본 적이 있다. 할 일은 너무 많고 대화 나눌 상대

는 없는 누군가가 썼을 것 같았다. 원래는 커트 보니것(미국의 수필가이자
소설가-옮긴이)이 먼저 한 말 같기는 하지만.

은밀히 숨어 있는
비밀

미스터 케이와 나는 회사를 같이 운영하며 직장과 가정생활을 함께하
고 있다. 때로는 축복같이 느껴지지만 때로는 어렵기도 하다. 평소에
는 가족과 사업을 양립시키려 애쓰며 둘 다 잘하는 편이다. 한쪽이 지
쳐 있으면 다른 한쪽이 에너지를 충분히 유지한다. 하지만 우리는 아직
완성단계는 아닌 것 같다. 일이 잘못된 경우 대부분은 서로에게 관심을
기울이지 못했기 때문일 때가 많다. 일이 잘될 때는 반대로 서로에게
충분히 관심을 기울였을 때다.

　눈을 직접 바라보거나 부드러운 미소를 짓고 손을 포개어 잡는 일
등이 얼마나 큰 변화를 가져오는지 경험해 보면 놀랍다. 부모이자 경영
인이기 이전에 우리는 애인이자 친구이기 때문이다. 우리만의 시간을
따로 갖지 않으면 일이 우리 시간을 다 잡아먹을 것이다. 우리 부부는
종종 커피를 마시며 서로를 위한 시간을 갖거나 공원에 산책 나가 딸들
이 유모차에서 자는 동안 서로의 안부를 확인한다. "요즘 어때? 새로운
소식은?" 진심 어린 대화는 삶의 속도에 희생될 때도 많지만, 단순히
우리가 서로에게 귀 기울이지 않거나 공감하지 않기 때문에, 혹은 엉뚱

한 사람과 대화를 나누려 애쓰기 때문에 기회를 놓칠 때도 많다.

일본어에서는 문장의 반은 말하지 않은 채로 끝나거나 뜻을 유추해야 할 경우가 종종 있다. '이키타인 데스 가…'는 '가고 싶습니다만…'이라는 뜻이다. 영어라면 가고 싶은데도 갈 수 없는 이유를 꼭 설명해야만 한다. 그러나 일본어에서는 그 이유를 추측하며 정당화하고 공감하는 것은 청자의 몫이다. 그러기 위해서는 상대의 말을 집중해 들어야 하며, 말하지 않은 것과 더 깊은 뜻을 알아내기 위해 노력해야 한다.

모든 언어는 말을 잠깐 쉬는 사이에, 혹은 말투, 표정, 몸짓 등에 은밀하게 숨어 있는 비밀이 있다. 진정한 우정은 진심 어린 대화에서 시작되며, 직접 말로 하는 것만큼이나 말하지 않은 것들에 중요한 이야기가 숨어 있다. 만약 당신 자신의 본질을 파악하고 그곳에서부터 시작한다면 다른 사람의 본질도 이해할 수 있게 될 것이다.

입구에서 잠시 멈추기

좋은 커뮤니케이션은 여전히 성취하려 노력하고 있는 목표지만, 나는 차를 마시며 가장 중요한 교훈 중 하나를 배웠다. 일본의 전통 다도는 아름다움 그 자체라서 저절로 그 우아한 속도에 맞추지 않을 수 없게 된다. 각각의 다도에는 주인이 있고, 주인은 전용 미닫이문인 '사도구치'를 통해 다양한 다기를 필요한 만큼 챙겨서 '차시츠'(다실)에 들어오고 나간다. 문은 양면에 흰 종이가 붙어 있는 소박한 격자무늬의 나무로 되어 있으며, 살짝만 밀어도 닫혀 다실과 복도를 구분한다.

기모노를 입은 주인이 다실에 들어오고 나가는 데 걸리는 시간은 늘 나를 매료시켰다. 주인은 복도에 무릎을 꿇고 문을 밀어 연 다음 손가락이 바닥으로 향하게 두 손을 모아 무릎 위에 올리고 절을 한다. 그리고 일어서서 들어오는데, 이 모든 과정은 경건한 침묵 속에 이루어진다. 잠깐 멈춰 절을 하는 순간은 주인과 손님 모두에게 안과 밖, 두 공간을 나누는 경계를 넘어 서로의 공간으로 들어오는 행위를 강조한다.

이런 예의는 방문이 열리고 다른 사람이 들어오는 순간에도 방 안의 에너지와 분위기를 일정하게 유지하는 역할을 했다. 주인이나 손님 어느 쪽에 의해서도 방해되는 일이 없었다. 우르르 몰려 들어오거나 요란한 소개, 강요된 대화도 없었다. 입구에서 예의 바르게 잠시 멈추는 일이 전부였고, 조용히 들어와 차를 나눠 마실 뿐이다.

'입구에서 잠시 멈추기'는 내게 큰 인상을 주었고, 나는 이를 내 삶에도 적용하기 시작했다. 사람들로 북적이는 방에 들어서기 전 나는 잠시 멈추고 안에 어떤 사람이 있는지, 분위기는 어떨지 생각한 후 들어간다. 방의 분위기를 읽고 다른 사람들을 방해한다는 느낌 없이 그들에게 접근할 수 있게 되었다. 큰 변화였다. 나는 '입구에서 잠시 멈추기'가 언제 멈추고 언제 적극적으로 참여해도 되는지를 알려주어 대화할 때도 유용하다는 것을 발견했다.

집안에 어린아이 2명의 에너지가 넘쳐날 때 특히 도움이 된다. 잘 짜인 동화의 분위기를 망쳤거나 아빠와 딸 사이의 중요한 대화를 방해했다는 사실조차도 깨닫지 못한 채 옆방에서 크게 소리쳐 부르거나 물이 새는 세탁기 문제로 불평하게 되는 일이 종종 있었다. 나는 같은 방에 들어서기 전까지는 입을 열지 않으려 노력하고, 미스터 케이가 딸들과 놀 때면 방 안으로 무작정 들어가 함께 하기보다는 그때까지 그들이 무엇을 하고 있었는지 살펴보며 복도에서 때를 기다린다. 나까지 끼어들기 딱 좋은 상황이 있는가 하면 어떤 때는 부녀끼리 있게 놔두는 게 나을 때도 있기 때문이다. 나는 옆으로 물러나서 내가 사랑하는 남자가 우리 아이들과 시간을 보내는 모습의 아름다움에 푹 빠져 있을 때도 있다.

우리는 종종 하루의 한 부분에서 다른 한 부분으로 특별한 전환 과정 없이 바로 넘어간다. 이 말은 곧 일을 가지고 집으로 퇴근하거나 집안일 스트레스를 직장으로 가지고 가기도 한다는 뜻이다. 우리는 하나의 미팅에서 다른 미팅으로 바로 옮겨가기도 한다. 우리의 몸이 머리보다 더 먼저 움직이게 되는 것이다. 친구들과의 커피 약속에 늦게 나타나 자리에 앉기도 전에 교통경찰에 대한 욕을 퍼부으며 이미 그 자리에 있던 사람들이 만들어놓은 분위기를 망쳐버리곤 한다. 한 곳에서 다른 곳으로 갈 때 그 변화를 알아차릴 시간을 잠시 갖고 의식적으로 분위기를 파악하며 자리에 도착하고 떠나는 일은 많은 차이를 가져온다.

'입구에서 잠시 멈추기'는 연습이 필요하다. 몇 년간 이 방법을 쓰고 있음에도 나는 여전히 전화를 끊자마자 분노로 씩씩거리며 내 화를 미스터 케이에게 전염시키거나 섬세한 순간을 방해했다는 사실을 자각하지 못한 채 이런저런 이야기를 떠들며 방 안에 불쑥 들어서기도 한다. 하지만 나뿐만 아니라 미스터 케이까지 우리 둘은 열심히 노력 중이다. 그리고 이 방법은 확실히 도움이 된다.

외부로 귀를 기울이는 것은 다른 사람들과 유대관계를 쌓을 수 있게 해줄 뿐 아니라 세상의 아름다움에 푹 빠질 수 있게 해주고 그 안에서 우리 공간을 찾을 수 있도록 도와준다. 내면에 귀를 기울이면 우리 안에 무엇이 있는지, 모든 가면을 벗어버렸을 때 진정한 우리가 누구인지도 이해할 수 있게 된다.

자신에게 솔직해야만 진실에 닿을 수 있다. 진심으로 의사소통하는 것만이 진정한 감정적 유대를 쌓는 방법이다. 그리고 깊은 우정, 사랑, 새장 탈출에 대한 지지 등 그 보상은 어마어마하다. 우리는 종종 너무 많은 이야기를 하고 너무 많이 보여주었다는 생각 때문에 자신을 스스로 자제시킨다. 하지만 우리가 속내를 보여주지 않고, 말하고 듣지 않는다면 유대감, 배려, 정이 있을 수 있을까?

당신이 진정 어떤 사람인지 사람들에게 이야기하다 보면 처음에는 불편한 기분이 들 것이다. 예상치 못한 상황을 싫어하는 사람들도 있다. '새로운' 당신의 모습을 받아들여 주지 못하는 사람도 있을 것이다. 하지만 잠시 불편한 것이 평생 뒤에 숨어 사는 것보다는 낫다.

당신 스스로의 빛을 밝게 빛내야만 주변 사람들이
어둠 속에 있는 당신을 발견할 수 있다.

1 　오늘날의 기술은 감정적 유대의 역설을 보여준다. 속도와 효율성, 더 많은 정보·이미지·사람들에 대한 접근을 보장하는 동시에 우리의 삶을 '완벽'해 보이는 다른 사람들의 삶과 비교하기 시작하는 순간, 이런 편리함이 오히려 우리를 가둬놓게 된다. 몇 시간씩 시간 가는 줄 모르고 다른 사람들의 생활을 확인하며 정작 오프라인의 우리 자신의 삶에는 소홀해지게 된다.

현재를 '발전된 시대'로 만드는 것의 대부분은 사실 우리 삶을 훨씬 복잡하고 어렵게 만든다. SNS는 '친구'라는 단어의 의미를 완전히 바꿔놓았다. 전자 기기는 우리의 주의를 산만하게 하고, 우리는 그 어느 때보다도 다른 사람들과 진정한 감정적 유대를 더 적게 맺고 있다. 곳곳에서 홍수를 이루는 광고는 베풀기보다는 갖기를, 창조보다는 소비를 권하며 우리에게 정작 크게 필요도 없는 물건을 가지기 위해 더 열심히, 더 오래 일해야 할 것 같은 부담을 지운다. 이 모든 것이 현대 사회의 유행이자 패턴이며, 우리를 깊이 병들게 하고 있다. 여전히 진짜 대화의 기회를 얻고 수다를 떠는 일이 가능할까?

기술을 부정하자는 것이 아니다. 무엇을 취하고 무엇을 버릴지, 무엇에 귀를 기울이고 무엇에 관심을 꺼야 할지, 언제 외부에 눈을 돌리고 언제 내면에 집중해야 할지를 알자는 것이다. 현대 기술이 제공하는 이점을 받아들이고, 그것을 우리의 자유를 찾는 데 방해가 되지 않고 도움이 되는 쪽으로 이용하는 것이다. 한쪽에서 관계를 끊는 것이 다른 쪽에서 서로 더 나은 관계를 맺는 데 도움이 되기도 한다.

힘들게 노력하자는 이야기도 아니다. 우리 대부분은 무엇을 이야기해야 할지, 억지로 대화해야 하는 것은 아닐지 걱정하며 다른 사람과의 대화가 어색해 피하곤 한다. 그러나 남들과 창조적인 활동을 하는 것이 오랫동안 유지되는 관계를 시작할 계기가 되기도 한다.

'더 메이커리'의 설립자인 친구 알리 드 존은 이런 경험을 여러 번 했다. 사람들은 무언가 만드는 법을 배워보겠다는 생각으로 알리의 창작 워크숍에 등록했지만, 다른 사람들과 어울려 작업하는 동안 그들이 만든 것은 다른 사람들과의 유대였다. 비슷한 다른 활동 역시 말 없이도 많은 것을 시사했고, 굳이 애쓰지 않고도 유대감이 생겼으며, 오랫동안 유지될 많은 우정을 남겼다.

만약 당신에게 진정한 유대감이나 진짜 의사소통이 부족하다는 생각이 든다면 다른 사람들과 이야기할 때 상대의 눈을 적절하게 바라보자. 다른 일은 멈추고 진심으로 이야기를 들어보자. 대화의 틈과 공백에서, 몸짓을 통해, 상대방이 진짜로 말하려고 하는 것이 무엇인가? 자유가 진정 어떤 의미인지 당신이 아끼는 사람들과 깊이 있는 대화를 나눠보고 당신에게 어떤 변화가 일어나는지 보자. 말을 꺼낼 때는 당신의 어조에 집중해 보자. 의식적으로 바꿔보려고 노력하고, 그 노력이 당신을 어떻게 변화시키는지도 보자. 언제나 친절한 태도를 유지하자.

차로 장거리 여행을 할 때마다 미스터 케이와 하는 게임이 있다. 언뜻 보기에는 간단하지만 늘 놀라운 결과를 가져온다. 상대방이 정말로 생각하는 게 무엇인지 알 수 있는 좋은 방법이다. '세 가지 질문'이라는 게임인데, 규칙도 간단하다.

- 어떤 질문이든 세 가지를 서로 묻는다. 번갈아가며 질문과 답을 한다.
- 답하는 사람은 머릿속에 처음 떠오르는 대답을 해야 한다.
- 상대방에게 같은 질문을 할 수는 없다.

우리는 '화성으로 이주한다면 가지고 갈 신발은?'이나 '인생을 바꾸고 싶은 록스타는?' 같이 바보 같은 질문도 종종 한다. '지금까지 먹었던 것 중 최고의 커리는?'처럼 함께한 추억을 떠올리게 하는 질문들도 한다. 하지만 아주 가끔은 의미 있는 질문들이 나오기도 한다.

- 처음부터 다시 시작할 수 있다면, 다른 방식으로 하고 싶은 일이 있는지?
- 우리 관계에서 가장 마음에 드는 점은?
- 당신이 내게 하지 않은 이야기 중에 내가 정말 알아주었으면 하는 것은?
- 당신을 자유롭게 하는 것은?

결정적인 것은 질문이다. 처음에는 애써서 질문을 생각해 내게 되지만, 그다음에는 정말로 물어보고 싶었던 것을 질문하게 된다. 진정한 유대감을 쌓고 의사소통을 하겠다는 마음으로 대화를 시작하고 상대방에 관한 것들을 발견해 보자. 그리고 그 질문들이 이끄는 방향대로 따라가면 된다.

좋아하는
일을 하기

이 책의 출판기획안을 보내는 대담하고 용감한 시도를 한 이후, 빠른 속도로 많은 일이 생겼다. 몇 주 후 내게는 출판 대리인이 생겼고, 꿈꾸던 출판사와 출판 계약을 맺게 되었다. 내 삶에 비워놓은 넉넉한 여유 공간 덕분에 이렇게 큰 기회가 들어올 수 있었던 것이다. 자료 조사를 하고, 내 아이디어를 검증해 보고, 수백 명의 사람과 이야기하며 글을 쓰는 동안 이 책 자체가 중요한 게 아니었다는 사실을 깨달았다. 우리는 살아가며 계속해서 달성해야 할 목표를 세워놓는다. 이런 목표는 방향을 설정하는 데는 중요하지만, 궁극적으로는 목표를 달성하고 목록에서 지워나가는 것은 자유롭게 사는 것만큼 중요하지는 않다. 그리고 내게는 이 책이 내 삶에 더 많은 공간을 만들고 창조성을 분출할 수단, 다른 열쇠들을 시도해 보고 마침내 자유롭게 살 수 있는 나만의 방법을 찾는 과정이었다.

이 책이 새로운 기회를 가져다주었다는 것은 내가 좋아하는 일을 할 수 있는 새로운 방법을 찾게 되었다는 뜻이기도 했다. 그것이 바로 '열정' 열쇠다. 자신만의 규칙을 정하는 것, 원하는 방식으로 돈을 벌고 자신의 미래를 책임지는 것이다. 자신에게 옳은 결정을 내리기 위해 현명하게 행동하며 머리와 마음을 쓰는 일이다. 어떤 사람에게는 자신만의 사업을 시작하는 큰 걸음을 내딛는 일이고, 어떤 사람들에게는 직업적으로 의욕 넘치는 접근을 하는 일일 수도 있다. 지금 당신에게는 약간의 위험을 더 무릅쓰고 더 많은 가능성을 받아들이는 일일 수도 있겠다.

변화
맞이하기

나는 이 열쇠를 커리어에 큰 변화가 필요할 때마다 사용했다. 예를 들어, 몇 년 전 유니세프에서의 일을 그만둔 후 나는 2018년 피파 월드컵 개최국 입찰을 위한 영국유산개발 책임자가 되었다. 나는 영국이 월드컵을 개최하게 된다면 이 스포츠 행사를 어떻게 세계적 공익 행사로 만들 것인지에 대한 계획을 수립하는 역할을 맡았다. 영국 축구 산업이 전례 없는 방식으로 협력하는 것을 볼 수 있었던 특별한 경험이었다. 그 힘을 단순한 상업적 이익이 아닌 사회적 공익에 사용하기 위해 '세계를 위한 스포츠'를 목표로 삼고 그 방향으로 흘러가고 있는 것 같았다.

피파는 기술팀을 보내 우리의 입찰을 검토했다. 기술팀은 영국이 '완벽'하며 운영 계획 또한 '뛰어나'고 '세계 축구의 미래에 중요'하다고 평가했다. 우리는 매우 들떴지만 피파 집행위원회에서의 1차 투표에서 영국은 바로 떨어졌다. 모두 너무 놀라 할 말을 잃었고, 놓친 기회에 상당히 실망했다.

알고 보니 입찰 과정은 나쁜 소문들로 얼룩져 있었다. 부패와 기금 횡령 등으로 많은 사람이 대규모 조사를 받았다. 영원히 진실을 알 수 없게 되어버린 부분도 있지만, 이기적인 몇몇 개인이 중요한 일을 하는 데 방해를 했다는 생각에 역겨울 정도였다. 물론 영국이 개최지로 선정되기를 원한 것이었지만 그뿐만 아니라 스포츠의 영향력과 인기가 세상에 좋은 역할을 할 수 있다고 믿었기 때문이었다. 우리가 했던 모든 일이 전부 쓸모없다고 느껴졌고, 이렇게 권력을 남용하는 사람들과 일해야 한다면 내가 원하는 사회적 기여는 절대 할 수 없겠다는 생각이 들 정도로 믿음도 바닥으로 떨어졌다. 결국 나는 커리어의 방향을 완전히 바꾸기로 마음먹었다.

나는 눈을 돌려 개개인과 직접 일하기로 했다. 그들이 좋아하는 일을 하도록 도움으로써 잠재력을 최대한 발휘할 수 있도록 하고 싶었다. 일이 더 이상 옳다고 느껴지지 않으면 빠져나올 수 있도록 내가 주도권을 잡고, 단순한 탈출구가 아니라 실제로 성공할 수 있는 사업을 선택했다.

그 이후 내 회사인 '두 왓 유 러브'는 온라인 자기계발 과정을 제공하는 평판 높은 회사가 되었고, '인생을 바꾸는 경험'이 되었다는 평가를 수도 없이 받았다. 나 역시도 이 일을 사랑했다. 그러나 언제나 순탄하게 흘러왔던 것만은 아니다. 처음 회사를 시작할 때, 나는 기술에는 문

외한이었다. 온라인 과정을 준비해 본 적도 없었다. 회사를 창립하기 몇 달 전까지만 해도 심지어 블로그에 글을 써본 적도 없었다. 하지만 나는 내가 믿는 가치에 집중했고 변화로 큰 걸음을 내디뎠다. 내가 원하는 일은 어느 곳에도 없었기 때문에 나는 직접 사업을 시작했고, 내 가족뿐 아니라 다른 가족들도 경제적으로 지원할 수 있는 회사로 성장시켰다.

우리는 전 세계의 많은 사람이 삶의 새로운 방향을 찾고 그들의 열정을 직업으로 연결시키며, 그들을 행복하게 하는 일에 집중할 수 있도록 삶을 개선해 줄 수 있는 온라인 과정을 계획·제작·제공한다. 또한 스스로 온라인 과정을 개설하거나 온라인 사업을 운영하는 방법도 교육한다. 이런 것들이 사람들에게 완전히 새로운 세상을 열어줄 수 있기 때문이다. 나는 알맞은 수단과 도움, 현대 기술을 통해서라면 누구든 자신이 원하는 대로 삶을 개척할 수 있다는 것을 봐왔다. 많은 시간과 의지가 필요하지만, 그 어느 때보다도 가능성이 크다. 우리 온라인 과정을 수료한 사람 중 다수는 자신의 사업을 시작했거나 온라인에서 강의하며 편안한 생활을 하고 있다. 또한 우리는 파트너사인 www.makeartthatsells.com과 www.makeitindesign.com을 통해 수천 명의 아티스트와 디자이너들이 그들의 전문적인 창작 활동을 마음껏 펼칠 수 있도록 돕고 있다.

물론 그 과정에서 회의론자들도 많이 마주했다. 미간에 주름을 잡고 고개를 흔들며 거만한 태도를 보이는 사람들이다. 그들은 젊은이들에게 연봉을 많이 받는 '안정적인 직업'을 가져야 한다며 돈을 많이 벌지 못하더라도 열정을 좇고 싶어 하는 젊은이들을 겁먹게 만드는 사람들이기도 하다. 경제적인 이유도 물론 중요하지만, 인생의 경험은 중요하지 않은 걸까? 그리고 좋아하는 일을 한다면 아마도 그 일을 남들보다 잘하거나 적어도 더 많은 헌신과 노력을 기울일 테니, 길게 보면 결국 성공할 가능성이 크기도 하다. 그리고 좋아하는 일을 하면 모든 과정을 즐길 수 있다. 싫어하는 일을 뼈 빠지게 하며 일을 그만둬도 될 만큼 돈을 많이 벌고 나면 그때 인생을 즐기며 살겠다고 위안하며 살 필요도 없다.

당신의 삶은 지금 이곳에서 펼쳐지고 있다.
그리고 그 사실을 일깨워줄 삶과 직업에 관련한 조언이 더 많이 필요하다.

우리는 반대론자들 보란 듯이 계속 노력해 오고 있다. 중요한 비밀을 알고 있기 때문이다. 걱정을 버리고 인생을 즐기며 좋아하는 일을 하는 것이 행복으로 가는 길이라는 사실 말이다. 이 사실은 당신을 운전석에 앉히고 당신이 정한 방식의 성공에 따른 책임을 지게 한다. 당신의 실력과 경험을 최대한 발휘할 수 있게 해주고 당신을 빛나게 해주는 사람들과 일할 수 있게 해주며, 일상의 의미와 목적을 찾을 수 있게 해준다.

충분히 잠재력을 발휘하지 못하고 당신의 꿈과도 거리가 먼, 좋아하지 않는 일을 하며 살기에 삶은 너무 짧다. 모두가 지도자나 우두머리가 되어야 하는 것은 아니다. 하지만 당신의 삶에 전략적으로 접근하고 자주성을 사용해 당신이 정말로 원하는 것들을 선택할 수 있어야 한다.

당신이 좋아하는 일을 할 수 있도록 자신에게 허락하면
궁극적으로 다른 사람에게도 같은 기회를 줄 수 있게 될 것이다.

가능성
받아들이기

우리는 지금껏 우리가 좋아하는 일을 할 더 많은 기회를 얻거나 그런 일을 할 수 있는 더 많은 선택권을 가져본 적이 없다. 그러나 요즘은 열정을 가지고 돈을 벌겠다는 것이 더 이상 몽상이 아닌 사업 계획이 될 수 있는 세상이다. 당신도 자신에게 맞는 일을 찾아 당신 자신의 사업을 할 수 있다거나 주도권을 갖고 맞는 조직에서 새로운 경력을 쌓을 기회를 잡으라고 한다면 스트레스는 적어지고 더 많은 여유가 생길 것 같은가? 그런 일이 당신에게 더 많은 융통성을 주고 번거로운 일은 줄여주는 동시에 더 많은 수입과 목표와 보상을 가져다줄 것이라고 하면 믿을 수 있겠는가? 이게 바로 '열정'의 선물이다. 열정은 당신의 능력을 발휘하게 해주고 그에 대한 보상을 받게 해주며 당신에게 더 잘 맞고 더 많은 보람을 느낄 선택을 할 수 있게 해준다.

계속 같은 방식으로 일하고 돈을 벌 수 없겠다는 생각이 들거나 소득 정도나 방식에 더 많은 융통성이나 자율성을 갖고 싶다면 이 열쇠가 다른 방향으로 가는 첫 걸음을 떼는 데 도움이 될 것이다.

'열정' 열쇠 활성화하기

다음의 개념 중 마음에 드는 것이 있는지 살펴보고, 그것이 현실화된다면 삶의 어떤 부분이 달라질지 상상해 보자.

- 꿈을 좇고 그 꿈이 현실로 이루어지는 것을 보기
- 좋아하는 일을 하기
- 나만의 아이디어로 스스로 자랑스러워할 만한 일을 하기
- 다른 사람에게 의지하지 않고 직업이나 재정적 목표를 스스로 책임지기
- 스스로 창조하는 일, 투자하는 시간이나 출퇴근에 구애받지 않는 일을 하며 돈 벌기
- 다른 사람의 지시에 따를 필요가 없는 상황에서 일 하기
- 싫어하는 사람을 위해 일하지 않기
- 어디든 원하는 장소에서 일하기
- 온라인에서든 오프라인에서든 내 지식과 경험, 재능을 나누는 일 하기
- 잠자는 시간에도 돈 벌기
- 수익 경로를 여러 곳에 두어 다양한 방식으로 돈 벌기
- 내 시간을 스스로 관리하고 삶과 일이 공존할 수 있도록 조절하기

'열정' 열쇠는 이 모든 가능성을 열어준다. 당신이 새장에 갇혀 있을 때 사업을 무리하게 시작하거나 꼼꼼히 검토해 보지도 않은 채로 지금 하는 일을 그만두라는 것이 아니다. 가능성의 씨를 심고, 아이디어를 시험해 보고, 자주성을 갖고, 조사하고, 진취적인 정신이 무엇을 바꿀 수 있을지 심사숙고해 보자는 것이다. 여러 가능성을 고려해 보면 당신의 무의식이 깨어나고 다른 길과 가능성에 더 열린 마음을 가질 수 있게 된다.

이미 가지고 있었던 것들을
발견하기

새장을 빠져나오는 과정에서 나는 이미 감사해야 할 일이 많다는 것을 알게 되었다. 그리고 그런 일들에 더 많은 관심을 기울이며 더 의식적으로, 세세한 것을 알아차리며 살 수 있게 되었고, 내 삶의 더 많은 축복을 발견할 수 있게 되었다.

감사하는 습관을 갖게 되면 마음가짐이 달라지며 행복감이 증가한다. 그럴 때도 삶에 치이다 보면 당신의 삶에 감사할 일이 많다고 다시 느낄 만한 어떤 큰 계기가 있기 전까지는 일상 속의 기적을 놓치고 사는 생활로 다시 돌아갈 때가 많다.

친구 엘라(이름은 사생활 보호를 위해 바꿨다)의 이야기를 해보자. 그녀는 수년간 아이를 갖기 위해 애쓰다 드디어 임신에 성공했다. 주위에서도 축하가 쏟아졌다. 그러나 어느 날 아침 그녀는 12주차 정기 검진을 갔다가 아이의 심장 소리가 들리지 않는다는 이야기를 들었다. 고통에 찬 그녀의 목소리를 들으니 방 안의 공기가 모두 빠져나가는 듯했고 내 심장은 너무 빨리 뛰는 나머지 기관총처럼 끊임없이 갈비뼈에 부딪히는 느낌이 들었다.

사람들은 무언가를 잃었을 때 마음이 텅 빈 듯한 느낌이 든다고 이야기하지만 나는 너무 가슴이 아파 마음이 슬픔으로 가득 찬 것 같았다. 엘라가 얼마나 아이를 원했는지 알고 있었기 때문이다.

나는 그녀와 전화 통화를 하며 배 안에서 아이가 잘 자랄 수 있도록 그녀가 얼마나 건강에 신경 쓰고 아이를 잘 보살폈는지, 그녀의 임신 사실을 몰랐던 사람에게는 어떻게 행동해야 할지를 이야기했다. 머지않아 다른 아이가 찾아올 준비를 하고 있을 거라는 이야기도 했다. 그녀에게는 아무 이야기도 귀에 들어오지 않았을 것이다. 아기의 심장이 멈춰버렸다는 극심한 고통을 달랠 수 있는 것은 아무것도 없다. 그녀가 아무것도 모른 채 씻고, 잠자고, 혹은 아이에게 어떤 사랑을 베풀고 어떻게 키워야겠다는 생각을 하는 동안 아이의 심장은 마지막으로 뛰었을 것이다. 그 고통을 덜어줄 수 있는 일을 나는 아무것도 할 수 없었다. 내가 할 수 있는 것은 그녀 옆에 있어주는 것뿐이었다.

슬픈 소식을 듣게 되면 자신의 상황을 생각하게 되지 않을 수 없다. 내 두 딸의 얼굴이 눈물 사이로 아른거렸다. 내가 일에 집중할 수 있도록 시에나는 유아원에 보내고 마이아는 하루 동안 할머니와 지내도록 한 상황이었는데, 그날 이 슬픈 소식 말고 내가 집중할 수 있었던 것은 친구에 대한 찢어지는 듯한 마음과 내 아이들에 대한 감사함뿐이었다. 이 순간만큼은 아이의 짜증, 이가 나느라 이것저것 깨물고 보채는 일,

뜬눈으로 밤을 새우던 날들도 전혀 생각나지 않았다. 그저 사랑으로 꼭 안아주고 싶은 마음뿐이었고 무엇보다도 그 행복을 친구도 느낄 수 있었으면 좋겠다는 마음뿐이었다.

엘라가 다시 임신을 시도할 수 있기를, 다른 영혼을 돌볼 수 있게 되기를, 이미 마음의 준비가 되어왔던 것처럼 엄마가 될 수 있기를 바랐다. 이렇게 힘든 시기에 나는 그녀를 위해 빌고, 희망을 품고, 사랑을 주고 싶었다. 전화기에 댄 귀는 뜨거웠고 마음은 돌처럼 무거웠다.

나는 친구의 슬픔에 푹 젖은 채 겨울 햇살 아래 그림자를 드리우며 집으로 돌아왔다. 그러나 시간을 지체할 수는 없었다. 나는 발걸음을 서둘렀다. 두 딸을 불러 꼭 껴안고 싶은 마음뿐이었다. 지금처럼 두 딸의 존재에 이렇게 크게 감사해 본 적이 없었다. 하지만 며칠이 지나고 일상이 계속되며 모든 것이 예전처럼 돌아갔다. 매일의 혼란 속에 두 딸의 귀중함은 코트 주머니의 영수증처럼 잊혔고, 나는 다시 중요하지 않은 일들에 지쳐갔다.

유독 힘들었던 어느 날 밤 나는 뜨거운 목욕물에 몸을 푹 담그고 있었다. 욕실 문이 열리고 작은 발소리가 들렸다. '오, 제발. 5분이라도 나좀 쉬게 내버려둬 주면 좋을 텐데'라는 생각이 절로 들었다. 시에나가 들어오더니 욕조 옆에 서서 그녀의 작은 목욕 스펀지를 들고 내 등을 닦아주기 시작했다. 그러더니 손을 물속에 집어넣었다. "뜨거워." 그러고는 거품에 손을 대고 "안 뜨거워" 하고 덧붙였다. 알아차리지 못하고 있었던 사실이다.

"엄마도 장난감이 있어야 해." 엄마도 장난감이 필요하냐고 묻는 게 아니었다. 시에나는 자기가 가장 좋아하는 물뿌리개를 나에게 건네줬다. 코에는 어느새 거품이 묻어 있었고, 잔뜩 집중한 얼굴이었다. 가는 금발 머리끝은 수증기에 곱슬곱슬해지고 있었다. "시에나 발에 물을 줄 거야." 딸은 목욕 스펀지를 짜서 떨어지는 물을 바라봤다. "아빠처럼 발이 크게 자랄 거야." 시에나의 선물이, 그 진심이 너무 예뻐 나는 가슴이 벅차올랐다. 중요한 건 이런 것이다.

순간에 충실하고 자각하는 삶을 사는 것은 딸의 소중함을 다시 한 번 느끼고 그것에 감사하도록 해주었다. 엄마로 사는 삶의 행복이 바로 내 눈앞에 있었다. 언제나 그곳에 있던 행복이었다.

이미 가진 것에 주의를 기울이기

'발견' 열쇠는 당신이 이미 가진 것을 깨닫고, 주고받는 것에 대해 열린 마음을 가지며 모든 것에 감사하는 것이다. 우리 행동의 영향을 이해하고, 우리가 지금 이곳, 이 시간, 이 삶을 살고 있음에 감사하는 방법을 찾는 것이다. 왜 자각하는 삶을 더 이상 살지 못하게 되었을까? 내가 침실 바닥에 쓰러지기까지는 어떤 일이 있었을까? 어쩌다가 해야 할 일들에 짓눌려 삶의 의미를 잊고 살게 되었을까? 삶의 속도를 계속 올리는 것, 우리의 성공 목표를 다른 사람의 손에 맡기는 것, 부담감에 굴복하는 것 모두 우리의 선택이다. 그러나 궁극적으로 그런 것에 휩쓸리지 않는 것, 대신 우리가 생각하는 이상적인 삶을 사는 것 역시 우리의 선택이다.

안 좋은 일이 생기면 우리는 그것을 수납장 깊숙이 있는 상자에 넣어두고 잊으려 애쓴다. 하지만 잊히는 게 아니라 무뎌질 뿐이다. 그리고 한 가지에 무덤덤해지기 시작하면 모든 일에 무덤덤해진다. 슬픔에 무감각해지면 기쁨에도 무감각해진다. 고통과 나약함을 받아들이면 아름다움과 감사도 받아들일 수 있다. 삶의 모든 부분에서 우리가 이미 가진 것들에 주의를 기울이면 감사함을 느낄 수 있게 되고, 그 감사함은 우리의 마음을 따뜻함과 사랑으로 넘치게 한다. 삶의 경험을 그냥 흘려보내는 것이 아니라 삶과 직접 연결되는 경험을 할 수 있게 해준다.

| 자각하는 삶이란 |

- 소중한 매일을 어떻게 보낼지 선택하는 삶이다.
- 우리의 가치에 따라 사는 것이다.
- 먹는 것, 여행하는 방법, 누구와 시간을 보내며 어느 곳에 에너지를 쏟을지, 어떻게 휴식을 취하며 어떻게 소비할지를, 말하고 사랑하고 열정을 쏟고 친절한 삶을 사는 방식을 신중하게 선택하는 것이다.
- 우리의 감정을 인식하고 파악하며 그 감정을 충분히 느끼는 것이다.
- 받아들일 준비를 충분히 하는 것이다.

아주 작은 기적에도 감사하라.
삶이라는 것은 작은 기적들이 모여 만들어낸 것이다.

파도에서 벗어나다

로투스 잘잘라는 진정한 플레이보이였다. 그는 30대에 전자 부품 판매로 큰돈을 벌었다. 세계 곳곳에 회사가 있었고 제트기를 타고 세계를 여행했다. 주말이 되면 라스베이거스로 날아가 일요일까지 파티를 즐기곤 했다.

그는 일주일에 80시간을 일했고, 회사에서의 지위, 잘생긴 외모, 매력적인 친구들, 그리고 다 쓰지 못할 만큼 많은 돈이 있었다. 세상은 그의 성공을 부러워했다. 하지만 무언가 잘못되었다는 느낌이 있었다. 이유를 알 수는 없었지만 그 모든 것을 갖고도 그는 허전했다.

2005년 어느 날, 그의 등에 심한 발진이 생겼다. 대상포진이었다. 그의 생활방식을 계속 유지해서는 안 된다고 온몸이 외치고 있었다. 의사는 휴식을 취해야 한다고 했다. 로투스는 옛 친구가 작은 호텔을 하는 바하마로 날아가 느리게 살기 시작했다. 처음에는 적응이 잘 안 되었지만 서서히 새로운 속도에도 적응이 됐다. 일은 놓지 않았지만 파티 대신 여행을 시작했다.

멕시코로 여행을 떠나 서핑을 하던 중 큰 파도가 그를 덮쳤다. 수면 아래로 내던져진 순간 팔에 느껴진 심한 통증은 그의 머리로 메시지를 보냈다. 그는 불사조가 아니라는 것이었다. 그는 팔꿈치에 골절상을 입었고, 그의 결정이 신체에도 영향을 미친다는 고통스러운 교훈을 얻었다. 그는 늘 온갖 기술에 둘러싸여 살았고 돈을 벌고 펑펑 쓰는 일에만 관심이 있었을 뿐, 그의 내면과 내면을 둘러싼 몸에 대해서는 완전히 신경을 쓰지 않고 살았었다.

그는 파도에서 벗어나며 완전한 깨달음을 얻었다. 그 자신을 구해야 한다는 것이었다. 부상에서 완전히 회복되기까지는 몇 달이 더 걸렸다. 친구는 정성 가득한 보살핌과 지원을 아끼지 않으며 그에게 자신이 진정 어떤 사람인지 탐구해 보라고 권했다.

로투스는 회사를 매각하고 코스타리카로 옮겼고, 그곳 사람들의 전혀 다른 관대함에 매료되었다. 그는 모든 것을 비웠다. 술을 끊었고, 로 비건raw vegan(우유, 달걀도 먹지 않는 완전 채식에 48도 이상의 열을 가하지 않고 조리한 음식만을 먹는 사람-옮긴이)이 되었으며, 요가 강사 교육을 받으며 금욕 생활도 시작했다. 그는 자신이 진정 어떤 사람인지 발견하기 위해 중요하다고 생각했던 모든 것을 포기했다.

그로부터 5년여가 지난 지금 로투스는 완전히 다른 사람이 되었다. 정확히 말하면 그는 여전히 같은 사람이고, 한동안 다른 사람으로 살았던 삶을 완전히 버린 것이다. 그의 부모님은 여전히 그를 이해하지 못하고 그의 예전 친구들도 더 이상 연락하지 않는다. 그러나 자신의 본질을 향해 탐험하고 자각하는 삶을 살면서 자유를 찾은 로투스에게 그 모든 것은 작은 희생일 뿐이다.

자각하며
살기

만약 내가 내 모든 감각으로 순간순간을 의식하고 감사하면서 살면 내 하루가 어떨까 하고 생각해 봤다. 미래의 잠재적 보상 때문에 무언가를 시도하거나 두려움 때문에 어떤 선택을 내리지 않고, 모든 순간의 아름다움과 소중함에 집중하는 삶 말이다.

직접 시도해 보기로 하고 다른 하루의 모습을 계획하며 내가 꿈꿨던 것들은 이런 것이었다.

'오늘 나는 내 삶에서 가장 중요한 일, 가장 중요한 사람들을 기념할 수 있는 일만 할 것이다.'

'시에나와 바삭한 토스트를 나눠서 번갈아가며 빵 조각을 잼 병에 넣어 잼을 찍어 먹을 것이다. 부스러기 따위는 상관없다.'

'시에나를 데리고 강변으로 산책하러 나갈 것이다. 그녀는 하늘을 올려다보고 달이 없다는 것을 발견할 것이다. 나무를 가리키며 달님이 저 위에서 피크닉 중일 거라고, 달님 아저씨에게 딸기 차를 가져다주고 싶다고 얘기하겠지. 나는 나무가 물에 반사되며 만든 흐릿하고 어두운 형체와 빛을 관찰하고, 물고기가 헤엄치며 만드는 은빛 빛줄기를 찾을 것이다.'

'나는 마이아의 웃음소리가 멀리 퍼질 만큼 그녀를 계속해서 빙글빙글 돌리고 부드러운 배를 간지럼 태울 것이다. 사랑스러운 마이아를 실컷 바라보며 아직 몇 가닥 없는 금발 머리에 내 얼굴을 비빌 것이다.'

'걷는 동안 남편의 손을 꼭 잡고 100번은 입맞춤할 것이다. 편지를 쓰고, 케이크를 굽고, 풀밭 위를 맨발로 걷고, 부모님에게 전화하고, 햇빛을 바라볼 것이다.'

'깊게 숨을 쉬고, 크게 웃고, 자유롭게 글 쓰고, 몸을 움직이고, 가족을 돌보며 하루의 끝에는 바닥에 누워 별을 바라보며 감탄할 것이다. 하늘 위에서 나 자신을 내려다보는 모습을 상상하고, 바닥에서 올려다보는 나를 상상하며 끝없이 광활한 하늘에 닿을 만큼 상상을 펼쳐볼 것이다.'

'그리고 최고였던 오늘 하루를 감사해할 것이다.'

· · ·

일상의 행복은 우리가 자유로움을 느낄 때의 기분 좋은 순간들에서 온다. 어떤 상황에서도 기꺼이 즐거워하고 기뻐하며, 도전에서 선물을 찾고, 모래에서 다이아몬드를 찾고자 하는 의지다. '발견' 열쇠는 언제든 유용하다. 우리가 감사함을 느끼며 자각하는 삶을 살 때 우리가 한 선택을 감사해하며 그 선택에 자신감을 가질 수 있다. 그리고 우리의 능력을 인정할 수 있게 된다.

이 열쇠는 특히 걱정에 사로잡혀 있을 때 도움이 많이 된다. 현재 삶의 세세한 부분에 더 관심을 쏟으면 그 안에서 좋은 점을 찾아낼 수 있고, 머릿속에서 끊임없이 맴도는 생각으로부터 잠시나마 자유로워질 수 있기 때문이다. 이 열쇠를 사용한다는 것은 당신이 새장에서 탈출했을 때 감사함이 넘치는 긍정적인 상태에서 의식적으로 새로운 삶을 시작할 수 있다는 뜻이기도 하다.

'발견' 열쇠 활성화하기

자각은 감각에서 시작된다. 우리는 주변 세상에서 위치를 파악하거나 안전을 확인하거나 즐거움을 추구하는 등 많은 일에 감각을 사용한다. 행동을 시작하게 하기도 하고 감정에 영향을 미치기도 하고, 다른 사람에 대한 인상을 결정하거나 두려움, 기대, 기억 등을 유발하기도 한다. 당신은 이런 감각을 당연하게 받아들이는가, 아니면 의식적으로 사용하는가? 실제로 걸음을 멈추고 꽃향기를 감상하는 일이 얼마나 자주 있는가?

• 잠시 바깥으로 나가 오늘의 날씨에 대해 생각해 보자. 어떻게 보이는가? 어떤 색인가? 어떤 소리가 나는가? 어떤 냄새가 나는가? 어떤 기분이 들게 하는가? 어떤 기억을 떠오르게 하는가? 어떤 일을 하고 싶게 만드는가?
• 자신이 하늘에서 떨어지는 빗방울, 혹은 바람이나 태양이라고 상상해 보자. 그곳에서는 이 아래가 어떻게 보일까?
• 구름의 움직임을 관찰해 보자. 어디로 가는가? 구름은 무엇을 보고 있을까?

날씨를 생각하는 단순한 일만으로도 놀라움과 가능성의 감각을 불러올 수 있으며, 새로운 것들을 발견하고 새로운 생각이나 아이디어를 떠올릴 수 있게 된다.

오늘 감사했던 일들의 리스트를 작성해 보자. 만약 규칙적으로 하는 일이라면 오늘은 다른 사람에게 감사하게 느꼈던 점들을 떠올려보고 그 사람에게 직접 이야기해보자. 하루 동안 생활하며 당신이 내리는 결정, 사람들과의 상호작용, 당신이 부탁하거나 주고받았던 것들, 먹었던 음식, 몸의 움직임, 했던 생각들을 최대한 자각하려 노력해 보자. 당신 자신과 다른 사람들에게 친절하게 대해 보자. 그리고 삶에 어떤 변화가 일어나는지 살펴보자.

기본기를
익혀라

당신의 마스터 키는 무엇인가? 어떤 열쇠에 끌렸는가? 확실하게 첫 번째로 선택한 열쇠는 무엇이었는가? 예상치 못한 탈출구를 제공해 준 열쇠는 어떤 것이었는가? 당신의 마음이 철창살로부터 자유로워졌을 때의 기분은 어땠는가?

한두 개의 열쇠를 적용해 봤는데도 여전히 제자리에 갇힌 것 같다면 지금 갇혀 있는 새장의 문을 열 열쇠를 찾을 때까지 계속해서 다른 열쇠를 시도해 보자. 이미 답을 안다고 넘겨짚지 말자. 상황에 따라 다른 열쇠가 당신에게 도움이 될 것이다.

처음에 끌렸던 열쇠가 막상 시도해 보니 효과가 없거나 또는 처음 얼마간은 효과가 있던 열쇠가 얼마 지나지 않아 효과가 없어졌다면 그것은 당신이 현재의 삶을 재조정해 옛날 방식으로 돌아가려고 애쓰고 있기 때문일 수도 있다. 지금 이 순간에 효과가 있는 방법을 쓰더라도 다음 주, 다음 달, 내년에는 같은 열쇠라도 완전히 다른 방식으로 활성화해야 할 수도 있다는 것을 명심하자. 아니면 전혀 다른 열쇠를 선택하는 것도 방법이 될 수 있다.

나는 갇힌 듯한 느낌이 들 때 주로 일기를 쓰는데, 매번 같은 주제로 돌아오곤 한다. 여유, 평온함, 글 쓸 시간, 자연에서 보내는 시간, 가족과 보내는 시간, 좋은 음식, 운동, 영감을 주는 대화, 모험 가능성, 감사할 시간이 필요하다는 생각이다. 당신도 비슷한 것이 필요할 수도 있고, 혹은 전혀 다른 것이 필요할 수도 있다. 당신에게 필요한 것이 무엇이든 열쇠를 활성화할 때마다 그 본질을 찾을 수 있을 것이다.

겉보기에 이기적으로 보이는 일을 하다 보면 죄책감을 느끼게 되기 쉽다. 게다가 즉각적으로 눈에 보이는 결과가 없는 일일 때는 더 그렇다. 하지만 당신의 행동을 열쇠와 연결 지을 수 있다면 더 큰 그림을 볼 수 있게 도와줄 것이다. 그리고 이기적인 것이 아니라 자신을 스스로 돌보는 일이라는 것도 깨닫게 될 것이다.

어둠과 갇혀 있는 상태에서 벗어나 가벼움과 빛을 향해 가보자.

작은 단계부터 시작하고 인내심을 갖자. 비행을 시도하기 전 새장에서 먼저 탈출해야 한다. 그렇지 않으면 용기를 얻어 날아오르더라도 곧 철창살에 부딪쳐 떨어지고 다시 한 번 좌절하게 될 것이다. 탈출이 먼저, 날아오르는 것은 나중이다. 한 번에 한 단계씩 시도해 보자. 일단 열쇠를 찾아서 새장 문을 열자.

벗어
나기

새나 다른 동물이 갇혀 있다가 야생으로 돌려보내질 때, 그들은 케이지에서 벗어나자마자 새로운 세상으로 달려 나가지 않는다. 겁을 먹은 채로 서서히 움직이며, 완전히 벗어날 때까지는 '안전하게 갇혀 있던' 케이지를 몇 번씩 뒤돌아보기도 한다. 가끔은 풀려나자마자 기쁜 듯 자유를 만끽하는 모습을 보이기도 하지만 대부분은 새로운 상황과 현실에 멍해진 듯 케이지 주변을 맴돈다. 사실 문이 열렸다고 해도 케이지가 사라지는 것은 아니다. 새나 다른 동물들은 케이지를 벗어나야 한다는 사실을 알면서도 미지의 세계를 두려워한다. 무엇을 해야 할지, 어디로 가야 할지도 알지 못한다.

우리도 마찬가지다. 갑자기 갇혔다가 바로 자유롭게 풀려나는 일은 거의 없다. 새장을 벗어나자마자 바로 날아오르는 일도 거의 없다. 현실은 그보다 훨씬 복잡하다. 우리는 새장 문 주위를 맴돌고, 가능성을 좇아 앞으로 나가고 싶다가도 두려움에 망설이기도 한다.

탈바꿈

느닷없는 미술 여행을 마치고 돌아왔을 때, 미스터 케이는 나더러 반딧불이 같다고 했다. 신이 나서 훨훨 날고 빛을 뿜어냈다고 한다. 그런 흥분은 정확히 48시간 지속한 후 점점 약해졌고 나는 결국 사그라져 다시 어둠으로 들어갔다. 나는 예술을 창작하고 싶었지만, 매번 시도할 때마다 내 마음에 들지 않았다. 어떻게든 이유를 알고 싶었지만 캘리포니아에서는 가능성이 넘치던 미술 도구들을 봐도, 그곳에 있는 동안 만들었던 책자를 봐도, 어느 것도 내가 그곳에서 했던 놀라운 경험과는 상관이 없어 보였다.

옛 원주민 부족 소유지의 그 거대한 미국 삼나무 숲에 있을 때 나의 내면에서부터 변화가 일어났었다. 어디선가 나를 내려다봤다면 재료를 자르고 붙이고 그림 그리고 소리 내 웃는, 그 순간을 즐기는 여자를 봤을 것이다. 가까이 와서 내 눈을 들여다봤다면 아마 놀라움으로 가득한 것을 볼 수 있었을 것이다. 심장이 빠르게 뛰고 새로운 가능성으로 마음이 들뜬 내 모습을 목격했을 것이다. 그때 나는 전혀 예상하지 못했던 진전, 즉 열린 마음으로 용감하게 새로운 세계로 들어서는 느낌을 느낄 수 있었다.

그러나 집에 돌아왔을 때 나는 망망대해에 있는 것 같았다. 내 창조성을 완전히 버리고 다시 예전으로 돌아갈 수는 없다는 것을 알았지만, 그와 동시에 앞으로 무엇을 해야 할지도 알 수 없었다. 새장의 문은 열었지만 어떻게, 그리고 어디로 날아가야 할지 몰라 절벽 끝에 매달려 있었다.

그 미술 여행에서 나는 '아하!' 하는 깨달음의 순간을 여러 번 겪었고 완전히 변화한 채로 집에 돌아왔다. 하지만 예전의 삶에서 새로운 세계로의 실제 변화는 하룻밤 사이에 일어나지 않았다. 미국에서 돌아올 때, 짐을 풀자마자 진짜 창조적인 커리어를 가질 거라고 생각하며 비행기에서 내리지는 않았다. 언젠가는 가능할지 모른다고 감히 꿈을 꾸기는 했지만 자신감도 없었고 꿈을 실제로 이루기까지 갈 길도 멀었다. 결국 그 변신의 의미를 이해하기 위해 탐험하고 일기를 쓰고 수업을 듣고 새로운 것들을 시도해 보고 나만의 창조성을 찾을 때까지 몇 달이 걸렸다.

그다음 몇 해는 날개돋이를 하는 시간이었다. 앞으로 나아가는 의미 있는 걸음도 있었고, 힘이 빠진 뒷걸음질도 있었다. 많은 행복한 순간이 있었고, 군데군데 잃어버린 시간도 있었다. 기쁨의 순간도 있었고, 자존심이 산산이 부서지는 순간도 있었다. 도대체 내가 뭘 하고 있는 건지 끊임없이 자문하는 시간도 있었다.

생각해 보면 애벌레가 번데기 안에 있을 때는 무슨 일이 일어나는지 모른다. 어깨의 통증이 날개가 자라며 연골이 단단해지느라 그런 것이라는 것도 알지 못한다. 몸이 팽팽해지는 것이 삶의 다음 단계에서 앞으로 자신을 규정할 표식인 날개가 자라기 때문이라는 것도 역시 모른다. 정수리에서 이상한 기분이 드는 이유가 더듬이가 뻗어 나오기 때문이라는 것도 이해하지 못한다. 애벌레는 탈바꿈하는 그 모든 과정 내내 나뭇잎, 빗방울, 햇살 등을 꿈꾸며 잠들어 있기 때문이다.

애벌레가 번데기를 뚫고 나오는 순간 애벌레의 감각도 살아난다. 애벌레는 모양도 달라지며 다른 느낌을 느끼게 된다. 새로운 능력도 생긴다. 이제는 나뭇잎 말고도 사방에서 볼 수 있는 꽃에서 새로운 아름다움에 끌리기도, 지금까지는 몸 안에 숨어 있었던 날개를 새롭게 시험해 보기 위해 날아다니기도 한다. 그때가 되면 비로소 새로운 삶에서 무엇을 해야 할지 알게 될 것이다.

내게 그 변화는 너무 거대했다. 언젠가는 더 창조성을 발휘하는 일을 하고 싶게 될 거라는 걸 알았지만, 바로 돈을 벌어야 한다는 부담감 없이 새로운 것들을 탐험해 볼 수 있도록 당분간은 원래 하던 일을 그만두지 않았다. 그편이 훨씬 안전하게 느껴졌다. 보통은 안전한 선택을 하는 사람이 아니었지만, 완전히 새로운 영역이라 어떤 것들이 앞에 놓여 있을지 전혀 알 수 없었기 때문에 그렇게 하기로 했다.

당신이 날 수 있는지 없는지는 새장의 문에서 어떻게 하느냐에 달려 있다. 가장자리에 매달려 두려워하다가 계속 갇혀 있을 것인가, 아니면 앞에 무엇이 펼쳐져 있을지 기대하며 미지의 세계로 발을 내디딜 것인가?

자유는 자신의 진정한 정체성을 가지고
자신만의 삶의 방식을 선택할 수 있는 의지와 능력이다.

미술 여행에서 집에 돌아오며 나는 무언가 큰 힘이 나를 새로운 방식으로 이끈다는 느낌을 받았다. 더 창조적이고 영감이 넘치는 자유로운 삶, 크고 작은 방법으로 나를 세상에 쓸모 있도록 사용하는 삶을 향해서 말이다. 내가 기꺼이 그런 새로운 방식에 열려 있었기 때문이다. 하지만 나는 겁이 났다.

도약

새장 입구에 있을 때 당신은 두려움이나 흥분을 느끼게 된다. 두려움일지 흥분일지는 당신이 어떤 렌즈로 바라보느냐에 따라 달라진다. 두려움 반응은 당신을 뒷걸음치게 하지만, 흥분 반응은 앞으로 나아가게 한다.

내 현명한 친구이자 마음 챙김 전문가인 로한 구나틸레이크와 이 문제를 상의했을 때, 그는 휴가를 가거나 술을 마시는 것은 현실을 피하는 방식으로 삶에서 잠시 탈출할 뿐, 우리가 진정으로 자유로워지지는 않는다는 것을 언급했다. 단지 철창살이 보이지 않도록 등을 돌리고 있을 뿐 여전히 갇혀 있다는 것이다. 로한은 이렇게 새장에서 벗어나려 애쓸 때 '내가 어떤 기회를 열려고 하는 것일까?'라는 질문을 스스로 던져보라고 했다. 그러면 뒷걸음치는 대신 몸을 던져 도약할 수 있게 된다. 기회와 변화를 허락하는 것이다.

과감하게 새장 밖으로 발 내딛기

미술 여행 이후로 2년 동안 나는 두 번의 다른 워크숍 때문에 미국에 두 번 더 다녀왔고, 블로그를 시작했으며, 일을 그만두고 '두 왓 유 러브'를 시작해 워크숍을 직접 운영하고, 첫 번째 온라인 강의를 개설했으며, 잡지에 글을 실었다. 어느 날 생각해 보니 삼나무 숲 아래에 앉아 일기에 끄적였던 모든 것들을 내가 실제로 해내고 있었다. 과감하게 새장 밖으로 발을 내디뎠기 때문에 꿈을 실현할 수 있었던 것이다. 논리를 사랑하고 과학적인 사고방식을 가진 나 같은 회의론자에게 이건 놀랄 만한 일이다. 그리고 내가 할 수 있는 일이었다면 당신 역시 할 수 있는 일이다.

애벌레가 탈바꿈할 때는 큰멋쟁이나비가 될 것인지 부전나비가 될 건지를 고민하며 시간을 낭비하지 않는다. 하늘을 나는 동물이 된다는 그의 운명은 이미 정해져 있기 때문이다. 나는 능력은 이미 애벌레 안에 존재하고 있으며, 겉으로 나타날 준비가 되어 있다. 애벌레는 나비가 될 방법을 찾기만 하면 된다. 우리의 운명에 새겨져 있는 놀라운 존재로 탈바꿈하기 위해서는 모든 것이 삐걱거리고 잘 이해가 되지 않는 이 단계를 잘 헤쳐 나가야 한다.

혼돈은 아름다움을 낳는다. 무질서는 과정일 뿐이다.

이 사실은 큰 위안이 된다. 아무것도 제대로 되고 있지 않은 것 같을 때, 어떻게 이곳까지 오게 되었고 내가 무엇을 하려고 하는지 잊었을 때, 그때가 실은 모든 것이 제대로 돌아가고 있다는 뜻이기 때문이다. 당신은 이곳까지 왔다. 여기서 물러서면 안 된다. 지금 서 있는 절벽에서 삶으로 뛰어들 시간이다. 갇혀 있던 작은 새장에서 넓고 자유로운 세상으로 말이다. 새장 문은 모든 잠재력과 가능성이 펼쳐져 있는 자유로 가는 관문이다.

새장 문을 열기 위해 열쇠를 사용하고 나면, 한동안은 망망대해에 있는 것처럼 느껴질 것이다. 성장과 날개돋이의 중요한 지표가 되는 이 감정에 집중하라. 조용히 앉아 다음 질문에 대한 대답을 적어보자.

1. 새장 문에 서 있을 때 기분이 어땠는가? 어떤 점이 기대됐고 어떤 점에 자신이 없었는가?
2. 당신을 크고 넓은 세상으로 밀거나 끌어당기는 힘이 느껴졌는가?
3. 당신을 다시 새장 안으로 끌어당기거나 밀어 넣으려는 힘이 느껴졌는가?
4. 만약 친구가 지금 당신과 같은 상황에 있다면 어떤 말로 용기를 주고 싶은가?
5. 힘든 것도 단지 과정일 뿐이며, 자유는 결국 당신의 것이라고 생각하면 기분이 어떤가?
6. 어떤 기회를 열고자 하는가?

내려놓기와 놔두기

새장 밖의 삶을 생각할 때 가장 무서운 것은 미지의 세상이다. 새장 안에서는 모든 일을 처리하는 데 익숙했는데, 무슨 일이 일어날지도 모르는 새장 밖에서는 어떻게 해야 할까?

어린 시절 남색 더플코트를 입기 싫어 짜증을 부릴 때 어머니가 들려주셨던 해와 바람 이야기가 생각난다. 해와 바람은 심심했다. 둘은 하늘에서 땅을 내려다보는 일 외에는 할 일이 없어서, 마침내 바람이 해에게 말한다. "내기하자. 저기 파란 코트를 입고 있는 여자아이 보이지? 내가 너보다 먼저 저 코트를 벗길 수 있어." "그래." 해가 말했다. "하지만 내가 이길 거야."

"어림없는 소리!" 바람이 말했다. "내가 너보다 훨씬 힘이 세. 나는 나무줄기도 휘게 할 수 있고 창문을 흔들 수도 있고 배를 움직일 수도 있거든. 내가 저 코트를 벗길 거야." 바람은 불고 또 불었다. 하지만 여자아이는 옷깃을 더 단단히 여미고 단추까지 다 채웠다. 고개를 숙이고 세찬 바람에 버티려 몸을 움츠렸다. "이게 뭐지? 말도 안 돼." 바람이 낙심해 말했다.

"이제 내 차례야." 해가 말했다. 해는 햇빛을 계속해서 더 밝게 내리 쬐며 땅을 덥혔다. 여자아이는 하늘을 올려다보며 미소 짓고는 코트 단추를 풀고 코트를 벗더니 바쁘게 걸어갔다. "어떻게 한 거야?" 바람이 물었다. "억지로 코트를 벗기려 들지 않은 것뿐이야." 해는 지혜롭게 말했다. "코트를 벗고 싶게 만들었지."

. . .

이것이 힘과 통제의 차이이다. 자유는 늘 모든 것을 통제하려는 욕심을 내려놓고 힘을 이용하는 것이다. '통제'라는 단어에 대해 잠시 생각해 보자. 빡빡하고 욕심 많으며 기만적이고 불쾌하다는 느낌이 들지 않는가? 모든 것을 통제하려면 지칠 뿐 아니라 그런 방식은 결국 오래갈 수도 없다. 다른 사람들을 세세하게 관리하고 반응을 예상하며 너무 많은 일을 한 번에 해내려 애쓰다 그저 스트레스만 늘려갈 뿐이다. 앞의 이야기에 나온 바람의 빨갛게 부푼 볼과 깊은 주름을 상상해 보자.

이제 '내려놓음'에 대해 생각해 보자. 기분이 좋지 않은가? 훨씬 편안하고 부드러우며 감동적이다. '내려놓음'은 믿음, 관대함, 인정과 관련이 있다. 밝은 미소와 따뜻한 온기를 가진 해를 생각해 보자. 우리는 지구의 움직임, 계절의 변화, 손톱이 자라는 것 등은 통제할 수 없다. 어떤 가정에 태어날지, 어떤 가정교육을 받을지, 복권에 당첨될지 아닐지도 정할 수 없다. 그런데도 어떻게 우리가 다른 사람의 생각이나 행동, 내일 일어날 일을 통제할 수 있겠는가? 결과에 영향을 줄 수 있는 선택은 할 수 있지만, 결과까지 정할 수는 없다. 불가능하다는 것을 인정하고 시도를 그만두면 큰 위안을 얻게 될 것이다.

통제할 수 없는 당신의 상황, 주변 사람들, 그리고 세상의 다른 문제들 대신, 당신이 통제할 수 있는 새장의 철창살, 당신의 대응과 반응, 사고방식, 태도, 선택, 탈출 계획 등에 집중하자. 만약 당신이 자칭 '완벽주의자'라고 해도 걱정할 필요 없다. 당신의 강박적 성향이 도움이 될 수 있다. 당신은 에너지가 넘치며, 주도적이고, 똑똑하며, 최고의 조직력을 갖추고 있다. 이 성향을 자유로워지는 데 사용한다면 큰 장점이될 수 있다. 모든 것을 관리하고 혼자서 일하며 모든 것을 예상하려 애쓰지 않으면 얼마나 많은 여유가 생길지 생각해 보라.

모든 것을 통제해야 한다는 생각을 버리는 것이 계획 없이 살아야한다는 뜻은 아니다. 나중에 설명하겠지만, 계획 세우기는 사실 자기주도적으로 일을 하는 사람이라면 꼭 갖춰야 할 필수적인 자질이다. 내려놓기는 앞으로 생길 수 있는 일들에 모든 가능성을 열어놓고 준비하여 그 과정을 즐기는 것이다. 통제하려 들지 않고 놔두는 것이 무기력함을 의미하지도 않는다. 사실 그것은 정반대로 우리가 영향력을 가질 수 있는 방법이다.

우리의 권력을 다른 사람의 손에 건네줄 때가 많지만, 그 힘을 주장하고 사용해야 한다. 비굴해지지 않고도 그렇게 할 수 있다. 숨어 있기에는 우리의 가능성은 무궁무진하다. 뒷걸음치지 말고 일어서야 한다. 삶을 받아들이는 태도를 정하는 데 우리의 권력을 사용할 수 있다. 당신은 개인적인 권력을 발휘함으로써 당신을 자유롭게 해줄 선택을 내릴 수 있다. 그리고 통제 욕구를 내려놓으면 많은 가능성, 뜻밖의 기쁨, 기적을 받아들일 수 있게 된다. 모든 것을 통제해야 한다는 욕심을 내려놓고, 눈앞에 펼쳐지는 삶을 따라가며 긴장을 풀고 여유와 만족을 즐기자.

일이 계획대로
풀리지 않을 때

하지만 과감하게 행동했음에도 일이 잘 풀리지 않는다면 어떻게 해야 할까? 직장을 그만두고, 힘들기만 하던 관계에서 벗어나고, 새로운 사업을 시작했음에도 여전히 두렵고 불안하며 제자리로 돌아간 것 같다면? 매우 혼란스러울 것이다. 본능을 따랐는데도 효과가 없으면 어떻게 해야 할까? 무엇이 잘못되었는지 고민하며 자신감을 잃고 움츠러들게 될 것이다. 이런 일이 생기는 데는 아주 간단한 이유가 있다. 새장을 탈출하는 것이 이야기의 끝이라고 생각하기 때문이다. 사실은 거기서부터 시작인데도 말이다. 우리는 나는 방법을 다시 배워야 한다는 사실을 종종 잊는다.

비행 역학

날기 위해서 새는 서로 정반대되는 힘의 균형을 맞춰야 한다. 중력(아래로 누르는 힘)과 양력(위로 들어올리는 힘), 그리고 항력(추진력을 방해하는 저항력)과 추력(앞으로 나가는 추진력)이 그것이다. 이것을 우리 인생에 그리고 '비행'하려는 우리 노력에 적용할 수 있다.

수직 방향으로 받는 중력과 양력은 당신의 내면에서 우러나오는 걱정과 관심이다.

- **중력**은 당신을 아래로 누르는 내적 비판이다. 완벽주의와 걱정, 의심과 두려움이다.
- **양력**은 이 반대로 작용한다. 내적 격려가 이끄는 힘이다. 내면에서부터 우러나와 당신에게 용기를 주고 동기를 유발하는 조용하지만 따뜻한 힘이다. 당신을 끌어올릴 수 있는 힘으로, 자신감, 자기 신뢰, 신념 등이다.

수평 방향으로 받는 힘인 항력과 추력은 다른 사람과의 관계, 상호 작용과 관련이 있다.

- **항력**은 당신의 자신감, 확신, 행동에 미치는 다른 사람들의 부정 적인 영향이다. 타인의 질투, 부정적인 의견, 따돌림 등이다. 이런 것들은 당신의 날개를 꺾고 꿈을 짓밟으며 신뢰를 깨고 반감을 나 타낸다.
- **추력**은 당신의 자신감, 확신, 행동에 미치는 다른 사람들의 긍정 적인 영향이다. 타인의 지지, 확신, 위안, 응원 등이다. 책임, 신뢰 와 사랑이라고 할 수 있다.

당신이 올라가는 힘보다 짓눌리는 힘이 더 크면 날아오르는 것은 불 가능하다. 항력이 추력보다 더 클 때는 앞으로 나갈 수 없다. 우리는 번 갈아가며 이 힘을 계속 살펴야 한다. 제대로 인식하게 되면 어떤 힘에 더 무게를 실을지 선택할 수 있기 때문이다.

모든 것은 선택이다. 무엇을 선택하겠는가?

비행 역학은 우리의 선택의 문제다. 스스로 잠재력을 방해하거나 다 른 사람이 방해하도록 놔둘 수도 있고, 혹은 높이 날아오르고 더 멀리 날 수 있도록 우리를 도와줄 사람만을 옆에 둘 수도 있다.

노트를 펼치고 새로운 페이지에 새가 왼쪽에서 오른쪽으로 나는 간단한 그림을 그려보자. 그림 그리기가 싫다면 하늘을 나는 새의 사진을 찾아 붙이거나 www.bethkempton.com/flyfree에서 새 그림을 내려받아도 좋다.

새를 중심으로 위, 아래, 앞, 뒤로 향하는 4개의 화살표를 그려보자. 아래로 향하는 화살표 밑에는 새장을 탈출하려는 첫걸음을 뗀 지금까지도 당신을 짓누르는 말들을 적어보자. 이것들이 내적 비판의 목소리다. 위로 향하는 화살표 위에는 당신에게 용기를 주는, 스스로 자신 있다고 생각하는 것들에 대해 적어보자. 이것은 내적 격려의 목소리다. 다른 2개의 화살표는 일단 남겨두자. 193쪽에서 다시 살펴볼 것이다.

수직 방향의 힘 : 중력과 양력

당신은 당신 자신의 비행 잠재력에 큰 영향을 미칠 수 있다. 내적 비판에 주도권을 내어주고 불안함과 묵은 감정의 짐 때문에 주저앉을 수도 있고, 반면 내적 격려가 당신을 이끌도록 해서 내면의 따뜻하고 조용한 목소리가 당신을 부드럽게 들어올리도록 할 수도 있다.

완벽한 사람은
없다

열일곱 번째 생일에 부모님은 운전 연수를 받으라며 돈을 주셨다. 나는 그걸 전부 옷 사는 데 썼다. 작은 도시에 있는 대학교에 다녔기 때문에 나는 차가 필요 없었다. 도쿄에 살 때는 다른 사람들처럼 지하철을 타고 다녔다. 이런 이유로 20대 중반이 되어서야 운전을 배우기 시작했는데, 시작부터 엉망진창이었다.

무슨 이유에서인지 나는 운전을 못 한다는 사실에 늘 큰 콤플렉스를 갖고 있었다. 나는 몰래 운전을 배우고 아무도 모르게 첫 면허시험에 떨어졌다. 두 번째로 떨어지고 나자 운전은 금기시되었다. 누가 운전연수를 언급하기만 해도 짜증을 냈고 10대 아이들이 차를 몰고 다니는 것을 볼 때마다 내가 쓸모없는 사람처럼 느껴졌다.

두 번째 시험에 떨어지고 실수로 그 사실을 남동생 맷에게 말했을 때, 그는 환호성을 질렀다. '뭐지?' "떨어졌다고. 통과 못 했다는 얘기야." 축하하는 듯한 그의 반응에 어리둥절해진 내가 말했다. "알아. 누나는 아무것도 실패한 적 없잖아. 이제야 누나가 사람같이 느껴진다." 맷이 대답했다. '무슨 말을 하는 거지? 나는 늘 실패해 왔는데.' 그러다 나는 내가 이미 끝난 일에 관해서는 이야기하지만 현재 하고 있는 일이나 앞으로 하려고 생각 중인 일에 대해서는 거의 이야기하지 않는 경향이 있다는 사실을 깨달았다. 원래 긍정적인 편이라 불평하기보다는 좋은 소식만 나누고 싶어서이기도 하지만 (지금은 회복 중인) 완벽주의자인 내가 당시에는 이미 잘된 일만 이야기하고 망쳤거나 진행 중인 일은 이야기하지 않았기 때문이기도 했다.

나도 모르는 사이에 나는 언제나 모든 일을 잘 해내고 목표했던 일을 늘 이루며 절대 실패하지 않는 사람이 되어 있었다. 사실은 물론 전혀 달랐지만, 그 사실은 아무도 몰랐다. 그 결과는? 무언가가 잘 안 되었을 때는 그 스트레스를 혼자 감당하며 혼자 괴로워해야 했다.

맷에게 내가 면허시험에 떨어졌다는 이야기를 한 후, 중앙 분리대가 있는 도로에서 우회전해 다가오는 차들로 돌진했다는 이야기를 덧붙이며 나는 웃기 시작했다. 공포에 질린 감독관의 얼굴을 설명하고, 그가 내 운전대를 대신 잡았을 때 시험을 망쳤다는 사실을 알았다는 이야기를 할 때쯤에는 눈물까지 났다. 나 자신을 놀림거리로 만들면서 나는 다음에 또 실패한다고 해도 크게 상관없다는 사실을 깨달았다. 물론 불편해질 테지만 실패했다고 나쁜 사람이 되는 것은 아니었다. 다만 다음에는 더 집중하고 노력해야 하는 사람이 될 뿐이다.

그 이후로 나는 이미 성공한 일만 이야기하는 대신, 목표로 하고 실행 중인 일에 대해 더 터놓고 이야기하기 시작했다. 쉽지 않은 일이었고 나 자신이 나약하게 느껴지기도 했지만 익숙해지면 익숙해질수록 내 경험은 풍부해졌다. 잘 꾸며진 이야기가 아니라 정신없고 실패투성이인 모습이 진정한 삶의 아름다움이었다. 완벽주의를 버리자 마음이 가벼워졌고, 날아오를 수 있도록 다른 사람들의 도움도 받아들일 수 있었다.

나만의 길을 선택할 수 있는 가능성과 의지, 솔직한 자신의 모습으로 삶을 경험하는 것이 자유라면 그 여정을 다른 사람들과 함께 나누고자 하는 의지도 중요한 부분 중 하나일 것이다. 완벽한 사람은 없다. 서로의 실패, 실망, 나약함과 진실을 목격함으로써 우리는 진정한 관계를 맺게 된다. 그리고 그럴 때 우리는 자유롭게 날 수 있도록 서로를 도울 수 있게 된다.

자기 회의
떨쳐버리기

처음 사업을 시작할 때 온라인 강의는 여전히 낯선 것이었고 나는 기술에 대해 아는 것이 거의 없었다. 하지만 수많은 시도와 실패, 그리고 인내심 있는 친구들의 도움 끝에 나는 '두 왓 유 러브'의 온라인 과정을 제작했다. 워낙 불모지나 다름없었던 분야라 다른 사람에게서 배울 길도 거의 없었다. 나는 직접 해나가며 스스로 배워야 했다. 당시에는 온라인 과정과 함께 블로그 포스트, 내 사진, 연습문제뿐 아니라 매주 녹음 파일도 올렸다. 비디오 콘텐츠도 있어야 할 것 같았지만 스스로 뭘 찍어 올린다는 생각만으로도 겁이 났다. 그래서 처음에는 영상 없이 온라인 과정을 운영했다.

결과는 놀라웠다. 사람들은 내게 이메일, 편지, 선물 등을 보냈고, 이 과정 덕분에 삶이 바뀌었다고 말해주었다. 몇몇은 직장을 그만두고 사업을 시작하거나 다른 대륙으로 이주하거나 결혼 혹은 이혼을 하는 등 큰 변화를 주었다. 다른 사람들 역시 작지만 중요한 변화로 일상에서 더 많은 기쁨을 찾게 되었다.

처음 이런 피드백을 받을 때는 사람들이 그저 나 듣기 좋으라고 하는 말인 줄 알았다. 오래지 않아 그게 아니라는 걸 알게 되었다. 수강생들은 내 가르침을 받아들여 직접 시도해 봤고, 용감하고 대담해졌으며, 스스로 한계에 도전하고 삶의 방식을 선택했다. 나 역시 큰 영감을 받았지만 동시에 두려웠다. 내 수강생들은 장애물을 넘어 나아가는데 나는 왜 못 했을까?

　수업을 운영할 때마다 동영상 콘텐츠가 없다는 사실이 뭔가 빠진 듯한 느낌이어서 늘 마음에 걸렸다. 동영상 중심의 다른 온라인 과정들도 생겨나기 시작했다. 게다가 나 자신도 처음 과정을 계획했을 때보다는 크게 성장했다는 느낌이 들었다. 재정비해야 할 시간이었다. 나는 동영상을 추가하기로 했다. 문제는 당시 내가 첫아이를 임신 중이라는 사실이었다. 남산만 한 배를 내밀고 임부복을 입은 채 동영상 강의를 시작하고 싶지는 않아서 나는 촬영 스케줄을 출산 예정일로부터 몇 달 뒤로 예약했다. 그 후 나는 아이를 낳았고 이 모든 것을 잊고 있었다.

　시에나는 예정일보다 2주 늦은 크리스마스에 태어났다. 크리스마스 케이크와 맛있는 음식에 몸무게는 더 불어나서 나는 몸무게가 이전보다 20킬로그램은 더 늘어 있는 상태였다. 게다가 늘 피곤하고 축 늘어져 있었고 미용실도 몇 달간 가지 못해 엉망이었다. 그때 오래전에 촬영 팀을 예약해 두었던 것이 떠올랐다. 불과 몇 주 뒤로 다가와 있었다.

　아무래도 촬영은 무리였다. 살도 더 빠지고 더 자신감이 생길 때까지 시간이 필요했다. 나는 미스터 케이에게 촬영 팀, 메이크업 아티스트, 포토그래퍼, 촬영 장소로 빌린 보트까지 모두 취소해야겠다고 말했다. 그는 탐탁지 않아 했다. 위약금만 해도 꽤 될 테고 온라인 과정 재개 일정도 미뤄야 했으며, 모든 것이 도미노 효과처럼 회사의 재정에 영향을 미칠 터였다.

　"하지만 준비가 하나도 안 됐어." 나는 불평했다. "지금 나를 봐봐.

뚱뚱한 데다 머리도 엉망이잖아. 게다가 지금은 너무 많은 일에 치여서 바빠. 회사의 이름과 정반대인 끔찍한 본보기가 될 거라고." 언제나처럼 미스터 케이는 내 말을 다 들은 후 미소 지었다. "일단, 당신 출산한 지 얼마 되지 않았는데도 굉장히 잘 해내고 있어. 그리고 수강생들이 당신이 얼마나 날씬한지, 당신 삶이 얼마나 완벽한지 확인하려고 동영상 강의를 보는 거겠어? 당신이 자신들을 봐주었으면 싶어서 당신을 보고 싶은 거야. 당신이 카메라 앞에 앉아 당신의 이야기를 할 만큼 그들을 소중하게 생각한다는 걸 알고 싶어 하는 거라고. 당신의 이야기를 듣고 그들 자신의 경험과 연관 짓고 싶은 거야. 당신이 말하는 대로 직접 살아봤기 때문에, 당신도 그 사람들과 같은 일을 겪어왔기 때문에, 그리고 당신 역시 약하다는 것을 인정하고 경험을 통해 사람들을 이끌기 위해 애쓰고 있기 때문이지. 당신이 완벽해서가 아니야. 카메라 앞에 서서 이야기하기만 하면 돼. 그냥 당신 자신이 되어서 당신이 아는 이야기를 해. 대본도 버리고 당신이 하고 싶은 이야기를 해. 지금 당신 모습 그대로 충분하니까."

'이 남자가 내 남편이라니!' 꽤 현명한 조언이었다. '아하!' 하는 굉장한 깨달음의 순간이었다. 동영상은 더 이상 나를 위한 것이 아니었다. 내가 진정으로 지지하고 싶은 내 수강생들 앞에서 나 자신에 대한 회의는 더 이상 없었다. 물론 앞으로도 전문적인 메이크업을 받을 기회가 있다면 카메라 앞에 설 때마다 사용하겠지만 나머지는 별로 신경 쓰이지 않았다. 대본의 모든 대사를 기억할 만큼 머리가 맑아질 때까지 기다릴 필요도 없었다. 다크서클이 사라지거나 옷 치수가 줄어들 때까지 기다릴 필요도 없었다(이건 정말 다행이다. 수강생들은 아마 영원히 기다려야 했을지도 모른다). 나는 충분히 다 가지고 있었고, 충분히 알고 있었고, 나 자신으로 충분했다. 그저 카메라 앞에서 흐름에 몸을 맡기기만 하면 됐다.

이만하면 충분하다

스스로 의심이 들 때마다 자리에 앉아서 자문해 본다. '내 역할이 뭐야? 뭐가 문제지? 스스로 의심하면서 이 일을 할 수 있어? 어떻게 하면 이걸 떨쳐버리고 사람들을 도울 수 있을까?' 자기 의심은 가볍지 않다. '나는 별로 똑똑하지 않아. 충분히 준비가 안 됐어. 나는 별로 아름답지도 않아. 별로 사랑스럽지도 않아. 자격이 충분하지 않아. 나는 부족한 게 너무 많아.' 하지만 이런 질문을 하고 싶다. '뭘 하기에 부족한가? 누구에게 부족한 건가?' 최선을 다하고 있다면 이미 충분하다.

시도할 필요가 없다는 뜻은 아니다. 나는 시간과 노력을 들여 아이디어를 실현하는 것을 좋아한다. 그게 최선을 다하는 일이기 때문이다. 그러나 가끔은, 아니 솔직히는 자주 '내가 더 많은 일을 할 수 있지 않을까?' 하는 생각을 하게 된다. '한 번 더 읽고 정리할 수 있지 않을까, 한 시간 더 들여 블로그 글을 다듬어볼까, 이번 주에는 더 자주 운동하러 나가볼까' 이런 생각을 한다. 하지만 한계 이상으로 일을 해낼 수는 없다. 지금 최선을 다하고 있다면 그것으로 충분하다. 더 잘 할 수 있지만 지금은 할 수 없다면, 지금은 그걸로 충분한 것이다. 매번 사랑을 베풀 수 있다면 그걸로 넘치게 충분하다. 우리의 존재 자체로 우리는 이미 충분하다.

걱정과 작별하기

내적 비판이 마음대로 활보하게 놔두면 우리는 스스로의 생각에 사로잡혀 걱정과 비판을 겹겹이 쌓아 올리게 된다. '실패할까 봐 걱정돼. 걱정한다는 사실이 걱정돼. 이렇게 걱정을 많이 하다니 나는 쓸모없는 인간인가 봐.' 하지만 이와 반대로 할 수도 있다. 수상 경력에 빛나는 마음 챙김 앱 '부디파이buddhify'의 개발자인 로한 구나틸레이크는 마음 챙김과 명상을 연습하면 마음을 고요하게 만들 수 있으며 자기 생각을 더 잘 알게 되고, 그 생각에서 자신을 분리할 줄도 알게 된다고 말한다. 일단 중립적인 관찰자가 되면 자기 생각을 다른 방식으로 보게 되고, 그때부터는 걱정이 고개를 들 때 그것을 가라앉히는 법도 알게 된다는 것이다.

로한은 내게 쉬우면서도 아주 효과적인 방법을 가르쳐주었고, 고맙게도 이 책에 실어 당신에게 소개할 수 있도록 허락해 주었다.

1. 의심이나 걱정이 고개를 들 때, 잠시 멈추고 마음의 소리를 들어본다.
2. 하나씩 떠오를 때마다 이름을 붙인다. '걱정', '자기 비난', '죄책감' 등과 같이 이름을 붙여도 좋다. 혹은 '슬픈 이야기', '의욕 상실'같이 장난스럽고 특별한 이름을 붙일 수도 있다.
3. 그다음 인사를 해본다. 크게 말하는 것이 좋다. "잘 가, 돈 걱정. 너 거기 있는 거 알아."

이름을 붙이기 위해서는 자세히 관찰해야 한다. 걱정으로부터 나 자신을 분리하고 공간을 만들어주는 것이다. 그리고 인사를 통해서는 걱정의 영향력을 줄일 수 있다. 걱정하거나 스스로 의심하고 있다고 생각될 때마다 이 방법을 써보고, 어떤 변화가 있었는지 노트에 적어보자.

큰 그림
보기

우리 대부분은 우리의 경험에서 가치를 잘 찾아내지 못한다. 우리의 예민함이 다른 사람과 관계를 맺는 데 중요한 역할을 할 수 있다는 사실도 잘 모른다. 우리의 '실패'가 사실은 아주 중요한 교훈을 준다는 것도 깨닫지 못한다. 내가 진짜 어릿광대 알란 기로드를 만났을 때보다 이 사실이 더 명확하게 내게 다가왔던 적이 없었다.

깜빡이는 금빛

알란 기로드는 호주 서부의 작은 도시에서 역사 교사로 일하던 중 지역 아마추어 연극회에 억지로 끌려갔다. 자칭 '최고로 내향적인 사람'인 알란은 겁이 덜컥 났지만 무대에 올라가는 순간, 자신이 살아 있다는 기분이 들었다. 연기를 통해 내성적이지 않은 척 연기할 수 있었고, 다른 사람이 어떻게 생각할지도 신경 쓰이지 않았다. 캐릭터를 통해 알란은 현실에서 벗어날 수 있었고, 그 사실이 너무도 마음에 들었다.

유난히 힘들었던 한 해를 보낸 후 알란은 교직을 그만두고 풀타임으로 연기를 시작해 보기로 했다. 정식으로 연기를 배워본 적은 없었지만 알란은 곧장 〈로드 트레인Road Train〉이라는 작품에 캐스팅되었다. 연극은 좋은 평을 받았고, 알란은 연기의 재미를 알게 되었다. 그러나 시간이 지나며 알란은 자신감을 잃었고, 배우를 그만두고 여행 가이드로 일하기 시작했다. 처음에는 기본적인 여행으로 시작했지만, 경험이 쌓이고 평가가 좋아지며 나중에는 호주 아웃백 탐험도 이끌게 되었다. 그러나 어느 날 여행객 중 한 명이 병이 났고 알란은 잘 대처하기는 했지만 그 이후 자신이 이 직업에 충분한 자격이 있지는 않은 것 같다는 생각을 하게 되었다.

이것은 알란에게 계속 반복되는 패턴이었다. 깊이 생각하지 않고 처음에는 용감하고 대담하게 뛰어들지만 어느 정도 시간이 지나면 이성이 눈을 뜨며 내면의 목소리가 커진다. 그 목소리는 그가 단지 흉내만 낼 뿐이며 충분하지 않다고 말한다. 알란은 계속해서 놀라운 경험을 해왔지만 그의 내면의 목소리가 너무 커서 모든 의지를 꺾고 그를 제자리로 돌아가게 만든다.

얼마 후 그는 연기를 다시 한 번 시도해 보고 싶다는 생각을 한다. 또한 번 놀라운 용기를 발휘해 알란은 그가 가장 두려워하는 것들로 이뤄진 공연을 기획한다. 몸의 움직임, 관객과의 호응으로 캐릭터를 만들어나가는 1인극이었다. 이번에는 물러서지 않도록 알란은 캐나다 투어도 계획했다. 그의 공연은 평단의 호평을 받았고 그 역시 투어의 에너지에 흡족해 이듬해에는 캐나다의 더 많은 도시에서 공연하기로 결정한다.

투어 중 어느 날, 공연 후에 이메일을 확인하다 그는 〈태양의 서커스〉의 캐스팅 담당자인 마크-안드레에게서 온 이메일을 봤다. 어릿광대 역 오디션을 제안하는 이메일이었다. 처음에는 흥분되었지만 알란은 이내 극도의 두려움에 사로잡혔다. 2분간의 어릿광대 연기가 필요했지만 준비된 것도 없었다. 알란은 몇 시간 동안 왜 그가 인생 최대의 제안을 거절해야만 하는지 자세히 설명하는 이메일을 쓰고 '보내기'를 눌렀다.

마크-안드레는 '아니요'라는 대답을 받아들일 생각이 없었다. 그는 다음날 밤 알란의 공연에 찾아와 "당신은 우리가 찾던 사람이에요. 그냥 하던 걸 하면 돼요"라고 말했다. 오디션은 성공했고, '코르테오'의 거인 어릿광대 역을 제안 받았다. 그의 경력에서 가장 큰 역할이었다.

알란의 이야기를 곁에서 보면 끊임없는 대담한 시도가 이어지는 일화로 가득하다. 놀라운 용기로 뛰어들고 기꺼이 밑바닥에서부터 시작해 일을 하며 배워나간다. 그는 그가 가진 능력과 재능에 전념한다. 많은 기회를 얻었지만, 그가 노력해 얻어낸 것들이지 운 때문도 아니었다. 이게 내가 보는 이야기였다. 그는 친근하고 열려 있는 사람이었으며 마음이 넓고 소박했다.

하지만 알란 자신이 보는 이야기는 달랐다. 그는 불안, 두려움, 우울감에 관해 이야기했다. 세계에서 가장 유명한 서커스에서 최고의 어릿광대 역을 맡아 연기한 후에도 말이다. 그 자신도 그가 자신의 성공을 방해한다는 사실을 잘 알고 있었고, 자신의 감정에 관해 이야기하고 사람들과 관계를 맺는 것이 얼마나 힘든지에 대해 이야기했다.

그는 사람들을 믿기 힘들다고 말하면서도 서로의 친구를 통해 소개받았을 뿐 그때까지는 전혀 낯선 사람이었던 내게 모든 이야기를 털어놓았다. 그의 솔직함에 감동이 될 정도였다. 그는 실패를 했지만, 나는 놀라운 커리어의 기반을 쌓은 그에게 감동했다. 내성적이고 사람들과 이야기하기 힘들다고 그는 말했지만, 나는 두 시간 동안 완전히 그의 이야기에 빠져들어 여러 번 크게 웃기도 했다. 그가 스스로 그리는 그 자신은 내가 눈앞에서 보고 있는 사람이 아니었다. 그가 스스로 묘사하는 이야기는 내가 듣는 이야기와 달랐다.

많은 사람이 이에 공감할 것이다. 우리가 하는 경험의 가치를 보지 못하고, 예민함의 힘을 알아차리지 못한다. 알란은 사업가들을 위한 스토리텔링 워크숍 시리즈를 기획 중이다. 그는 자신의 경험을 솔직하게 털어놓고 싶은 욕구와 강의에서 '전문가'가 되어야 하는 필요를 조화시키기 힘들다고 말했다. "내 평판을 망치지 않으면서 실패에 관해 이야기할 수 있는 방법이 뭐가 있을까요?" 그가 물었다. "가장 중요하게 가르치고 싶은 것이 뭐죠?" 나는 다른 질문으로 답했다. "예민하고 상처받기 쉬운 성격의 장점에 대한 거죠." 그가 대답하더니 고개를 끄덕였다. "알겠어요. 제 질문에 방금 제가 대답했군요."

알란의 이야기는 전형적인 새장의 모습이다. 새장 안에서 그는 스스로에 대한 믿음이 부족해 자신의 성장을 실패의 연속이라고만 바라보며 갇혀 있다. 하지만 그의 새장 밖에서 내가 바라보는 모습은 정반대다. 나는 특별한 경험과 깊고 넓으며 아름다운 인간성으로 세계 최고의 서커스까지 사로잡은 한 사람을 본다. 다른 사람들과 나눌 가치가 있으며 자랑스러워해도 될 만큼 풍부한 경험, 그리고 밝은 미래도 본다.

친구에게서 이런 느낌을 받은 적이 있는가? 언제나 자신을 깎아내리는 사람을 알고 있는가? 당신 자신이 보는 자신의 모습이 종종 다른 사람들이 보는 모습과 얼마나 다른지 그 차이가 보이는가? 이제 거울을 눈앞에 들어 자신을 반대로 바라보자. 다른 사람은 보지만 당신이 볼 수 없는 것은 무엇인가? 다른 사람들이 당신을 올려다볼 때 당신은 스스로를 깎아내리는 때는 언제인가?

우리는 자신에게 하는 것처럼 친구를 까다롭게 판단하지 않는다. 우리 자신에게 하듯이 가혹한 방법으로 조언을 해주지도 않는다. 그러나 스스로에게는 그 모든 일을 한다. 두려움과 불안함을 더 키우며 자신감을 짓밟곤 한다. 새장을 탈출하는 데 성공하고서도 우리의 옛날이야기들이 쫓아와 우리를 짓누르도록 놔두기도 한다. 당신이 생각하는 이야기를 아름다운 이야기, 진짜 당신의 이야기와 혼동하지 말자.

당신의 이야기를 써보자. 결말을 바꾸어 다시 써보자. 언제든 실제로 결말을 바꿀 수 있는 힘이 있다는 사실을 잊지 말자. 새장에서 탈출할 당신만의 계기를 만들게 될 것이다.

당신의 이야기

먼저, 옛날이야기다.

1. 당신이 하는 자신만의 이야기는 무엇인가?
2. 그 이야기들을 하나씩 뒤집어 그 반대가 사실이라고 해보자. 자신에게 어떤 이야기를 해주겠는가?
3. 다른 사람들이 당신에 대해 하는 이야기는 어떤가? 사실인가? 사실이었던 적이 있는가? 다른 사람들에게 그런 식으로 내 이야기를 하지 말아달라고 한다면 무엇이 달라질까?

이제, 진짜 당신의 이야기를 생각해 보자.

1. 지금까지 당신이 살았던 곳은 어디(물리적 장소)인가? 그중 어느 곳이 당신에게 가장 큰 영향을 미쳤으며 그 이유는 무엇인가?
2. 당신의 이야기에서 주인공들은 누구인가? 각자의 역할에 대해 몇 단어로 간단히 써 보자.
3. 당신의 이야기에서 지금까지 가장 큰 비극은 무엇이었는가?
4. 가장 우스웠던 이야기는?
5. 가장 자랑스러웠던 순간은 언제인가?
6. 마침내 성공하는 이야기를 쓴다면 아직 쓰지 않은 뒷이야기에서 어떤 일들이 일어날까? 펜을 쥐고 있는 것은 당신이라는 것을 잊지 말자.
7. 당신이 쓴 이야기가 책으로 나온다고 상상해 보자. 서점의 어떤 코너에 책이 놓이게 될까?
8. 책의 제목은 무엇이 될까?
9. 뒤표지의 홍보문구는 무엇이 될까? 어떤 사람들이 추천사를 쓰고, 그들은 무슨 이야기를 써줄까?

걱정의 무게

아주 오래전 콜롬비아의 해군 장교와 짧은 연애를 한 적이 있다. 금 단추가 구릿빛 피부와 대조되어 반짝거리는 빳빳하고 새하얀 유니폼을 입은 키 크고 잘생긴 남자였다. 그가 탄 배의 갑판을 가로질러 주고받은 눈빛, 여름 빗속의 비밀 키스, 더할 나위 없이 순수했다. 며칠 뒤 헤어져야 한다는 사실은 모든 것을 더 애틋하게 만들었다. 그는 글로리아 호에

승선하며 높이 솟은 돛대 아래에서 하얀 손수건을 흔들어 작별인사를 했다. 나는 비극적인 시 한 편의 주인공이 된 것 같았다. 그의 갈색 눈에 가득할 눈물을 상상했다. 다시는 그의 소식을 듣지 못할 줄 알았다.

그러나 편지가 오기 시작했다. 그는 서툰 영어로 내게 긴 편지를 썼다. 배를 타고 세계를 돌아다니며 아주 먼 나라에서 나를 향한 마음을 쏟아냈다. 이국적인 소인이 찍힌 편지는 달콤하고 아름다웠다. 우리는 프랑스에서 만나기로 했지만, 부모님이 걱정스럽게 경고를 했고 나는 그 말을 들었다. 나는 프랑스에 가지 않았고, 그에게 이야기할 방법도 없었다. 그는 상처받은 채 내게 전화했다. 나는 한 번도 그런 열정을 경험해 본 적이 없었다. 그다음 편지에서 그는 내게 프러포즈하며 콜롬비아에서 같이 살자고 했다. 나는 감격스러우면서도 당황스러웠다. 그리고 다시는 그를 만나지 않았다.

그리고 몇 달 전 꿈에 그가 나타났다. 20년 동안 그가 어떻게 살아왔을지 궁금해 나는 페이스북에서 그를 찾아봤다(언제나 위험한 생각이다). 그는 결혼해 아들이 있었고, 사진 속 그는 행복해 보였다. 나도 행복했다. 그는 아들의 열여덟 번째 생일을 축하하는 사진을 올렸는데, 나는 계산을 해봤다. 내게 프러포즈할 당시 아내는 분명 임신 중이었다. 나는 그와 나 자신에 대한 실망감으로 충격에 휩싸였다. 어떻게 그럴 수가 있을까? 자기 아들을 임신한 아내를 두고 어떻게 어린 여자를 그런 식으로 속일 수 있었을까? 그리고 나는 그 사실을 왜 몰랐을까? 그렇게 세상 물정에 어두웠던 걸까? 나는 어렸던 그 시절의 나 자신을 변호하고 싶으면서도 동시에 실망했다.

나는 평소처럼 일하며 지냈지만, 이런 생각들은 내 마음속에 남아 며칠간 내 기분을 엉망으로 만들었다. 어떻게든 멈춰야 했다. 나는 그에게 물어보기로 했다. 그는 예전처럼 다정하고 친절하게 내게 설명했다. 그는 아들의 친아버지가 아니라고 했다. 내가 그의 편지에 답장하기를 그만두고 얼마 되지 않아 아들의 어머니를 만났는데, 그때 아이가 이미 18개월이었다고 했다. 내 믿음은 다시 회복되었다. 그에게 다시 연락해 본 것이 진정 다행이라고 생각했고, 그가 행복한 삶을 살고 있다는 것에 기뻤다.

그 후 나는 이 일에 대해 생각해 봤다. 어떻게 사실도 아닌 일을 그냥 추정하고 그 일이 내 감정과 생각, 에너지를 며칠 동안 좌지우지하도록 놔둘 수 있었을까? 언제든 이렇게 가라앉아 있게 될 때면 나는 마음에 걸리는 일이 있을 때마다 큰 도움이 됐던 세 가지 질문을 나 자신에게 해본다. 바이런 케이티의 유명한 질문을 나만의 방식으로 재해석한 것이다.

1. 사실인가?
2. 내가 생각하는 것만큼 나쁜 일인가?
3. 정말 중요한 문제인가?

처음부터 이 질문들을 내 상황에 적용해 봤다면 며칠 동안 그렇게 걱정하며 보내지 않아도 됐을 것이다. 한번 해보자.

1. 사실인가? 전혀 모르겠다. 물어봐야겠다. 알고 보니 사실이 아니었다.
2. 내가 생각하는 것만큼 나쁜 일인가? 그렇지 않다. 사실일 수도 있는 여러 가지 가설들이 있지만 직접 알아보기 전까지는 모른다. 그리고 내가 물어봤을 때, 생각했던 것만큼 나쁜 일이 아니었다.
3. 정말 중요한 문제인가? 유일하게 중요한 질문이다. 중요하지 않았다. 우리는 서로의 삶에 아주 잠깐 스쳐 지나간 사이다. 지금은 서로 다른 삶을 살고 있고 그 일이 사실이든 아니든 지금 이곳에 있는 나, 내 삶의 이 순간에 아무런 영향을 미치지 않는다.

솔직하게 이 질문들에 답한다면 그때까지 했던 대부분의 걱정은 사실이 아닌 상상과 추측이라는 진짜 모습을 드러낼 것이다. 이 세 가지 질문에 모두 '예스'라고 답했다고 해도 한두 가지 큰 걱정 때문에 '예스'라는 대답이 나왔을 것이다. 다른 걱정들이 사라지고 나면 다시 당신의 관심을 필요한 곳에 쏟을 수 있다.

당신이 만약 다른 사람을 걱정하고 있다면, 세 가지 질문을 뒤집어 자신에게 물어보자. '어떻게 이 문제를 해결할까?' 혹은 '이 상황에서 그 사람을 어떻게 구해낼까?'에 집중하는 대신 '어떻게 하면 사랑을 줄 수 있을까?'라고 물어보자. 간단하지만 강력한 관점의 변화는 걱정을 애정 어린 행동으로 바꿔놓으며 상대방 역시 절망적인 상황에서 사랑받는다는 느낌을 받을 수 있다.

우리는 매우 쉽게 걱정의 무게에 눌리곤 하며 온갖 생각이 우리 머릿속을 헤집어놓도록 놔둔다. 하지만 이 모든 것은 진정 날아오를 수 있는 우리의 잠재력을 제한할 뿐이다. 당신의 생각과 걱정은 무게만 있는 것이 아니라 에너지도 있다. 나 역시 그 일로 고민했던 며칠간, 사실도 아닌 일로 걱정하는 동안 에너지가 완전히 바뀌었다. 우리가 어떻게 생각

무게 줄이기

새장 문에 서 있다고 생각해 보자. 문은 활짝 열려 있고, 당신은 삶의 모험을 시작할 준비가 되어 있다. 하지만 나갈 수 있는 유일한 방법은 날아가는 것이다. 당신은 몸을 최대한 가볍게 만들어야 한다. 가벼울수록 더 높이 날 수 있다. 지금 당신의 배낭은 무겁다. 당신을 짓누르고 힘들게 하는 것들로 가득 차 있다. 그 하나하나를 배낭에 들어 있는 벽돌이라고 생각해 보자. 배낭을 열어 벽돌을 꺼내놓자. 넓은 하늘로 벽돌을 던져버리자. 당신이 지금 가는 곳에는 벽돌이 필요 없다. 배낭에서 벽돌을 하나씩 꺼내며 이름을 붙이고 다음의 질문 3개를 스스로에게 해보자.

1. 사실인가?
2. 내가 생각하는 것만큼 나쁜 일인가?
3. 정말 중요한 문제인가?

일단 배낭을 비우고 나면, 당신이 가지고 가고 싶은 긍정적인 것들(열쇠가 달린 열쇠고리를 챙기는 것도 잊지 말자. 언제 다시 필요하게 될지 모르니까)을 생각해 보자.

참고 만약 이 세 질문에 '예스'라고 답하고 아직도 당신을 짓누르는 것이 있다면, 그 걱정이 당신 자신에 관련된 것인지, 다른 사람에 관련된 것인지 생각해 보자. 다른 사람에 관한 것이라면 '이 일을 겪는 동안 어떻게 그 사람에게 사랑을 줄 수 있을까?'를 묻고, 당신에 관한 것이라면 '나를 어떻게 사랑해 줄 수 있을까?'를 질문해 보자.

할지, 어느 곳에 관심을 둘지를 우리 스스로 선택할 수 있다는 사실을 계속해서 떠올려야 한다.

걱정은 아무것도 해내지 못한다. 문제를 해결하지도, 걱정하는 그 일을 사라지게 하지도 못한다. 단지 당신을 엉망으로 만들고, 머릿속을 별 이유도 없는 부정적인 말들로 가득 채워 진짜 문제를 해결하는 데 방해가 될 뿐이다.

당신은 이미 새장을 탈출하는 힘든 일을 해냈다. 이제 걱정의 무게를 떨쳐버리고 가볍게 여행을 떠남으로써 자유를 받아들이자.

공감의 표시로서의 걱정

당신이 지금까지 살아오며 늘 걱정이 많은 사람이었다면, 당신이 다정하고 배려심 있으며 인간적이고 세심한 사람이라는 뜻일 것이다. 하지만 그런 공감을 걱정으로 표출하는 것은 힘들고 헛된 일이다. 대신 그 걱정을 공감으로 표시한다면 그들의 문제를 당신이 같이 짊어지지 않고도 힘든 시간을 겪고 있는 사람에게 당신의 따뜻한 마음을 잘 전달할 수 있을 것이다.

자기 자신의 걱정이라고 해도 마찬가지다. 스스로에게 공감하려 노력하고, 친한 친구를 대하듯 행동하려고 노력해 보자. 이야기를 듣고, 문제의 본질이 무엇인지 이해하려고 노력해 보고, 자신에게 너그럽게 대하자. 걱정한다는 것을 보여주고, 다정하게 행동하자. 꽃을 한 다발 사서 자신에게 선물하는 것도 좋고, 차를 준비해 주거나 정성껏 편지를 걱정을 내려놓기가 어려운가? 이 걱정 내려놓기 기법을 시도해 보자. 당신의 마음에 소중한 휴식을 주며 여러 가지 일을 더 수월하게 처리할 수 있도록 당신의 에너지 레벨을 높여줄 것이다. 좋았던 기억으로 되돌아가 당시 들었던 음악을 떠올려보자. 나를 완전히 다른 곳으로 데려다주는 노래들이 몇 곡 있다. 데이비드 그레이의 〈나를 용서해 줘요 Please Forgive Me〉는 눈이 소복이 쌓여 있던 이탈리아의 알프스에서 차가운 산 공기에 하얗게 얼어붙는 내 입김의 기억으로, 바버라 딕슨의 〈카라반 송Caravan Song〉은 프랑지파니 꽃향기와 막 구운 캐러웨이 씨가 든 빵 냄새가 가득하던 그리스 트리폴리로, 마이클 부블레의 〈에브리띵Everything〉은 미스터 케이와 연애하던 시절 가장 좋았던 데이트에서 춤을 췄던 기억으로 나를 데려간다.

　　다양한 감각을 이용해 보자. 음악뿐 아니라, 공기의 향기를 느껴보고, 색을 기억하고, 경험을 맛보자. 연습하다 보면 나중에는 순식간에 다른 경험 속으로 이동할 수 있을 것이다. 걱정이 고개를 들 때마다 거기서 빠져나올 수 있다.

써도 좋다.

　　그저 당신이 처한 상황에 대해 걱정하는 것과는 매우 다른 반응일 것이다. 그리고 훨씬 따뜻함이 느껴지고 도움이 많이 될 것이다.

내려
놓기

몇 년 전 미스터 케이는 초조한 기분이 들었다. 토목 기사로 일하는 삶에도 지쳤고, 지위가 더 높아질수록 더 많은 요식 체계, 사내 정치에 시달려야 한다는 사실을 깨달았다. 한 직장에서 10년을 보내고 나니 휴식이 필요했다. 우리는 6개월간의 안식 휴가를 내 일본 교토에서 보내기로 했다. 일본에 가본 지도 오래되었고, 미스터 케이는 일본어를 배워 내 친구들과 이야기하고 싶어 했다.

우리는 계획을 세워 2012년 봄 일본으로 떠났다. 미스터 케이는 학교에 다녔고, 나는 자전거를 타고 다니며 사진을 찍거나 화지 만드는 법을 배우고 직공이 되기에는 참을성이 부족하다는 사실 등을 발견하며 시간을 보냈다. 소중한 시간이었다.

우리는 TV도, 차도, 전화기도 없었다. 집 임대료와 학교 수업료를 빼고는 미스터 케이와 나는 하루에 10파운드로 살기를 실천하고 있었다. 세계에서 가장 물가가 비싼 곳 중 하나라는 일본에서 쉽지 않은 일이었다. 나는 미스터 케이가 그토록 행복해하는 모습을 본 적이 없었다. 그는 매일 달리기를 했고, 강가에서 일기를 쓰거나 열 살 때 이후 처음으로 그림도 그리기 시작했다. 식사 주문을 하는 데도 내 도움이 필요했을 만큼, 처음에는 일어를 전혀 할 줄 몰라 힘들어했다. 하지만 열심히 공부한 끝에 그는 오래지 않아 동네 사람들과 대화할 수 있게 되었고, 일본어 한자 시험에서도 최고 점수를 받게 되었다.

호리카와 거리의 빵집 뒤에 숨어 있는 우리 집은 전체 크기가 영국 집의 주방보다도 작았다. 가구라고는 작은 식탁, 의자 2개, 책상 2개, 침대, 작은 냉장고, 1구짜리 가스레인지와 밥솥뿐이었다. 화장실에서 팔을 뻗으면 양쪽 벽에 손이 닿을 정도였고, 정사각형 욕조에 들어가려면 무릎을 꼭 끌어안아야 했다. 후텁지근한 교토의 여름 날씨에 다행히 욕조 목욕이 그리 필요하지는 않았다. 차가운 샤워로도 충분했다.

우리는 6개월 동안 생활할 짐을 각각 하나의 배낭에 다 쌌다. 나머지 소지품은 영국 집 창고에 넣어놓았다. 교토의 집은 그곳에서 산 것들로 꾸며놓았다. 한쪽 벽에는 직접 만든 화지, 다른 벽에는 지역 절에서 가져온 천 조각을 붙이는 식이었다. 많은 물건에 둘러싸여 살지 않으니 홀가분했고, 머리도 훨씬 맑았다. 게다가 집이 워낙 작으니 매일 밖에 나갈 이유가 생겼다. 우기의 폭우에도 우리는 외출을 했다.

이 모든 것은 우리가 일본에 있는 동안 미스터 케이가 내린 결정에 큰 영향을 미쳤다. 그는 직장을 그만두고 나와 '두 왓 유 러브'를 함께 운영하기로 했다. 그는 그 결정이 인생에서 가장 잘 한 결정이라고 말한다.

. . .

소유물 역시 큰 짐이 될 수 있다. 잡동사니를 정리하고 더 이상 필요 없는 물건을 팔거나 기부하면 당신의 감정에도 큰 변화가 생긴다. 당신이 사는 공간을 정리하는 일의 감춰진 묘미는, 그것이 감정적으로도 여유를 만들어주고 가볍게 해준다는 것이다. 잠재의식 속에서 실제 필요 없는 물건을 버리는 것과 부정적인 생각의 패턴, 남 탓하기와 마음을 어지럽게 하던 문제들을 버리는 것은 똑같이 작용한다. 감정 정리 역시 새로운 가능성, 사람과 아이디어를 받아들일 수 있는 공간을 만들어준다. 시도해 보자. 놀라운 결과가 있을지도 모른다.

집의 방마다 살펴보고 물건도 관찰해 보자. 진짜 필요한 물건인지, 당신을 행복하게 하는 물건인지 자문해 보자. 답이 '예스'라면 간직해도 좋다. 만약 아니라면, 다음 세 가지 중 하나를 해보자.

- 팔기
- 다른 사람에게 주기
- 재활용하기

이 일이 너무 부담스럽게 느껴진다면 한 번에 방 하나씩이나 혹은 한쪽 면 등 범위를 줄여보자. 하루에 한 가지씩만 해도 변화가 보일 것이다. 당신이 정리한 것들의 목록을 정리하고 어떤 기분이 드는지 보자. 노트에 당신의 기분이 어떻게 달라졌는지를 적어보자. 또 어떤 것을 정리하고 싶어지는가?

행복을 주는
용서의 힘

오랫동안 나는 용서의 개념을 이해하기 힘들었다. 잔혹한 일을 겪고도 가해자를 '용서'했다는 사람들의 이야기를 들으면서 그게 어떤 의미인지 이해할 수 없었다. 어쩌면 그 사람들이 나보다 나은 사람들이어서 그렇게 큰 고통을 준 사람에게도 기꺼이 선의를 베풀 수 있는 것일지도 모른다. 하지만 시간이 지나며 나는 '용서'가 상대방과는 전혀 상관없다는 사실을 알게 되었다.

용서는 범죄자와 화해하거나 그들의 행동을 용인하는 행위가 아니다. 단순히 특정한 일에 대한 반응과 행동을 내려놓는 일이다. 다른 사람이 한 행동의 영향으로 더 이상 가라앉아 있지 않겠다는 선언이다. 자신을 위한 선물이며 은혜다.

복수나 분노의 욕구, 혹은 다른 무거운 반응을 버리는 일은 쉽지 않다. 하지만 용서할 방법을 찾을 수 있다면 훨씬 가볍고 행복하게 느껴질 것이다. 해야 할 일을 하지 않은 것, 하지 말아야 할 일을 한 것, 실수하거나 완벽하지 못했던 것 등에 대해 자기 자신을 용서하는 일도 중요하다. 이 모든 일은 인간이기에 자연스러운 일이다. 우리는 최선을 다하고 계속해서 배우고 성장하며 사랑하면서 살면 된다.

스스로를 들어올리기

언제든 당신은 스스로를 들어올릴 힘과 용기가 있다. 당신의 태도, 마음가짐, 자기 격려를 통해 충분히 자신을 높일 수 있다. 어떤 일을 하지 않도록 스스로를 설득할 수 있다면 대화로 스스로를 변화시킬 수도 있다. 자신의 꿈을 무너뜨릴 집중력과 에너지가 있다면 그 꿈을 이룰 에너지와 관심도 가지고 있는 것이다. 단지 당신이 가지고 있는 에너지의 방향을 자신에게 친절한 쪽으로 바꾸기만 하면 된다. 자신감은 스스로에게 다른 이야기를 할 수 있는 데서 온다. 당신은 아름다운 새다. 날아가기 위해 태어났다. 그 사실을 믿고 안 믿고는 당신 마음이다.

우리는 종종 꿈을 두려워하기도 한다. 특히 그 꿈이 이뤄지기 시작할 때 더 그렇다. 꿈에 관해 이야기하는 것은 언제나 두려운 일이다. 꿈을 현실로 만들기 위해 거쳐야 하는 변화가 얼마나 많은지, 우리에게 맞는 꿈이기는 한지 두렵고, 한 가지만 선택해야 한다는 것도 겁난다 (이게 잘못된 일이라면 말이다. 모든 선택에는 결과가 따르기 마련이다). 혹은 끝까지 갈 시간, 돈, 의지가 부족할까 봐 두려울 수도, 단순히 실패가, 심지어 성공이 두려울 수도 있다. 하지만 시도하지 않는다면 영원히 알 수 없다. 노력해서 꿈이 이뤄지기 시작하면 우리는 스스로를 더 믿고 지지하게 된다. 때로는 무게를 떨쳐내고 내적 비판을 몰아내며 우리 자신을 들어올릴 힘을 찾기 위해 과감한 행동을 해야 할 때도 있다. 그러나 어떤 방법을 써서라도 이뤄내야 할 일은 있다.

삶의 활기를 찾기 위해서는 성장해야 한다.
그리고 성장하기 위해서는 용감해져야 한다.

당면한 과제에 집중하는 것도 도움이 된다. 스스로를 작가라고 부르기 두려웠을 때, 나는 생각을 멈추고 글 쓰는 데만 집중했다. 형식적인 문제는 시간이 지나고 내가 일에 최선을 다하는 동안 자연스럽게 해결된다. 글을 쓰고, 한 단계씩 밟아나가고, 날개를 펼치는 동안 말이다. 할수 있는 한 가장 크고 좋고 행복한 삶을 살기 위해서는 우리의 꿈을 발견하고 하늘을 가로질러 그 꿈을 좇으면 된다. 간단한 일이다.

용기는 우리에게 맞는 선택을 하는 데서 온다. 다른 사람이 용감하다고 생각하느냐 아니냐와는 상관없다. '용기courage'라는 단어는 라틴어인 '코르cor'에서 왔다. '마음'이라는 뜻이다. 용기가 당신에게 어떤 의미인지는 당신이 잘 안다. 어떤 선택이 용감한 선택인지는 결정을 내리고

당신의 비밀무기

자신이 가진 힘을 이해하는 것은 자기신뢰, 자기이해, 자기인식, 자신감이라는 무기를 갖는 일이다. 최대한 솔직하게 다음 질문에 답해보자(지금은 겸손함이 필요없다).

- 친구나 동료들이 당신을 어떻게 묘사할까?
- 다른 사람들이 당신을 칭찬했거나 당신에게 진심으로 감사했던 일이 무엇이 있는가?
- 당신은 어떤 상황에서 긍정적으로 반응했는가?
- 진정으로 몰입할 수 있었던 활동은 무엇인가?
- 무엇이 당신에게 에너지를 주는가?
- 어떤 도전을 즐기는가?
- 어떤 일이 쉽게 느껴지는가?
- 과거 두려움에 직면했을 때, 당신의 어떤 특성이 도움이 되었는가?

대답에 어떤 패턴이 있는지 살펴보자. 어떤 힘이 눈에 띄는가? 의사소통, 계획, 네트워킹, 다른 사람에게 감동 주기, 과감한 아이디어 내기, 실행력, 자신을 더 좋아할 수 있도록 남들 돕기 등 '나는 …를 잘한다'라는 문장을 생각해 보면 쉽게 당신이 가진 힘을 알 수 있다.

당신 노트의 중간에 본인의 사진을 붙이고, 햇살을 그리듯 밖으로 뻗어 나가는 선을 그려보자. 원한다면 www.bethkempton.com/flyfree에서 그림을 내려받아도 된다. 선의 사이사이에 당신이 가진 힘 중 예닐곱 가지를 써보자. 이것이 당신의 비밀무기다. 잘 사용하자. 164쪽 '중력 + 양력'에서 그렸던 새 그림을 다시 보고 이 힘들을 위로 향하는 '양력' 화살표 옆, 당신의 내적 격려가 말하는 진실을 적는 자리에 적어두자.

나면 알게 될 것이다. 용기가 없을 때는 자아가 계속해서 이기지만 용기가 있을 때는 영혼이 언제나 이긴다는 것을 기억하자. 용기를 불러내 용감한 마음을 가지고 살자.

우리는 모두 강한 사람들이다. 하지만 주변에 맞추거나 평화를 지키기 위해 종종 그 힘을 숨기고 있을 때가 있다. 더 이상은 아니다. 비행은 힘든 일이다. 당신이 가진 힘의 마지막 한 방울까지 필요하다. 그러니 최대한 능력을 끌어모으고 비행에 필요한 근육을 키워나가자.

수평 방향의 힘 : 항력 + 추력

주변 사람들은 당신 꿈을 짓밟을 수도, 꿈을 이루는 것을 도울 수도 있다. 그들이 당신에게 어떤 영향을 미치느냐는 다음 세 가지에 달려 있다.

1. 그들이 가진 사랑의 본성
2. 그들이 가진 의도의 관점
3. 당신에게 가장 좋은 방법으로 그들의 에너지를 받아들이거나 거절할 수 있는 당신의 능력

당신의 자신감, 확신, 행동에 부정적인 영향을 미치는 사람들도 있다. 이런 '항력'은 당신을 붙잡고, 당신으로 하여금 '필요하다고 생각되는 일'을 하게 만든다. 항상 뒤를 돌아봐야 한다면 멀리 내다볼 수 없다. 반면 당신의 자신감, 확신, 행동에 긍정적인 영향을 미치는 사람들도

있다. 이런 '추력'은 당신을 앞으로 나아가게 하고 믿음을 더 단단하게 하며, 더 높이 날 수 있도록 용기를 준다. 당신 날개 밑에서 부는 긍정적인 바람인 셈이다.

확실성의
불편함

당신이 자유를 찾고 정말 좋아하는 일을 하기 위해 한 걸음씩 떼는 동안 당신은 많은 선택을 해야 한다. 어쩔 수 없이, 이런 선택 중 어떤 것들은 모든 사람에게 작용하지는 않을 것이다. 어떤 사람들은 불편하고 위협적이라고 느낄 수도 있고, 단순히 이해하지 못하겠다는 사람도 있을 수 있다. 하지만 그건 당신의 문제가 아니다. 당신 내면의 희망찬 목소리는 당신에게 비관론자들의 말에 방해받지 말라고 말하고 있다.

큰 변화를 겪게 될 때는 두렵기 마련이다. 특히나 당신이 어느 정도 나이가 있고 주변 사람들은 모두 자신의 삶을 잘 살고 있을 때는 더 그렇다. 당신이 변화를 겪을 때는 당신 자신도 이해하지 못하는 일들이 많으므로, 특히나 당신이 충분히 그들과 대화하지 않는다면 이해하지 못하는 주변 사람들이 많은 것은 당연하다. 게다가 당신이 전혀 다른 방향에 서 있게 되면, 삶을 보는 시각도 달라질 수밖에 없다. 여전히 친구들 사이에서 같은 역할을 맡거나 같은 일을 하게 될 수도, 같은 대우를 받을 수도 있지만 같은 방식으로 대화를 나누거나 같은 일상에 더 이상 만족하지 못하게 될 수도 있다. 이제는 당신이 삶에서 다른 것을 찾는다는 사실을 발견하게 될 것이다. 이 모든 변화가 당신뿐 아니라 다른 사람에게도 어려울 수 있다는 사실을 기억하자.

주변에서도 당신의 이런 새로운 모습에 익숙해져야 한다. 그러나 좋아하지 않는 사람도 있을 수 있다. 당신을 인정하지 못하거나 인정한다 하더라도 당신과 멀어지게 될 수도 있다. 혹은 당신이 용감하게 탈바꿈한 모습이 다른 삶을 살고 싶어 하는 그들의 욕망을 자극해 그들이 불편하게 느낄 수도 있다. 가장 가까운 사람들이 우리 발목을 잡는 경우가 종종 있지만 그것 역시 해결할 방법을 찾아야 한다. 우리의 꿈을 이루는 데 도움이 될 수 있도록, 혹은 적어도 방해가 되지 않도록 그들을 이해시키려는 노력은 해야 한다.

당신에게 가까운 사람일수록, 당신의 변화에 더 크게 영향을 받을 것이다. 당신의 성장을 눈치 채고 그들 역시 비슷한 성장을 원하게 될 수도 있지만, 종종 더 가까이 와서 당신이 날개를 펼칠 공간을 차지해 버리는 식으로 반응하는 경우가 많다.

각각 다른 사람들 주위에서 어떤 기분이 느껴지는지 집중해 살펴보자.
누가 당신을 붙잡는 느낌이 드는지 보고, 그 이유를 이해하려 노력해 보자.

위협이 느껴졌거나 두려워서일 수 있다. 더 이상 같은 경험을 공유하지 못하게 될까 봐 걱정되어서일 수도 있다. 만약 이 경우라면 마음을 터놓고 이야기해야 한다. 당신을 지지한다는 의외의 반응이 나올 수도 있다. 할 수 있다면 그들을 설득해 절충안을 찾을 수도 있다. 그렇지 않다면 방향을 재조정하고 당신의 새로운 날개를 펼칠 수 있도록 잠시라도 그 사람들에게서 떨어져 있어보기를 권한다. 비행은 섬세하며 위험하기도 한 일이다. 명쾌한 머리와 헌신적인 가슴이 필요하다.

그들이 당신의 가족이거나 가장 친한 친구라고 해도, 그들이 늘 옳은 것은 아니다. 당신이 그들의 이야기를 늘 들어왔거나 양보해 왔다고 해서 앞으로도 계속 그래야 하는 것도 아니다. 그들이 늘 같은 방식으로 일을 해오고, 특정한 커리어를 쌓아오며 같은 선택을 해왔다고 해서 당신도 똑같은 길을 걸어야 하는 것은 아니다.

당신의 진짜 모습을 찾는 일은 당신에게도 시험이 될 뿐 아니라 다른 사람들을 불편하게 할 수도 있다. 그러나 궁극적으로 당신이 좋아하는 일을 할 수 있는 선택을 했다면 당신은 더 행복해질 것이다. 그리고 당신이 더 행복해지면 긍정적인 에너지가 다른 사람들에게도 파급 효

항력 + 추력

164쪽 '중력 + 양력'에서 당신이 그린 새 그림으로 돌아가보자. 새장을 탈출하겠다는 큰 발걸음을 뗐음에도 여전히 당신을 붙잡고 있는 것들을 '뒤를 향한' 화살표 옆에 적어보자. '앞을 향한' 화살표 옆에는 다른 사람들이 당신에게 힘을 실어주는 방법을 적어보자. 잠시 시간을 내어 그들에게 감사하자. 새 그림을 자세히 들여다보고 서로 반대의 힘에도 주의를 기울여보자. 어떻게 하면 항력을 줄이고 추력을 키울 수 있을까? 중력을 덜고 양력을 늘릴 수 있는 방법은 무엇일까? 생각해 보고 답을 노트에 적어보자.

과를 미칠 것이다. 누가 뭐라고 하든 당신의 꿈을 좇는 일을 두려워하지 말자. 당신의 삶이라는 것을 잊으면 안 된다.

떨쳐 내기

이 책을 쓰기 위해 나는 웹사이트의 회원들에게 도움을 청했고, 수백 명의 사람이 기꺼이 자신의 감금과 탈출에 관한 이야기를 솔직하게 말해주었다. 내가 했던 질문 중 하나는 그들이 갇혀 있음으로써 영향을 받은 사람이 누구냐는 것이었다. 그들의 대답은 나를 기쁘게 했다가 절망하게도 했다. 결혼했거나 오랜 파트너가 있는 경우, 대답은 세 가지 카테고리로 나뉘었다.

1. 제 파트너는 정말 대단해요.
2. 제 파트너는 저를 지지해 주지만 완벽하게 이해는 못 해요.
3. 제 파트너가 저의 문제예요.

사랑하는 사람이 충격을 받거나 우울해하거나 불안해하거나 슬퍼하거나 환멸을 느끼거나 갇혀 있을 때, 그곳에서 빠져나올 수 있게 돕고 어느 때보다도 사랑을 보여준 모든 파트너에게 감사의 기도를 보낸다. 미스터 케이도 그런 사람이다. 나 역시 정말 감사하게 생각한다.

지지해 주지만 이해하지는 못한다는 파트너들에게는 앞으로 나눌 이야기들이 도움이 되기를 바란다. 단순한 이해 문제거나 혹은 적절한 말을 찾지 못해서인 경우도 많기 때문이다. 그들 역시도 갇혀 있다는 느낌이 들지 모른다. 그러면 서로를 도울 좋은 기회가 될 것이다.

하지만 파트너가 문제라고 말한 사람들, 독이 되는 관계, 심지어 폭력적인 관계에 있는 사람들은 깊이 안아주고 싶다. 그리고 안전하기를 바란다. 사랑은 사람을 취하게 만드는 힘이 있어서 다른 사람에게 빠져들기 쉽다. 우리는 상대방에게 좋은 인상을 남기고 싶어 하고, 상대방의 관심을 끌고 싶어 하고, 그들을 행복하게 해주고 싶어 한다. 때로는 좋은 사람을 안 좋은 타이밍에 만나기도 하고, 예전에는 괜찮았던 사람이라 참고 지내기도 한다. 잘못된 사람을 만나는 경우도 있다.

힘이나 나쁜 영향력을 휘두르는 사람은 진짜 사랑을 주는 것이 아니다. 종종 이런 새장에서 탈출한 후에야 비로소 그 새장이 얼마나 끔찍했는지 보게 된다. 그 일을 해낸 수전 헌터라는 용감한 여인이 있다. 사생활 보호를 위해 가명을 썼다.

독이 되는 관계

수전은 통제받는, 독이 되는 관계를 몇 년째 유지하고 있었다. 남편의 모욕적인 언어가 그녀의 마음속 깊이 파고들어 그녀의 자존감은 땅에 떨어졌다. 수전은 건강이 좋지 않았고, 에너지도 없었으며, 예전에 좋아했던 일을 하는 것도 주저했다. 남편은 변하지 않을 것이고 이 관계가 누구에게도, 특히 그녀의 아이들에게 건강하지 못한 관계라는 것을 깨닫는 데 수년이 걸렸다.

자신의 새장을 깨닫고 난 후, 수전은 목소리를 높이는 것에 대한 두려움을 떨쳐버렸다. 남편을 떠날 수 있겠다는 자신감도 생겼다. 수전과 아이들은 한동안 집도 없이 지냈고, 남편에게 괴롭힘을 당하고 위협을 받기도 했다. 멀리 이사하는 수밖에는 없었다. 삶은 쉽지 않았다. 하지만 수전은 어떤 일이 그들 앞에 펼쳐질지 걱정될 때마다 다시는 그 새장으로 돌아가고 싶지 않다는 생각을 떠올렸다. 상황이 더 힘들어지자 그녀는 친구들에게 도움을 청했고, 자유로운 그녀 자신의 모습을 찾을 수 있었다.

수년간 아이들을 키우는 데 집중했던 수전은 이제 그녀가 좋아하는 일을 하고 있다. 아이들과 어른들에게 미술을 가르치는 일이다. 장성한 그녀의 아이들은 그 힘든 세월 덕분에 서로 더 강해지고 서로를 돌볼 수 있었다고 말한다. 그리고 그들의 어머니, 수전을 매우 자랑스러워한다.

잘못된 사람이 통제하는 사랑에 갇혀 있는 것보다 자유롭게 떠나 자신의 모습을 찾는 것이 훨씬 더 낫다. 갇혀서 살다 보면 오랫동안 자신의 진짜 모습을 잃고 사는 경우가 많다. 눈앞에 펼쳐진 길을 탐험하는 동안 단순히 지금 무슨 일이 일어나고 있는지 설명하는 것으로, 옆에 있어달라고 부탁하는 것으로 충분할 때도 있다.

그러나 마음을 열고 진솔하게 대화했음에도 상황이 변하지 않는다면, 함께 있는 것이 정말 두 사람에게 좋은 일인지 고민해 봐야 할 때다. 당신의 관계에서도 감사하게 생각하는 교훈은 있었을 것이다. 사랑은 언제나 우리에게 선물을 준다. 절대 완전히 시간과 에너지를 낭비했다고 볼 수는 없다. 그러나 관계가 영원히 지속되어야 할 필요 역시 없다. 자유를 찾기 위해서 당신은 삶의 모든 면을 살펴보며 무엇이 당신을 망설이게 하는지를 찾아낼 필요가 있다. 그리고 그것을 해결할 방법을 찾거나 문제를 개선하거나 아니면 뒤에 남겨두어야 한다.

옛사랑 떠나보내기

우리가 예전에 떠나온 사랑 때문에 아직도 주춤하고 있는 거라면 어떨까? 그들이 곁에 없음에도 여전히 그들이 어떻게 생각할지가 신경 쓰인다면? 내 첫사랑은 내 가슴을 아프게 했고, 나는 몇 년간 그 고통이 나를 괴롭히게 놔두었다. 그를 만나지 않았더라면 내 이야기는 더 빈약했을지 모른다. 그래서 내 이야기도 당신과 나눠보려고 한다. 모든 것에서 좋은 점을 찾을 수 있으며 고통이 성장의 동력이 될 수 있고 배움이 소중하다는 것을 보여줄 것이다.

· · ·

내 첫사랑은 자유분방한 히피였다. 그를 '그 소년'이라고 부르자. 그는 등대에서 자랐고 향 피우기를 좋아했으며 삶을 신비롭게 만들 줄 아는 소년이었다. 어느 여름 우리가 마침내 사귀기 시작했을 때, 나는 그 사실을 믿을 수 없었다. 우리는 정말 어울리지 않는 한 쌍이었다. 그가 우리 부모님 집 정원의 어둠 속에서 처음 내게 키스했을 때, 나는 그보다 더 달콤한 행복은 없을 거라고 생각했다.

'그 소년'이 해준 이야기들 때문에 나는 더 넓은 세상을 보고 싶었다. 그 자신도 멀리 여행해 본 적은 없었지만, 그는 나이보다 훨씬 성숙한 영혼을 가진 현명한 소년이었다. 그는 자신이 살던 낡은 캠핑카에서 몸을 따뜻하게 데우기 위해 위스키를 홀짝이며 촛불 빛 아래 쓴 편지를 내게 보냈다. 그 후 그는 스코틀랜드로 이사를 갔고, 나는 대학으로 돌아갔다. 우리의 관계는 실제보다 내 머릿속과 마음속에서 더 깊었지만, 여전히 나는 그에게 푹 빠져 있었다. 나는 함께 갈 여행을 계획하고, 함께 나눌 이야기, 함께 발견할 장소들을 생각했다. 나는 사랑받는다는 느낌에 행복했다. 그가 나를 혼란스럽게 혼자 남겨두고 다른 여자아이와 도망가기 전까지는 말이다.

그를 변호하자면, 그는 적어도 왕복 400킬로미터 되는 거리를 날아와 내 얼굴을 직접 보고 우리가 끝난 사이라고 말할 정도는 되는 사람이었다. 나는 내 방구석에 몸을 웅크리고 앉아 놀라고 충격을 받아 어찌할 줄 몰라했다. 그가 떠나는 것을 보며 나는 간절히 그 뒤를 따라가고 싶었고 제발 떠나지 말라고 빌고도 싶었지만 입을 열어 말을 하기 시작하면 고통으로 피를 흘릴 것만 같은 기분이었다. 나는 주차장까지 그를 따라가 그가 캠핑카로 다시 들어가는 모습을 지켜봤다. 그의 눈빛은 내게 뭐라도 말하라고 얘기하고 있었지만, 나는 아무 말도 할 수 없었다. 그렇게 그는 내 삶에서 떠나갔다. 나는 달을 보고 울며 털썩 주저앉았다. 몇 달 동안 나는 누가 '그 소년'의 이름만 이야기해도 몸이 아팠다. 물론 시간이 지나면서 점차 치유되었고 그가 매일 내 일상을 방해했던 것도 아니었다. 나는 대학 생활이 즐거웠다. 그래도 '그 소년'은 늘 내 마음 한구석에 있었다.

몇 달은 몇 년이 되었다. 나는 졸업 후 일자리를 얻어 다시 일본으로 갔다. 나보다 1년 먼저 졸업했지만 아직 뭘 할지 결정하지 못했던 친오빠 존도 나와 함께 가기로 했다. 존은 영어 교사 자리를 얻었고, 직장은 다행히도 내가 사는 곳과 불과 한 시간 떨어진 곳이었다.

어느 여름날 저녁 우리는 친구들과 모여 숲속에서 밤샘 파티를 했다. 30여 명이 보름달 아래 모여 아사히 맥주를 마시며 닭꼬치를 굽고 있었다. 하늘이 까맣게 흐려져 어둠이 내려앉았다. 몇몇은 춤을 추고 있었다. 불빛에 얼굴이 일렁였다. 다들 신이 나 있었다.

그러다 누군가가 젠이 점을 볼 수 있다고 했다. 나는 회의적이었지만 동시에 늘 궁금했던 터라 시도해 보고 싶었다. 젠은 내 왼쪽 손바닥, 그리고 눈을 바라보더니 말했다. "어디선가 누가 겉으로는 네게 굉장히 고통스러운 일을 했을 거야. 하지만 나중에는 그게 옳은 일이었다는 걸 이해하게 될 거야. 그 일이 너를 자유롭게 해줄 거야."

나는 손금이 그렇게 정확할 수 있는지 몰랐다. 정말 점을 볼 줄 아는 모양이라고 생각했다. 어깨너머로 이야기를 듣고 있던 오빠 존의 얼굴이 백지장처럼 하얗게 변했다. "왜 그래?" 내가 물었다. 오빠는 내 얼굴을 바라보고 젠을 보더니 다시 내 얼굴을 봤다. "'그 소년' 오늘 결혼해. 일본이 영국보다 8시간 빠르니까 아마 지금쯤 신부가 막 결혼식장으로 들어섰을 거야."

나는 숨을 쉴 수가 없었다. 그 일 이후, 나는 계속해서 많은 멋진 모험을 했고 사랑스러운 남자들과 몇 번의 짧은 사랑에도 빠졌지만 결혼하거나 아이를 가질 가능성도 전혀 없는 채 서른이 되어 있었다. 어떤 남자에게도 나 자신을 완전히 다 바칠 수가 없었다.

여전히 내 마음속 어디선가는 모든 남자를 '그 소년'과 비교하고 있었다. 그리고 당연히 누구도 그와 같을 수는 없었다. 나는 매달리는 여자도 되고 싶지 않아서 스스로 멀리 떨어진 세계 곳곳을 돌아다니는 것을 목표로 삼았다. 아마 남자가 '필요'하지 않다는 것을 증명하고 싶었는지도 모르겠다. 사람들은 누구나 누군가를 필요로 할 필요가 있고, 나에게 맞는 사람이라면 그 사람도 내 삶의 일부가 되고 싶어 할 거라는 걸 그때는 깨닫지 못했다.

나는 서른 번째 생일을 뭄바이 북쪽 해변의 해먹 위에서 진토닉을 마시며 혼자 보냈다. 바다를 내다보며 나는 20대의 한 해 한 해를 돌아봤고, 그해 있었던 모든 좋은 일들을 위해 혼자 건배를 했다. 스물아홉 번째 해를 뒤돌아볼 때쯤 나는 진토닉을 열 잔째 마시고 있었고, 찰싹거리는 파도와 지는 해에 매료되어 있었다. 그 순간 나는 내 30대의 위대한 모험으로 사랑을 선택할 준비가 되었다는 것을 알았다.

나는 '그 소년'이 내게 많은 것을 가르쳐주었고, 전 세계 모든 대륙을 여행하며 발견의 여정을 시작하게 했다는 것을 깨달았다. 그는 내게 절대 사라지지 않을 문화와 종교 그리고 사람에 대한 호기심도 심어주었다. 그러나 나는 동시에 그의 삶이 더 이상 내 삶과 같지 않다는 것도 깨달았다. 나는 앞으로 나아가야 했다. 그때부터 나는 나 자신을 방해하는 것이 아니라 자유롭게 날게 해줄 사랑에 마음을 열어두겠다고 결심했다.

그날, 그 결심을 하고 몇 주 만에 나는 미스터 케이를 만났다. 나는 갑자기 모든 계획을 공유하고 새로운 계획을 그와 함께 만들고 싶어졌다. 혼자 여행하고 싶지도 않았다. 그와 함께 모험과 이야기를 나누고, 으스스한 호텔의 삐걱거리는 침대를 함께 쓰고 싶었다. 여행을 마치고 집에 돌아왔을 때 혼자 술을 마시면서가 아니라 그와 함께 해와 달이 뜨는 것을 보고 싶었다. 나는 완전히 새로운 방식으로 사랑에 빠졌다. 그는 나와 같은 틀에서 빼낸 점토 조각 같았다.

그러고 나서 나는 '그 소년'이 내 목적지가 아니었다는 사실을 깨닫게 되었다. 그는 내 길 위의 표지판이었던 것이다. 그냥 일반적인 표지판이 아니라 매우 중요하고 잊을 수 없는 표지판이었다. 그가 아니었다면 내가 지금 어디에 있을지 확신할 수 없겠지만, 어쨌든 그가 아니었다면 내가 이렇게 많은 위험을 감수하고 그렇게 많은 모험을 하지는 않았을 것 같다. 그가 가리키는 곳으로 가기 위해 그가 필요했던 것은 확실히 맞지만, 그의 옆에 있는 교차로에 영원히 머물고 싶지는 않았다. 돌이켜보면 나도 어쩌면 그의 삶에 무언가 중요한 역할을 했을지도 모르겠다는 생각이 든다.

. . .

우리의 삶에서 이런 역할을 하는 사람들은 언제나 존재한다. 우리의 삶에서 떠난 후에도 우리가 계속해서 기쁘게 해주고 싶어지는 사람들 말이다. 이런 것들이 우리를 망설이게 하고 우리의 비행을 방해하는 항력이다. 어떤 사람들은 다른 곳으로 가는 길에 우리와 스쳐 지나가고, 다른 사람들은 앞으로 달려나가 우리를 격려한다. 우리와 한동안 함께 여행하다 다른 길로 가버리는 사람도 있다. 하지만 원래 모든 사람과 여행의 모든 단계를 함께 걷게 되어 있는 것이 아니다.

아무것도 쓸모없지 않다는 것을 기억하자. 모든 것은 경험이고, 당신의 성장과 비행의 한 부분이 된다. 이것을 기억하면 더 이상 당신의 삶에 있을 필요가 없는 사람들이 주는 항력을 떨쳐버리고 자유롭게 날아갈 수 있을 것이다.

힘 있는 사람들

앞으로 나아갈 수 있는 가장 효과적인 방법은 당신의 힘을 약화하는 것이 아니라 강화시켜 줄 수 있는 사람들을 옆에 두는 것이다. 누가 어느 쪽에 속해 있는지는 당신이 희망을 설명할 때, 당신의 두려움을 이야기 할 때 상대방이 어떻게 반응하는지를 보면 알 수 있다. 만약 당신의 주변에서 이런 지지를 얻지 못한다고 하더라도 두려워할 것 없다. 다음 장에서 그것을 찾는 방법에 대해 살펴볼 것이다.

켈트족 전통에는 '아남 카라Anam Cara'라는 아름다운 개념이 있다. '영혼의 친구'라는 뜻이다. 우리의 몸에 공기가 필요하듯 우리의 영혼에 사랑이 필요하며, 이 사랑은 우리의 새로운 차원을 일깨워줄 수 있다는 생각을 담은 개념이다. 존 오도노휴가 같은 이름의 훌륭한 책에 쓴 말에 따르면, 아남 카라는 가식이나 가면 없이 진짜 자신을 인정해 준다고 한다. 이는 지리적인 거리나 시간에도 영향을 받지 않는 깊은 정신적 우정이다. 당신의 아남 카라는 두 사람이 서로에게 속해 있으며 운명이 서로 얽혀 있다고 느끼게 해줄 만큼 당신을 잘 이해해 줄 것이다. 만약 당신에게 아남 카라가 있다면 그 관계를 잘 유지하기 바란다. 정말 소중한 존재이기 때문이다.

만약 지금 당신에게 아남 카라가 없다면 자유로운 자신을 당신의 아남 카라로 삼으면 된다. 진정한 자유를 느끼기 위해서는 방대한 크기의 자기애가 필요하다. 머릿속의 부정적인 목소리에 맞서는 동안 당신의 손을 꼭 잡아주어야 한다. 결국 자유로운 자신은 당신의 가장 훌륭한 지지자이자 가장 진실한 친구가 되어줄 것이다. 그들을 잘 대하고, 가까이 머무를 수 있는 이유를 만들어주어야 한다.

판단은 잠시 보류하고 다음 연습을 최대한 정직하게 해보자. 164쪽 '중력 + 양력'에서 그렸던 새 그림과 표를 계속 사용하면 된다. 노트의 새로운 페이지를 펴서 세 단으로 나누자. 왼쪽 단에는 '항력'이라고 쓰고, 가운데에는 '이름'이라고 쓰고, 오른쪽 단에는 '추력'이라고 쓰자. 가운데 단에는 당신과 가장 많은 시간을 보내는 사람들의 이름을 적자. 각각의 이름 사이에는 공백을 두자.

왼쪽 단에는 당신의 비행에 '항력' 영향을 미치는 사람들의 이름 옆에 체크 표시를 하자. 부정적인 영향을 끼치는 사람들의 이름 옆에 정확히 어떻게, 그리고 왜 그들이 그런 영향을 끼치는지를 적어보자. 두려워서일까? 위협적으로 느껴서일까? 아니면 다른 이유일까? 오른쪽 단에는 당신의 비행에 '추력' 영향을 미치는 사람들의 이름 옆에 체크 표시를 하자. 긍정적인 영향으로 당신을 앞으로 밀어주는 사람들의 이름 옆에 정확히 어떻게, 그리고 왜 그들이 그런 행동을 하는지 적어보자. 잠시 눈을 감고 그들에게 조용히 감사를 보내도 좋다.

주의 당신에게 항력과 추력을 모두 행사하는 사람도 있을 수 있다. 이제 차례로 한 사람 한 사람에 대해 생각해 보자.

1. 만약 당신을 앞으로 밀어주기만 하는 사람이라면, 당신이 얼마나 그들의 지지를 고마워하고 있는지 말해주고, 당신의 여정에서 중요한 이 단계에 더 큰 동력을 얻기 위해 그들과 앞으로 얼마나 더 많은 시간을 보낼 수 있을지 생각해 보자.

2. 만약 당신을 뒤로 끌어당기고 앞으로 밀어주는 것을 동시에 하는 사람이라면, 당신이 지지를 받고 있다고 느낄 만한 일을 그들에게서 어떻게 더 많이 끌어낼 수 있을지 생각해 보자. 대화를 시작하고 나면, 자유롭게 나는 것이 왜 당신에게 중요한지 이해시키는 방법을 찾아보고 더 높이 날기 위해 그들의 도움이 얼마나 더 많이 필요한지 알려주자. 혹시 그들 역시도 갇혀 있다는 기분이 드는지 알아볼 좋은 기회이기도 하다. 만약 그렇다면 당신이 어떻게 그들을 날 수 있게 도울지도 생각해 보자.

3. 만약 당신을 아래로 끌어내리기만 하는 사람이라면, 자유롭게 나는 것이 왜 당신에게 중요한지를 어떻게 이해시킬지 생각해 보자. 그들에게 당신을 지지할 기회를 주면 예상 밖의 일이 일어날 수도 있다. 만약 그들을 설득할 방법을 찾을 수 없거나 시도했음

에도 효과가 없다면 한동안 그들과 거리를 둘 방법을 생각해 보자. 만약 그 사람이 당신과 함께 사는 사람이라면 며칠 동안 떨어져 있어보자. 작은 거리도 큰 변화를 만들 수 있다.

4. 당신과 시간을 보내는 대부분의 사람이 당신을 끌어내리는 사람들이라면, 새로운 사람들을 찾아 나설 때다(이 방법은 다음 장에서 살펴볼 예정이다).

더 이상 당신의 인생에 없는 사람이 당신을 방해하는가? 그렇다면 그들이 당신에게 가르쳐준 것들을 인정하고, 그들을 보내주자. 편지를 쓰고 나서 태워버리거나 만나서 이야기를 해도 좋고, 그냥 한동안 앉아서 그들로부터 자유로워진 자신을 상상해 봐도 좋다. 여전히 그들이 당신의 비행을 방해하도록 놔두는 사람은 오직 당신이다.

주의 만약 사랑하는 사람이 세상을 떠난 후 슬퍼하고 있다면, 이는 완전히 다른 상황이다. 필요하다면 전문적인 도움을 구해야겠지만, 당신의 여정에 의식적으로 이들을 초대하는 것도 가치가 있을 수 있다. 당신이 목적과 희망을 가지고 자유롭게 날며 홀가분하고 행복해한다는 사실을 알면 그들이 어떻게 생각할지 상상해 보자.

이중 새장을 조심하라

당신이 막 새장을 탈출한 직후라서 가장 연약할 때야말로 또 다른 새장에 다시 갇힐 큰 위험에 처해 있는 때다. 일단 새장에서 나오면 더 이상 철창살의 '보호'를 받지 못하게 되는데, 이것이 높이 날아오르는 일이 어려운 이유다. 낯설기도 하고 잊은 지 오래라 익숙하지 않기 때문이다. 이것이 바로 샘 레이놀즈에게 일어난 일이었다.

2005년 26세였던 샘은 영화계에서 매력적인 직업을 가지고 있었다. 첫 유방암 진단을 받았을 때의 충격은 이루 말할 수 없었다. 치료는 잘 되었고 그녀는 다시 파트타임으로 일하기 시작했다. 어린 딸 로티가 2010년 태어났고, 삶은 다시 정상 궤도에 오르고 있는 것처럼 보였다. 그러나 로티가 두 살 되던 해 암이 재발했다.

샘은 다시 한 번 치료를 받았고, 이듬해 치료가 완벽히 끝났다. 타고난 행동가였던 샘은 암 투병 경험을 상자 깊숙이 넣고 다시 앞으로 나아가기 시작했다. 그리고 그때부터 문제가 시작되었다. 오래지 않아 샘은 주체할 수 없는 기분과 외로움에 빠졌고, 외상 후 스트레스 장애[PTSD] 진단을 받았다. 1년 후 35세의 샘은 세 번째로 암 진단을 받았다. PTSD의 스트레스가 암 발병의 원인이었을 거라고 그녀는 믿고 있다. 결국 샘은 양쪽 유방 절제술을 받았고, 세 번째 항암 치료를 마쳤다.

마지막으로 병원을 나서며 그녀는 변화를 주어야겠다고 다짐했다. 더 이상 예전과 같은 사람이 아니었고, 세상에 발을 딛고 설 새로운 방법이 필요했다. 그녀는 암 발병 이후 높은 비율로 우울증과 PTSD 진단을 받는다는 사실을 알고 난 후, 그것을 피할 수 있도록 사람들을 돕고 싶었다. 그리고 새로운 길을 닦고 싶었다. 현재 샘은 영국 전역의 암 생존자들을 위한 무료 모임, 멘토링, 암 발병 이후 다른 방식으로 삶을 배워가고 있는 사람들을 지원하는 이벤트 등을 여는 '샘스페이스'를 운영하고 있다.

샘은 그녀와 같은 사람들을 만나고 지원하며 깊은 감동을 받았다. 그녀는 자신이 한 경험의 진실을 부인하려고 하면 그 사실이 자신을 갉아 먹게 된다는 사실을 배웠으며, 또 다른 새장에 자신을 가두게 된다는 사실을 알게 되었다. 하지만 그것을 인정하고 대화 나누며 철저한 자기 관리로 대처한다면 그것이 꼭 나쁜 경험만은 아니라는 사실도 배웠다.

이중 새장은 종종 나타나는 일이다. 그러나 당신에게는 탈출할 수 있는 모든 도구가 있다는 사실을 기억하자. 갇혀 있다가 자유롭게 탈출했던 모든 경험을 통해 갇혀 있는 시간도 줄일 수 있고 탈출도 더 수월하게 할 수 있다.

스스로를 돌보기

만약 엄마 새가 아프고 지쳐 있다면 누가 아기 새들에게 신선한 벌레를 물어다 줄까? 자신을 돌보는 일은 새끼를 돌보는 데 중요할 것이다. 우리도 마찬가지다. 날아오르기 위해서는 건강한 몸을 유지하고 먹고 스트레칭을 하고 쉬어야 한다. 늘 수면 부족에 시달리고 정신없이 식사를 준비하는 일, 과도한 업무량, 다른 사람에 대한 과도한 헌신, 정신적 스트레스, 불필요한 걱정은 아무에게도 도움이 되지 않는다. 우리는 몸과 마음을 잘 돌보고 우리 자신을 좋은 것들로 채워 다시 그 좋은 것들을 돌려줄 수 있도록 해야 한다. 만약 당신이 이미 이렇게 살고 있다면 아주 잘하고 있다. 만약 그렇지 않다고 해도 걱정할 필요 없다. 당신만 그런 것이 아니다. 오늘부터 시작하자.

당신의 에너지는 소중하다. 당신을 자유롭지 못하게 하는 일들에 에너지를 많이 쓸수록 더 지치게 될 것이다. 영혼을 지탱하는 일에 에너지를 더 많이 쓴다면 더 높이 날 수 있게 될 것이다. 가끔은 스스로를 잘 돌보는 일이 우리가 해야 하는 일의 전부일 때도 있다. 그러나 늘 우리가 마지막으로 하는 일이기도 하다. 다음은 우리 모두가 해야 할 일이다.

- 잘 먹기
- 물 마시기
- 운동하기
- 잠시 멈추고 쉬기
- 자연에서 시간 보내기
- 아프기 전, 아플 때, 아픈 후 우리 건강에 적극적인 관심 갖기
- 자신에게 부드럽게 대하기
- 친구와 시간을 보내고 웃을 여유를 만들고 사랑할 시간을 내기
- 아름다움을 창조할 수 있는 공간 만들기
- 스스로를 우선으로 생각할 수 있도록 기회를 주기

이 모든 일들은 너무나도 당연한 일이지만 바쁘게 살다 보면 종종

무시되는 일들이다. 이것이 사실이라는 것을 잘 알면서도 실천하는 일은 종종 어렵다. 속도를 늦추고 시간을 내고 긴장을 푸는 것이 얼마나 중요한지 잘 알면서도 어려운 일을 맞닥뜨리면 자기도 모르게 더 열심히, 더 오래 일하곤 한다. 나 역시 보통은 나 자신보다 다른 사람들에게 더 정성을 쏟기 때문에 의식적으로 나 자신에게 에너지를 투자하려고 늘 애쓰고 있다. 바닷가나 스파에서 보내는 하루든 휴대전화나 인터넷 없이 멀리 떠나는 여행이든 제대로 된 휴식을 취할 때면 늘 재충전되고 생기를 되찾아 뭐든 할 수 있는 사람이 되어 돌아오곤 한다.

우리가 스스로를 돌볼 때마다 자기 회복을 위한 능력을 갱신하는 것이다.
더 자주 할수록 더 쉬워진다.
스스로 성장할 수 있는 공간과 날 수 있는 에너지를 주자.

스스로를 돌보는 일은 비행할 수 있는 에너지와 체력에 필수적이다. 이는 눈과 정신과 마음을 활짝 열고 삶의 경험에 푹 빠질 수 있도록 해주는 신체적·정신적 힘의 조합이다.

비행의 즐거움

이제 이론은 끝났다. 이제 당신은 새장을 뒤로하고 날아오를 준비가 됐다. 마지막으로 하늘을 날아본 이후로 많은 시간이 지났을 수도 있다. 불안하거나 심지어 두려울 수도 있다. 전부 정상적인 반응이다. 믿음을 갖자. 날개를 펴고 어쨌든 뛰어보자. 자유로운 자신이 당신을 잡아주기 위해 기다리고 있을 것이다. 그리고 새장 너머에 있는 광대한 세상으로 당신을 이끌어줄 것이다.

당신이 새장 문에서 발을 떼고 삶 속으로 뛰어들면
당신에게 필요하지 않은 모든 것들은 떨어져 나가고
당신에게는 중요한 것들만 남겨진다.

목적지를
정하라

엉망이 된 채 침실 바닥에 누워 있던 때가 아주 오래전이었던 것 같다. 하지만 불과 15개월 전이었다. 그때는 아이가 한 살이 되기도 전에 책을 쓸 수 있을 거라고 상상도 못 했었다. 그러나 나는 자유로워지겠다는 목표를 향해 작은 발걸음을 한 걸음씩 내디디며 마침내 해냈다.

앞에서 말했던 것처럼 더 많은 여유를 만들수록 더 많은 것들이 열리는 것 같았다. 결국 이 책을 쓸 시간까지 만들 수 있었다. 하지만 책 자체가 목적은 아니었다. 목적은 늘 '자유로워지기'였다. 그 목적지를 향해 열쇠를 활성화하며 나는 모든 단계마다 길을 발견했다.

목적지는 중요하다

간혀 있을 때는 물론 어느 곳이나 새장 안보다는 낫겠지만 일단 새장

212

밖으로 나오고 나면 목적지는 중요하다. 좋아하는 일을 하는 것은 멋진 일이다. 당신의 일에 의미를 부여하고 재능을 발휘하게 해주며 창의력을 북돋아준다. 그리고 재미있다. 그러나 사실 이것이 최종 목표는 아니다. 목적지도 아니다. 목적지는 어떤 느낌이든 당신이 자유로워지는 것이다. 당신이 좋아하는 일을 하는 것은 그 목표로 가는 좋은 방법일 뿐이다.

갇혀 있던 새와 동물들이 야생에 방사될 때를 보면 상세한 재적응 계획이 세워졌을 때 가장 높은 생존율을 보인다. 따라서 당신이 자신감을 갖고 비행할 수 있도록 개인적인 비행 계획을 세워보자.

본질을 찾아가는 내비게이션

비행에는 말 그대로 목적지가 필요하다. 그 '목적지'가 물리적인 장소나 무언가를 하는 일이 아니라고 말한다면 어떻겠는가? 만약 당신이 자유를 느낄 수 있는 당신의 본질을 찾아 비행하기로 했다면 비행 계획은 얼마나 달라질까? 당신이 가는 방향에 대해 아무 생각 없이 맹목적으로 출발한다면 당신이 가고 싶어 하는 곳에 도달할 가능성은 희박하다. 계획이 놀랍도록 중요한 기술이라고 말하는 이유가 바로 그것이다. 영혼이 가득한 방식의 계획이다. 당신의 삶의 경험을 설계하는 데 적극적인 역할을 맡는 것이다.

당신의 '비행 계획'은 확정된 공식 약속이 아니다. 주머니 속에 접어서 넣어두고 길을 확인할 필요가 있을 때 꺼내 나아갈 방향을 확인할 수 있는 대충 그려둔 지도다. 오래 써서 짧고 뭉뚝한 연필로 그린 지도라고 상상해 보자. 길을 가면서 중간 중간 지우거나 더 그려 넣을 수도 있다.

계획이 있다면 변경하는 것도 가능하다. 하지만 계획이 전혀 없다면 시작하기도 전에 길을 잃는 셈이다. 계획은 선택하고 싶은 것들을 명확히 함으로써 선택의 독점을 막는 일이다. 자유라는 목적지로 가는 여러 길 중 하나를 선택하는 것이기 때문에 범위를 좁히면 좁힐수록 실제 선택은 덜 중요해진다.

과거를 돌아보면 내 계획은 늘 그런 식이었다. 다른 사람들이 그들의 잠재력을 펼쳐 성취하도록 돕는다는 큰 틀은 있었지만 당시에 그 사실을 알고 있었는지는 모르겠다. 특정 직업이나 승진, 사회적으로 인정받는 또 다른 형태의 성공을 추구하는 대신, 혹은 어떤 특정한 열정을 끈질기게 추구하는 대신, 나는 언제나 나를 자유롭게 만들어주는 결정을 내리려고 노력해 왔다.

17세 때에 나의 '본질을 찾아가는 길 찾기'는 모험을 할 수 있게 해주는 대학 전공을 선택하는 일이었다.

21세, 학사학위를 손에 쥐었을 때는 더 많은 모험을 위해 일본으로 돌아갈 수 있게 해줄 직업을 선택하는 것이었다. 선 철학과 일본 심미주의에 매료된 탓이었다. 이것은 동계 올림픽과 세계대회 같은 주요 스포츠 경기에서 세계 최고 선수들의 통역을 맡아 가장 중요한 경기의 순간순간 선수들을 지원할 기회를 만들어주었다. 그때부터 나는 새로운 문화와 삶의 방식을 발견하며 세계를 여행할 수 있게 해주는 직업들을 선택했다. 스포츠 업계와 유니세프에서의 경험은 그렇게 선택한 것이었다.

거의 모든 경우에 누군가가 나를 믿고 내 능력 이상의 역할을 주며 내가 그 안에 뛰어들어 성장할 수 있게 해주는 식이었다. 공식적으로 면접을 보고 일을 시작한 것은 딱 한 번뿐이었다. 다른 모든 기회는 그전에 했던 일로부터 연결되었다.

30세, 다른 누군가와 함께 있을 때도 자유를 느끼는 것이 가능하다는 것을 가르쳐준 미스터 케이를 만났다.

33세, 창의적인 깨달음을 얻어 직업 선택에 혁신을 가져오고 좀 더 색다른 삶을 살고 싶은 사람들을 지원하는 내 사업을 시작하게 되었다.

36세, 시에나를 통해 처음으로 엄마가 되는 경험을 했다.

38세, 마이아를 낳으며 두 아이의 엄마가 되었고, 이 책을 쓰며 더 많은 여유를 가질 필요가 있다는 것을 깨닫게 되었다.

어느 순간의 전혀 다른 결정이 나를 전혀 다른 방향으로 이끌었을 수도 있다. 그러면 그 이후의 길들도 역시 달라졌을 것이다. 하지만 나는 그래도 결국은 같은 결과를 가져올 다른 길이 있었을 것이라고 확신한다. 왜냐하면 늘 같은 이유, 즉 자유로워지고 싶다는 열망을 근거로 결정을 내렸기 때문이다.

이런 방식을 통해 얻을 수 있는 이점들은 다음과 같다.

- 실수란 없다. 다른 길이 있을 뿐이다. 모든 일이 당신을 다른 길로 연결해 주기 때문에 쓸모없는 일은 없다.
- 언제든 경로는 바꿀 수 있다.
- 어디로 가는지만 알면 길은 알 필요 없다. 단지 한 가지씩 항로 선택을 하기만 하면 된다. 이것이 당신의 길이 될 것이다.
- 길은 당신의 생각보다 훨씬 덜 중요하다. 이 사회는 길과 그 길을 따라가는 동안 수집하는 전리품에만 집중하지만 당신의 본질로 가는 무한한 길이 있으며, 그것이 유일하게 중요한 목적지다.
- 출발이나 종료 시간제한이 없으니 절대 늦는 일도 없다. 하지만 경험이 곧 삶이므로 빨리 일어날수록 삶은 더 풍성해질 것이다.
- 계획은 좋다. 즉흥적인 것도 좋다.
- 친구들과 함께 여행하는 것은 좋다. 여행 중에 새로운 친구들을 만나는 것도 좋다.
- 신나는 기분도, 우울한 기분도 괜찮다.
- 모든 것이 진정한 자신의 모습, 자유로운 자신으로 이어지기 때문에 다 괜찮다.

뒤늦게 깨달았을 때만 가능한, 서로 연결된 점들을 지금 돌아보니 내 몇몇 여정은 굉장히 예상 밖이라 환상적으로 느껴지기까지 한다. 그러나 당시에는 가장 흥미롭고 가장 흥분되는 일, 자유로운 나 자신이 될 수 있는 일들을 선택했을 뿐이다.

여정을 계속하며 선택하는 것은 매우 중요하다. 선택하지 않는 것 역시 선택, 즉 나만의 항로를 결정하는 힘을 그냥 내버리기로 하는 선택이다. 물론 모든 선택에는 결과가 따르며 한 가지를 선택한다는 것은 다른 것을 포기한다는 뜻이다.

많은 사람이 FOMO^{Fear of Missing Out}(고립 공포증-옮긴이)에 고통받는 요즘 시대에 이것은 두려운 일일 수도 있다. 이는 결국 아무 선택도 하지 않거나 모든 것을 하기 위해 서두르다 결국 지치고 마는 결과를 초래한다. 친구 케이트 에크먼은 이 말을 멋지게 재구성해 이렇게 말했다. "나는 지금부터 JOMO를 선택할 거야. Joy of Missing Out(고립의 즐거움-옮긴이) 말이야." 마음에 드는 말이다. 이편이 훨씬 건강하고 우리가 선택한 것들에 몰입할 수 있게 해준다. 우리가 선택하지 않은 것에 에너지를 낭비하고 관심을 기울이는 대신 말이다.

새로운 목적지는 미지의 영토를 의미한다. 당신이 이 마지막 경계를 탐험하는 사람이 될 수 있다는 뜻이다. 선택은 삶이 당신에게 그저 일어나는 일이 아니라 당신이 지도를 그려 계획한 것이 되도록 해준다.

자, 이제 마음을 놓는 것이 중요하다.

당신의 목표가 자유라는 것을 이해하게 되면
완전히 다른 방식으로 삶을 비행할 수 있게 된다.

자유를 '자신의 진정한 정체성을 가지고 자신만의 삶의 방식을 선택할 수 있는 의지와 능력'이라고 정의했다는 것을 기억하자. 그것이 정말로 살아 있는 것처럼 사는 방법이다.

경로
선택하기

8개의 열쇠는 단지 새장을 벗어나기 위한 것만은 아니다. 장기적으로 '자유로운 느낌'이 당신에게 무엇을 의미하는지 보여주는 징후이기도 하다. 열쇠를 '탈출 모드'에서 사용하면 일시적인 해결책이 되고, '비행 모드'에서 사용하면 지속적인 삶의 안내서가 된다는 점이 다를 뿐이다. 따라서 열쇠는 비행 계획을 세우는 데 있어 필수적이다.

새장을 탈출한 경험은 당신이 무엇을 '하고' 싶은지에 대해 몇 가지 단서를 주었을 것이다. 새로운 진로, 사업 시작, 가르치는 일 등에 대해 생각해 봤을 수도 있다. 더 유연하게 일하기, 당신이 좋아하는 것들을 하는 데 더 많은 시간을 할애하기일 수도 있다.

당신이 무엇을 하고 싶은지 알고 있다는 생각이 들 때도 있고, 때때로 중간에 마음을 바꿔야 할 때도 있을 것이다. 만약 한 가지 특정한 일이나 기회에만 완전히 집중하고 있다가 일이 틀어지면 자동으로 자책 모드에 빠지게 되기 쉽다. 하지만 단지 자유로움을 느끼기 위해 방향을 설정하고 나아간다면 그곳에 도달하기 위해 경로를 바꾸게 되더라도

8개의 열쇠(61~147쪽)로 돌아가서 지금 가장 끌리는 열쇠를 골라보자. 포스트잇이나 메모지에 써서 앞에 있는 테이블 위에 올려놓자. 이제 189쪽 '당신의 비밀무기'에서 했던 당신의 답변을 살펴보자. 각각의 답변을 포스트잇이나 메모지에 써보자. 그리고 당신이 선택한 열쇠를 적은 메모지 주위에 원형으로 늘어놓아 보자.

이제 원의 중심에서 밖에 놓인 메모지로 시선을 옮겼다가 반대로 해보며 어떤 것들을 서로 연결 지을 수 있을지 생각해 보자. 노트에는 마음에 떠오르는 것을 메모한다. 완전히 무작위로 보여도 상관없다. 명사, 동사, 형용사가 될 수도 있다. 직위나 직업, 사람 이름, 노래, 장소, 어떤 것이든 상관없다. 생각이 자유롭게 뛰놀 수 있도록 하자. 만약 특별히 두 번째 열쇠에 끌렸다면 중간에 있는 연습을 반복해 보자. 계속해서 연결 목록을 늘려나가 보자. 어떤 판단도 내리지 말고 원하는 만큼 열쇠를 늘려나가 보자.

이제 당신이 적은 단어들을 살펴보고 어떤 주제가 떠오르는지 보자. 서로 연관 지을 수 있는 것들은 연결해 보자. 그리고 어떤 공통점이 눈에 들어오는지 따로 적어보자. 그것들은 곧 다시 다뤄볼 것이다.

실패했다는 생각이 들지는 않을 것이다. 결국 당신이 자유로움을 느끼면서 비행 경험을 받아들인다면 그곳에 도달하기 위해 무엇을 했는지는 훨씬 덜 중요한 문제일 것이다. 그러니 열린 마음으로 어떤 것이 앞에 펼쳐지는지 지켜보자.

당신이 좋아하는
일을 하라

자유롭게 느끼는 것과 당신이 좋아하는 일을 하는 것은 본질적으로 선순환과 관련이 있다. 당신이 좋아하는 일을 더 많이 할수록 더 자유로워질 것이고, 더 자유로워질수록 당신이 좋아하는 일을 더 많이 할 수 있는 능력이 생긴다.

진정으로 자유롭게 날기 위해서는 청구서를 지불하는 일 같은 걱정에서 벗어나야 한다. 그리고 그렇게 하기 위해서 삶을 간소하게 간추리거나 아니면 어느 정도 수입이 있어야 한다. 이것이 바로 당신이 좋아하는 일을 하는 데 있어서의 장점이다. 어떤 경우에는 당신이 어떤 일을 하느냐가 아니라 어떤 방식으로 하느냐의 문제일 수도 있다. 그리고 당신이 선택할 수 있는 선택지는 그 어느 때보다 많다.

옳은 선택

맨디 헨리는 맨체스터 유나이티드의 스포츠 채널인 MUTV의 정규 진행자였다. 그녀는 자신의 일을 사랑했지만 교대근무 패턴이 그녀가 좋아하는 여행과는 맞지 않는다는 사실을 알게 되었다. 맨디는 2012년 프리랜서로 전향했고 한 번도 후회한 적이 없다. 현재 그녀는 1년에 3개월씩 휴가를 내 여행을 하며 그녀의 모험을 블로그에 글로 남기고, 나머지 기간은 MUTV, BBC, 프리미어 리그 TV와 그밖의 많은 중요 스포츠 경기에서 진행자로 일한다. 맨디는 이전보다 더 많은 돈을 벌고, 하고 싶은 일을 자유롭게 선택할 수 있으며, 그녀의 일이 그녀에게 허락하는 기회들에 깊이 감사하며 살고 있다. 그리고 그녀는 예전보다 훨씬 더 자유로워졌다.

물론 어떤 경우에는 당신이 가장 큰 열정을 가진 일이 어떻게 접근해도 실행 가능한 직업이 되지 않을 수도 있다. 그럴 때는 당신이 가장 좋아하는 일을 하기 위해 업무 외 시간을 최대한 가질 수 있는 직업을 선택하는 것을 목표로 정하면 된다. '인생을 어떻게 살아야 할까?' 같은 큰 문제와 씨름하기 시작하면 다람쥐 쳇바퀴 돌듯 하게 될 때가 많다. 세부적인 일에 연연하지 말고 더 많은 상상력을 발휘해야 한다.

새장 안에 오랫동안 갇혀 있었다면
제한된 꿈만을 꾸게 되는 것은 어쩌면 당연하다.
하지만 새장 밖에서는 당신의 상상력을 하늘만큼 넓게 펼칠 수 있다.

상상력 발휘하기

당신 삶의 모든 것들이 다 해결되었다고 상상해 보자. 당신을 필요로 하는 사람들 모두 건강하며 보살핌을 잘 받고 있고 고지서도 전부 납부했으며 일할 필요도 없어 당신의 시간이 전부 당신만을 위해 남아 있다고 말이다. 앞으로 12개월 동안 무엇이든 하고 싶은 일을 할 수 있다. 유일한 규칙이라면 당신을 자유롭게 해줄 일을 선택해야 한다는 것이다. 당신은 이 1년을 어떻게 보내겠는가?

평소 같은 제약을 두지 않고 상상할 수 있도록 노력해 보자. 융통성 없는 생각도 피하자. 진정으로 꿈을 꿀 기회다. 당신의 마음이 먼 곳에 있는 가능성까지 닿을 수 있도록 해 보자(불가능한 일도 좋다). 노트에 상상한 것을 최대한 자세히 기록해 보거나 그림으로 그려보자. 상상 속에서 기분이 어땠는지 적어보자. 자유롭다는 느낌 외에 또 어떤 감정들이 느껴졌는가?

이제 왜 그 특정한 상상을 하게 되었는지 생각해 보자. 그 상상은 당신에게 어떤 것을 말해주는가? 219쪽 '어떤 것이 가장 끌리는가?'에서 생각해 낸 주제와 당신의 상상이 어떻게 연결되어 있는지 생각해 보자. 그 연습문제는 당신의 잠재의식을 끌어내기 위한 것이었기 때문에 비슷하다고 해도 우연이 아니다.

현재 상황에서는 정확한 상상이 불가능하거나 바람직하지 않다고 해도, 상상 일부분이나 그것이 보여주는 그림은 당신이 내일을 위해 준비하는 동안 오늘 기쁨을 찾는 방법을 보여주고 있는 것이다. 이것이 어떻게 당신의 일상생활로 이어질지, 그리고 어떻게 미래로 연결될지 생각해 보자. 어떻게 하면 당신의 시간, 돈, 에너지, 관심을 당신이 그런 감정을 가질 수 있는 장소로 가는 데 사용할 수 있을까? 지금 당장 필요한 수단의 우선순위를 다시 정하고 재배치할 수 있는 방법은 무엇일까?

나는 최근 이 연습문제에 답을 해보고 내 상상이 얼마나 활기차며 선명한지에 대해 깜짝 놀랐다. 상상 속에서 나는 큰 하늘과 언덕이 있는 아름다운 시골의 한 집에 있었다. 부엌문이 열려 있어 그 너머에 있는 정원을 볼 수 있었다. 나는 앞치마를 두른 채 방금 정원에서 딴 채소를 한가득 들고 들어왔다. 꼬마전구 상자가 열려 있고 집에서 만든 선물이 있는 걸로 봐서 친구를 초대하고 준비 중인 것 같았다. 테이블 위에는 손으로 쓴 메모지가 쌓여 있었다. 첫 번째 요리책을 쓰는 중이었다. 어쩌면 킨포크 매거진처럼, 요리를 맛보는 친구들의 모습도 책에 실릴지 모른다. 내 원고 옆에는 여행 저널이 한가득 쌓여 있었고, 페이지마다 붙어 있는 포스트잇은 내가 여행하며 휘갈겨 쓴 레시피를 표시하는 것이었다. 아마 최근 여행에서 막 돌아온 모양이었다. 나는 행복해 보였고 자유로웠다.

이 상상은 내게 꿈같이 들린다. 내가 좋아하는 많은 것들이 다 들어가 있어 어쩌면 이 상상의 일부분은 내 미래가 될지도 모르겠다. 정확한 시나리오가 실현되지 않더라도 앞으로 나아갈 목표를 찾아보기에 괜찮은 장소 같았다.

지금 당장은 내가 매일 그런 가능성에 대한 토대를 마련하고 있는지 의문이 든다. 요리할 시간을 우선순위에 두었던가? 재능 있는 셰프로부터 요리 수업을 듣고 있나? 정원에서 채소를 기르거나 적어도 주방에서 허브를 기르는 방법은 알고 있는 걸까? 식탁에서 같이 식사할 친구들이 충분히 있나? 몇 년 뒤에도 그들을 부를 수 있도록 관계를 잘 가꾸고 있는 걸까(이 질문은 생각해 볼 만하다)? 아직 몇 년이 남았다고 하더라도 시골집에서 살 수 있는 준비는 하고 있는 걸까?

참고 당신이 좋아하는 일을 하는 것이 어떤 의미인지 확실히 하기 위해 더 많은 시간과 지원이 필요하다면 www.bethkempton.com의 '프리덤 시커 협회'에 가입해 보는 것도 좋겠다. 당신의 꿈을 다듬기 위해 다른 사람들의 도움을 직접 받아볼 수 있을 것이다.

비행 계획
그려보기

선택지가 너무 많으면 더 어려울 수 있다. 방향을 생각하면 선택을 좁히는 데 도움이 될 것이다. 비행 계획을 세우는 것은 목적지로 가는 방향으로 서서히 움직이며 계속 방향을 재설정하는 과정이다. 비행 계획은 단지 하나의 지침일 뿐이라는 사실을 잊지 말자. 확정된 계획이 아니다. 가장 중요한 것은 그 자체로 즐길 만한 길을 찾는 일일 것이다.

실행에 옮기기

제니퍼 바클레이는 대학 졸업 후 그리스에서 1년을 보내고부터 그리스의 한 섬에서 사는 꿈을 꿔왔다. 그 꿈은 그녀가 마흔이 될 때까지도 꿈으로만 남아 있었다. 짧은 두 번의 연애와 결별을 겪은 후 그녀는 자신의 삶에서 다음 단계가 무엇인지 숙고할 때가 왔다고 생각했다. 그리스가 그녀를 불렀지만 모든 것을 내려놓고 비행기에 몸을 실어 아테네로 갈 수는 없었다. 일단 어떻게 해야 그리스의 섬에서 살 수 있을지를 확실히 알아보기로 했다. 출판사에서의 편집 업무는 원격 업무가 가능해 괜찮을 것 같았다. 그녀는 실용적인 측면에서 생각하고 계속 조사했다.

제니퍼는 자신의 꿈에 걸맞은 한 섬을 발견했다. 주택 가격도 저렴했고 인터넷을 사용하기에도 좋았다. 몇 년간 잘 쌓아온 경력을 잃고 싶지 않았던 그녀는 일주일에 며칠씩 일하기로 하고 이전 직장과 계약을 협상했다. 단지 긴 휴가가 아닌 삶의 선택이 될 수 있을 만큼 긴 시간 동안 임대료를 낼 수 있을 정도로 안정적인 수입이 생겼다.

시간이 더 흐르면 제니퍼는 완전히 프리랜서로 일하며 자신의 편집 사업과 저작권 대리 회사도 세울 것이고, 그리스어도 유창하게 구사할 것이다. 결정적으로 그녀의 새로운 생활방식은 그녀에게 창의적인 능력을 발휘할 수 있는 시간을 주었고, 섬에서의 삶을 토대로 책을 쓸 수 있는 시간도 주었다. 그녀는 새로운 친구들을 사귀고 그녀를 즐겁게 하는 모임에도 참여할 생각이며 매일 맛있는 그리스 공기를 마음껏 마실 생각이다.

제니퍼가 비행 계획을 세울 때 그녀는 먼저 자유롭게 산다는 것이 그녀에게 어떤 의미인지 확실히 했고, 그녀의 꿈을 실현할 수 있는 현실적인 문제들을 적었으며, 그 계획을 실행에 옮길 수 있도록 노력했다. 첫 단계를 시작한 후 그녀는 무엇이 그녀를 흥미롭게 하는지를 탐험하고 앞으로 나아가며 비행 경로를 조정했다.

오늘 시작하기

자유에 대한 꿈이 지금은 멀리 보일지라도 가장 중요한 것은 일단 시작해야 한다는 것이다. 어떤 일이라도 일단 첫 단계를 시작해 보자. 큰 목

221쪽 '상상력 발휘하기'에서 했던 상상을 떠올려보자. 이 연습은 계속 진행 중이므로 당신이 실제로 이루고 싶은 것을 발견할 때까지 계속해서 상상해 보고 탐험해 보자. 만약 당신이 누군가와 일상을 함께 하고 있으며, 이 목표가 큰 변화를 가져온다면 당신의 상상을 그 사람들과도 공유해야 한다.

상대방이 편안하고 들을 준비가 된 상황에서 말을 꺼내는 것이 좋다. 단지 아이디어의 시작일 뿐이라는 점을 알리고, 이 상상이 그들을 불안하게 할지도 모른다는 점도 이해하자. 상대방 역시 흥미로워할 만한 절충안을 찾도록 해보자. 만약 상대방이 당신에게 그 상상을 실행에 옮기지 못하도록 여러 가지 이유를 댈 것 같다면 친구와 함께 먼저 대화를 나누며 준비해 보자.

당신의 상상을 주된 목표로 삼자. 큰 목표에 도달하는 것은 버겁게 느껴질 수 있지만 작은 목표들로 나누면 성취하기 훨씬 쉬워진다. 큰 주요 목표에 도달하기 위한 작은 목표들을 설정해 보자. 그 작은 목표들을 마치 이미 달성한 것처럼 과거 시제로 적어보자. 목표를 성취할 당신의 능력에 대한 자신감을 증가시켜 줄 것이다.

1. 당신의 작은 목표 목록을 각각의 페이지 상단에 한 가지씩, 여러 페이지에 걸쳐 적어보자.
2. 작은 목표를 더 작은 단계들로 나눠보자. 그것들을 이미 달성한 목표처럼 과거 시제로 적어보자.
3. 작은 목표들 옆에 마감 기한을 적고, 목표를 이룰 단계 옆에는 각각의 단계를 실행하는 데 드는 시간을 예상해서 적어보자.
4. 페이지 아래쪽에 이 작은 목표를 실행하는 데 필요한 수단의 목록과 이런 수단을 이용하려면 어떻게 해야 할지 당신의 아이디어를 적어보자.

이제 가장 중요한 부분은 당신의 여정을 글로 옮기는 일이다. 당신의 상상을 문장 하나로 요약해서 벽에 붙여두자. 그림이나 시, 노래의 형태도 좋다. 친구에게 이야기하거나 혹은 혼자만 알고 있어도 좋다.

어떤 식으로든 일단 실행에 옮기자. 마음을 바꾸는 것은 괜찮지만 어디론가는 가고 있어야 한다는 사실을 잊지 말자. 이 계획을 한동안 머릿속에서 생각해 보고, 길은 언제든 다시 조정할 수 있다는 사실을 잊지 말자.

표를 수행하기에 적절한 때라는 생각이 든다면 그렇게 하자. 하지만 아직 준비되어 있지 않거나 약간의 수정이 필요할 것 같다면 작은 것부터 무엇이든 시작하면 된다.

가끔은 앞으로 나아가기 위해 '예스'라고 대답해야 할 때도 있다. 때로는 안 된다고 말해야 할 때도 있다. 마치 달이 변화하는 것과 비슷하다. 어느 단계에 있는지에 따라 다를 수 있다. 예를 들어 계획을 확장하고 탐색할 때는 '예스'가 도움이 된다. 만약 계획을 다듬는 단계라면 안 된다고 하는 것이 나을 때도 있다. 어느 쪽이든 선택하고 움직이면 된다.

비슷한
사람들을
찾아라

나는 내가 외향적이라고 생각해 왔다. 사람들을 좋아하고, 어렸을 때도 무대에서 공연하는 것을 좋아했다. 파티에 가는 것도 즐거웠고 낯선 사람들과도 거리낌 없이 이야기했다. 하지만 나이가 들어가며 사람들 사이에 휩쓸리는 것이 싫어졌다. 관심의 대상이 되고 싶지도 않았고, 많은 사람이 모여 있으면 피곤했다. 내 스트레스 요인에 신경을 쓰면 쓸수록 내게 조용한 시간이 더 필요하다는 것을 깨달았다. 나는 외향적인 사람이 아니었다.

한동안 내성적인 사람이라고 밝히는 것이 유행이었고 나 역시 한동안 그 꼬리표를 붙여보았지만 별로 맞지 않는 느낌이었다. 에너지를 찾기 위해 소음에서 떨어져 있는 시간이 필요하기는 했지만 내 아이디어는 늘 사람들과의 대화 중에 떠오르곤 했다.

그래서 나는 대안을 찾았고 '양향 성격자'라는 중간 지대가 있다는 것을 알았다. 양향 성격자는 외향성과 내향성을 모두 가지고 있는 사람을 말한다는데 그 용어를 들은 순간부터 나는 양향 성격자가 되고 싶지 않다고 생각했다. 외향적인 것과 내성적인 것 사이의 공간을 묘사하기 위해 억지로 만들어낸 선택 사항처럼 느껴졌다. 어쨌든 내게는 맞지 않는 용어라고 생각했다.

내가 가장 활동적이고 창의적이고 잠재력이 풍부할 때를 생각해 봤다. 실용적이고 영적이며 도전적이고 수용적이고 온유한 사람들 사이에 있을 때였다. 똑똑하고 재미있지만 '노골적'이지는 않은 사람들, 남의 말을 경청하고 공감하지만 '지나치게 노력하지는 않는' 사람들 말이다. 쓸데없는 얘기를 하기보다는 아무것도 말하지 않는 편을 더 좋아하지만 사람들과 대화할 때 더 생기가 도는 사람 말이다. 그리고 그런 사람은 나 혼자가 아니었다.

그래서 나는 나 자신을 위해 새로운 용어를 만들었다. 나는 '친절 성향kindrovert'이다. 당신도 마찬가지일지 모르겠다. 우리처럼 '친절 성향'인 사람들은 진심으로 유대관계를 맺을 때 기분이 좋아진다. 분위기가 맞을 때 자신감 있게 서로의 이야기를 나누며 감정을 키운다. 우리가 훌륭한 여행자인 것도 바로 이 성향 때문이다. 진정한 유대감을 원하는 우리의 욕구가 낯선 곳에서는 호기심으로 나타나기 때문이다. 우리는 돌아다니는 것을 좋아하고, 질문하며 대답을 듣는 것을 좋아한다. 우리는 다른 사람들의 삶의 방식, 신념 체계와 이야기에 관심이 있고, 언어가 통하지 않아도 서로 유대감을 나눌 수 있다.

우리 중 몇몇은 처음에는 자신감이 부족하지만 다른 사람들의 도움으로 빛날 수 있다. 단 몇 마디 친절하고 진실한 말도 놀라운 결과를 가져올 수 있다. 그리고 우리는 다른 '친절 성향'들 앞에서 놀라운 힘을 발휘한다. 우리는 피상적인 친구를 새로 사귀느니 새로운 친구를 아예 사귀지 않는다. 하지만 우리가 스스로 나서면 같은 부류의 사람들과 매우 빨리 친구가 될 수 있다. 우리는 신뢰가 깊고 매우 충성스럽다. 우리는 순간순간을 흡수하고 세부 사항들을 기억한다. 익숙하게 들리는가?

친절함을 주고받는 것이 힘을 주기 때문에, 그리고 기대하지 않았을 때 기대 없이 친절을 베풀 수 있기 때문에 '친절 성향' 안에 '친절'이라는 단어가 들어간다는 것이 좋다. 그리고 그것은 우리가 아무런 실질적인 대답을 가지고 있지 않을 때도 줄 수 있는 선물이다.

만약 당신이 비슷한 마음을 가진 사람들의 작은 모임에서 활기를 띤다면 당신 역시 친절 성향이다.

당신이 친절 성향이라는 것을 안다고 뭐가 달라질까? 큰 모임에 참석하도록 부담을 받거나 새로운 상황에서 사람을 만났을 때 바로 친구가 되려고 노력할 필요도 없다. 그리고 당신 스스로 그것을 인식한다면 다른 사람을 제대로 인식할 수 있는 기회가 된다. 당신과 비슷한 사람들 말이다.

나는 내 여정에서 많은 친절 성향 사람들을 만났다. 아마도 그 덕분에 내가 자유를 여행과 연관 지어 생각하는지도 모른다. 때로는 잘 모르는 사람들과 얘기하기가 더 쉽다. 넘겨짚는 대신 새로운 이야기, 자유로운 자신에 대해 이야기를 할 기회를 주기 때문이다. 그리고 새롭고 희망에 찬 이야기를 더 많이 할수록 스스로 더 믿게 되고, 우리가 생각하는 자유에 더 가까워진다.

. . .

코스타리카를 혼자서 여행할 때 나는 11일 동안 6명의 다른 사람들을 만났다. 내 숙소로 기꺼이 초대하거나 밤늦게까지 이야기를 나눌 수 있는 사람들이었다. 그들은 이탈리아인 1명, 미국인 4명, 그리고 영국인 1명이었다.

나는 새로운 친구를 찾고 있는 게 아니라 혼자 있으면서 글을 쓰고 생각하고 몸과 마음을 스트레칭하고 혼자서 모험을 하기 위해 그곳에 갔었다. 새로운 친구들을 만난 것은 내가 그들을 찾고 있었기 때문이 아니라 내가 나 자신을 찾고 있었기 때문이다.

가장 행복한 만남은 집으로 가는 길에 일어났다. 노사라 공항의 활주로에서 비행기를 기다릴 때 사비에르 루드의 〈태양을 따라가 Follow The Sun〉가 내 귀에 울려 퍼지고 있었다. 나는 정글에서 보냈던 시간을 생각하며 하늘에 떠 있는 작은 세스나 비행기를 한번 보았다. 그 비행기는 15미터도 채 떨어지지 않은 곳에서 멈춰 섰다.

보통 비행기를 타면 나만의 시간과 공간을 사수한다. 휴대전화나 다른 산만함이 없는 조용한 시간을 좋아하기 때문에 종종 그 시간을 책을 읽거나 글 쓰는 데 쓴다. 말도 거의 하지 않는다. 하지만 이번에는 옆에 앉은 사람(친근해 보이며 서퍼 같아 보이기도 했다)과 대화를 시작했고, 착륙할 때쯤 되어서는 새 친구가 생긴 기분이었다. 알고 보니 우리 둘 다 연결편 비행기를 탈 때까지 여덟 시간이나 남아 있었다. 우리는 공항 근처 도시에서 점심을 먹기로 했다.

우리는 부리토를 먹으며 대화를 나누었고 몇 시간이 순식간에 지나갔다. 어느새 공항으로 돌아갈 시간이 되어 있었다. 보안검색 대기 줄에 서 있을 때 그는 내게 말하지 않은 어두운 과거 이야기가 있다고 했다. 나는 호기심이 생겨서 듣고 싶었지만 시간이 없었다. 가방과 여권을 확인하고 우리는 출발 게이트를 찾았다. 내 비행기가 떠나기까지는 20분, 그가 자신의 게이트로 가야 하는 시간까지는 10분이 남아 있었다. 그가 나와 함께 창가 자리에 앉아 비행기가 이륙하는 것을 보며 들어본 것 중 가장 특별하고 아프고도 가슴 따뜻해지는 이야기를 해준 것은 어쩌면 당연한 듯 느껴졌다. 여기에 옮길 수는 없지만 그가 내게 이야기를 해주어 기뻤다.

내가 탈 비행기가 탑승을 시작했고 우리는 일어서서 서로 안았다. "고마워요." 우리는 서로 말했다. "당신을 만나서 기뻐요. 또 만나게 되겠죠." 멋진 여행을 마치고 집으로 가는 비행기에 올라타면서 나는 따뜻한 영혼들과 서로 연결되며 받았던 따뜻한 빛을 간직했다. 새로운 친구들과 함께할 수 있어 내 세상이 조금 더 밝아진 느낌이었다.

날개가 같은
새들

이건 내 이론이다. 눈에 띄지 않더라도 세상에는 새장을 탈출해 자유를 찾아 나선 새들이 많이 있다. 각자 다른 장소에서 탈출하며 다른 비행 궤적을 가지고 있을 수도 있지만 서로를 감지할 수도 있고, 서로를 필요로 하고, 함께 모일 때는 더 높이 날 수 있다. 새장 탈출 열쇠를 활성화하면 같은 날개를 가진 새들을 만날 수 있고, 더 깊은 곳에서 서로 연결할 수 있으며 함께 성장할 수 있다.

비슷한 사람들 찾기

이 어두운 폭풍 속에서 변덕스러운 바다는 계속해서 모양을 바꾸고 있다. 용해된 화강암 같았다가 깊은 곳에서 솟아 올라오는 고대 괴물 같기도 하다. 바다는 거대한 액체 손가락을 하늘을 향해 뻗으며 마구 소리를 내고 노발대발했다. 그 중심에는 역사상 가장 길고 힘든 해양 경주를 위해 만들어진 22미터 강철로 된 선체의 범선 '씨 드래곤'이 떠 있었다. 항구에서 배는 위풍당당했다. 하지만 이런 바다 위에서 보니 배는 아이들 목욕 장난감 같아 보였다.

가까이 확대해 보면 14명의 사람이 배에 매달려 있는 것을 볼 수 있을 것이다. 배의 키를 꼭 잡은 사람은 안개로 엉망이 된 금발 머리에 얼굴에는 긴장이 역력한 근육질의 여성이었다. 에밀리 펜은 5일 동안 제대로 먹지도 자지도 못했고, 여전히 폭풍은 거세게 일고 있다. 여성들로만

이뤄진 선원들의 목숨은 그녀 손에 달려 있었다. 이 위기를 헤쳐 나가야
했다.

에밀리가 전문 선원으로 바다를 건너는 것은 처음이었다. 그녀는 초
보 승무원으로 부담을 느끼고 있었다. 거친 상황에서 안정감을 유지하
기 위해 최대한 발을 벌리고 핸들을 잡은 그녀는 괴물이 다가오는 장면
을 봤다. 거대한 파도가 오른쪽에서 다가오고 있었고 그녀는 아무것도
할 수 없었다. 다른 선원 대부분은 위험이 얼마나 큰지조차 파악하지 못
했지만 에밀리는 단지 불가피한 상황에 대비하고 있을 뿐이었다.

모든 것이 느린 동작으로 바뀌었다. 그녀의 입술에 바닷물의 짠맛이
느껴지더니 파도는 갑판을 파괴하고 수 톤의 차가운 바닷물을 배 안으
로 쓸어 넣었다. 물이 에밀리의 허리까지 차올랐고 다른 사람들은 보이
지 않았다. 곳곳에서 팔다리가 흔들렸다. 선원들은 숨도 쉬지 못하고 어
두운 물결에 휩쓸렸다. 모두가 단단히 벨트에 묶여 있다는 것을 알고 있
었지만 14명 숫자를 다 세고 나니 비로소 안심이 되었다.

씨 드래곤이 잠잠해지자 사람들은 소금물을 털어내고 어찌해야 할
줄 몰라 서로를 쳐다봤다. 곧 모든 눈이 에밀리에게 와서 꽂혔다. '우리
다 살아 있어요?', '우리 괜찮은 거예요?' 에밀리도 속으로는 혼란스러웠
고 가슴이 요동쳤다. '내가 도대체 여기서 뭘 하는 거지? 내가 뭘 한 거
지?' 그러나 곧 아마추어 선원들의 눈에 담긴 애원을 보고 할 수 있는 유
일한 방법으로 반응했다. 그녀는 애써 웃음 지으며 하늘에 주먹을 휘두
르면서 "우후!" 하고 외쳤다. 젊은 선장의 반응을 보고 다른 선원들도 당

황하는 대신 그들이 괴물 같던 파도를 헤쳐 나왔다는 사실을 자랑스럽게 생각하며 모두 환호했다. 선원 중 한 명이 바다를 향해 "덤벼봐!" 하고 소리칠 때 14명의 여성 사이의 유대감은 영원히 끈끈해졌다.

에밀리는 당시 스물일곱 살이었다. 그녀는 세계의 외딴곳에서 환경을 연구하는 데 헌신하던 선장, 해양 운동가이자 화가다. 그녀는 바다, 지구, 사회의 미래에 관련된 문제들에 대해 강연하는 국제적인 강연가이자 고문이기도 했다. 그녀는 부담감이 익숙했지만 이번에는 달랐다. 소규모의 친구 집단(이 경우에는 여성들)이 손을 모으고 집단정신을 모아 함께 일하면 어떻게 될지 에밀리의 믿음을 결정짓는 순간이 될 것이었다.

경험 많은 탐험 대장으로서 에밀리는 수많은 여행을 했고 많은 폭풍을 만났다. 하지만 이 첫 여성 '탐험대'는 그녀의 마음속에서도 인상적이었다. '공기 중에 마법의 기운이 있었어.' 그녀는 기억했다. 에밀리가 비록 기술이나 안전에서 리더였지만, 선장과 선원 사이에는 뚜렷한 차이가 없었다. 물고기 생물학자에서 상품 디자이너까지, 영화 제작자에서 엔지니어까지, 여성들은 모두 모험에 대한 욕구에 응답했고 '보이지 않는 것을 보이게, 우리 몸의 독에서 바다의 독성 물질까지'라는 탐사대의 임무에서 영감을 받은 것이었다. 그들은 의미를 찾기 위해 함께 노력했고 생존하기 위해 함께 일해야 했다.

힘들었던 그 첫 경험 이후, 그들은 이야기, 도전, 지식, 웃음 그리고 진정한 대화를 나누며 나머지 한 달의 항해를 계속했다. 여전히 그들은 계속해서 영화를 만들고, 해양 플라스틱에 대해 교육하고, 또 다른 수백 명의 여성을 위해 비슷한 행사를 운영하겠지만 그들의 삶은 그들이 나눈 경험으로 영원히 바뀌었다. 하지만 아마도 더 중요한 것은 그들이 여전히 친구라는 점일 것이고, 지리적 거리에 상관없이 서로 끊임없이 사랑하고 지지한다는 점일 것이다. 그리고 이 모든 것은 한 무리의 같은 종류의 바닷새 무리가 자유를, 그리고 서로를 찾아 나서는 것에서 시작되었다.

오랜 친구
새 친구

당신의 무리(공동체라고도 할 수 있겠다)는 당신의 오랜 친구 집단과는 다르다. 둘 다 우정을 제공하지만 그들은 당신의 삶에서 매우 다른 역할을 한다. 새 친구들을 위한 공간을 만들기 위해 오래된 친구들을 버릴 필요는 없다. 당신이 어떤 사람이었는지 기억하고 싶고, 그들이 당신의 행복을 바라는 사람들이라면 오래된 친구는 진정한 축복일 수 있다. 하지만 만약 당신이 옛날의 당신에서 벗어나고 싶어 하며, 옛날이야기를 다른 것으로 대체하고 싶다면 오래된 친구들은 걸림돌이 될 수도 있다. 친구들은 당신이 변하지 않고 그대로 있어주어야 더 편안하고 좋을 수도 있다. 그들은 당신을 정말 사랑할지도 모르지만 당신의 날개를 꺾고 싶어 할 수도 있고, 당신이 넘어지지 않기를 바라지만 둥지를 떠나지는 않기를 바랄 수도 있다. 만약 그렇다면 당신은 결정을 내려야 한다.

당신은 그들을 새로운 여행에 데려갈 수도 있고, 혹은 당신이 새로운 삶에 안착할 때까지 그들을 잠시 뒤에 남겨둘 수도 있다. 새로운 삶에 당신이 안착하기도 전에 친구들은 아무렇지도 않게 불쑥불쑥 찾아올 것이기 때문에 그에 대해 당신이 어떻게 느끼는지 말해둘 필요가 있다. 우리는 모두 자신의 모습이 보이기를 원한다. 친구들 역시 자신들의 탈출 욕구가 있을 수 있다.

오랜 친구와 새 친구 양쪽 모두에 해당하는 사람이 있을 수도 있다. 당신의 친한 친구이면서 무리의 일원이기도 한 사람 말이다. 이 사람들은 진정한 선물이며, 당신은 성장과 발견의 가장 놀라운 여정을 그들과 함께할 수 있다.

비슷한 사람들

잠시 시간을 내어 당신과 '같은 부류의 사람들'에 대해 생각해 보자.

1. 나는 어떠어떠한 사람들과 더 많은 시간을 보내고 싶다.
2. 그리고 어떠어떠하지 않은 사람과 더 많은 시간을 보내고 싶다.
3. 나는 어떠어떠한 사람들과 더 적은 시간을 보내고 싶다.
4. 그리고 어떠어떠하지 않은 사람들과 더 적은 시간을 보내고 싶다.
5. 내 인생에서 내게 소중한 사람들은 이 사람들이다.
6. 좀 더 비슷한 마음을 가진 사람들을 만날 수 있을까 하는 생각을 하면 나는 어떠어떠한 느낌이 든다.

당신이 자유로운 감정을 느끼는 방향으로 행동을 취하기 시작하면 당신은 그곳에서 비슷한 사람들을 만나게 될 것임을 기억하자.

함께
이동하기

나약함과 솔직함, 희망과 결단력을 공통적으로 가지고 있는 사람들이 함께할 때 놀라운 힘이 발휘될 수 있다. 우리가 함께 모여서 서로를 지지하고 축하할 때, 우리는 서로의 자신감을 북돋아주고 모두 함께 나아갈 수 있게 된다.

> 비슷한 새들은 단지 몰려다니는 것이 아니다.
> 그들은 함께 이동한다.

자유를 찾아 나선 사람들에게 지지는 중요한 탈출구 역할을 한다. 다른 사람들과 더 깊이 연결될수록 당신은 더 높이 날 수 있을 것이다.

자매애

웨일스의 한 시골 깊숙한 곳에서 오래된 양철 헛간이 매우 특별한 모임을 위해 꾸며지고 있었다. 상록수 가지와 꽃이 2개의 긴 식탁 위에 놓였다. 빈티지 유리 식기로 굴절되는 촛불이 방 전체에 부드러운 빛을 발한다. 하얀 리넨과 유칼립투스로 이뤄진 단출한 장식이 손님을 기다리고 있다. 여러 세대에 걸친 많은 사람의 팔꿈치를 거치며 반질반질하게 길이 든 나무 탁자는 옛날이야기들에 힌트를 주고 몇 년에 걸쳐 공유되는 비밀들을 알려준다. 이곳은 축제와 우정, 관계와 대화, 소망과 경이를 위한 장소이다. 공기는 마지막 순간에 준비한 음식과 밖에 모인 여성들의 조용한 수다로 가득 차 있다. 헛간 문이 마침내 열리자 모두의 감탄이 쏟아지고 긴 밤이 시작된다. 자매단의 구성원들이 자리를 잡고 축제가 시작된다.

"마녀들의 집회 같아요!" '시스터후드 캠프'를 시작한 루 아켈은 내게 이 행사에 관해 설명하면서 이렇게 말했다. 주말의 치유 효과, 보름달 아래에서 일어나는 의식과 영혼의 변화, 존경심 등을 생각한다면 어쩌면 그 말이 맞을지도 모른다. 라이프스타일과 여행 블로거인 루는 여성 집단에 대한 자신의 필요를 충족시키기 위해 이 행사를 마련했다. 루는 하루 중 많은 시간을 인터넷에서 시각 자료를 찾으며 보내는 터라 고요한 아름다움의 가치, 자신을 위로하고 싶을 때 손으로 물건을 만드는 것의 중요성을 이해하는 다른 사람들과 직접 만나 시간을 보내는 일이 필요했다.

캠프에 참가하는 여성들은 꽃꽂이, 도예, 해물 요리, 자갈 공예 등의 워크숍에 참가한다. 손으로 점토를 반죽하고 꽃줄기를 자르고 돌을 칠하는 동안 더 깊은 감정이 그들 안에서 피어오른다. 모인 여성들의 대부분은 바쁜 직장에서 바쁜 생활을 하는 어머니들이지만 이곳에 오기 위해 다른 것을 희생해서라도 시간을 내어 모인다. 그들은 자신을 관리하기 위해 아이 맡기는 시간을 조정한다. 그리고 이곳을 나설 때는 모두가 에너지를 가지고 편안한 마음으로, 깊은 영감을 가지고 떠난다.

시스터후드 캠프와 같은 워크숍은 여성 한 사람 한 사람이 모인 것 이상이었다. 함께하는 식사, 모닥불, 우정의 조합은 참가자들에게 빛나는 마법을 남긴다. 물론 시간이 지날수록 사라지겠지만 그 느낌은 생생한 감각과 함께 기억 속에 남아 있다. 작약의 향기, 카모마일 차의 도자기 컵에서 피어오르는 수증기, 나뭇잎의 바스락거리는 소리는 우리를 그곳으로 데려다준다. 그리고 이 경험은 그곳에 가본 적 있는 사람에게만 허락되는 것이다.

힘든 시기를 통과해 왔다는 공통점을 가진 사람들은 서로의 경험, 실수, 육아 팁, 농담, 걱정을 나누고 추천 책, 레시피, 케이크, 와인을 매개로 유대감을 느끼며 서로 온기를 나눈다. 우리는 서로 이야기, 연민 그리고 사랑을 나누며 신뢰와 이해를 쌓아간다.

모성의 추구

제시카 헵번과 그녀의 파트너는 아기를 갖기를 필사적으로 원했지만 여러 해 동안 10만 파운드가 넘는 돈을 체외 수정에 쓴 끝에 2년 전 마침내 아이 갖기를 포기했다. 제시카는 이 힘든 길을 침묵 속에서 혼자 걸었다. 영국 최연소 극장 CEO 중 한 사람인 그녀는 동료들과 자신의 여정을 공유할 수 없다는 기분이 들었다. 그녀의 친구들은 그녀가 무슨 일을 겪고 있는지는 알고 있었지만 직접 겪어보지는 않아 진심으로 공감할 수 없었다. 결국 제시카는 주변에 벽을 쌓으며 모든 사람을 내쫓고, 그녀의 파트너와도 잠시 떨어져 있기로 했다.

대신 제시카는 『모성의 추구The Pursuit of Motherhood』에 그녀의 이야기를 기록하기 시작했다. 그녀가 필요로 했을 때는 찾을 수 없었던, 불임을 둘러싼 비밀, 우울증, 고통에 대한 감정적이고 솔직한 이야기였다. 그녀는 아무리 열심히 노력해도 행복한 결말이 없을 수 있다는 사실을 인정하고 싶었다. 그러나 그렇게 많은 실망감 가운데서도 기회와 승리는 찾아왔다.

제시카의 이 책은 반응이 압도적이었다. 그녀는 임신, 불임, 체외 수정에 대한 영국 최초의 예술 축제인 '퍼틸리티 페스트Fertility Fest'를 설립했다. 이 축제는 다른 방법으로는 결코 만난 적이 없었을 다양한 사람들을 끌어모았지만 모두가 같은 주제로 하나가 되었다. 이야기가 오가고 눈물이 흐르고 우정이 시작되고 모두가 조금은 덜 외로운 상태로 집에 갈 수 있었다.

제시카 자신은 여전히 다른 방법으로 모성애를 추구할 것인지 결정하지 못하고 있지만 그녀는 지난 몇 년의 고통스러운 여정에서 놀라운 선물을 받아왔고, 같은 경험을 한 사람들과 이야기를 나누는 데서 인간의 힘을 느꼈다.

숫자가 많다는 것은 안전하다는 뜻이기도 하다. 한 명의 외로운 목소리보다는 많은 사람들의 목소리가 훨씬 잘 들리며, 더 많은 자원에 접근할 수 있다. 당신이 속한 무리와 정기적으로 소통하는 것은 중요하

다. 관심을 가지고 계속 연락을 유지하자. 서로에게 감사해하는 이유를 담은 사랑의 쪽지를 보내자. 할 수 있다면 만나라. 서로를 북돋아주자.

나이는 숫자에 불과하다

이 책에 소개된 사례의 주인공들은 20대부터 70대까지 있고 나는 그 중간 어디쯤 있다. 젊은 시절 같은 학교, 대학, 대학원에 다니는 친구들과 시간을 보내는 것처럼 우리와 같은 인생 단계에서 친구들을 사귀는 것이 중요하다. 하지만 지금까지 내가 자유를 찾으면서 배운 가장 소중한 것 중 하나는 나이를 뛰어넘는 우정의 아름다움이었다. 나이와는 상관없이 우리는 모두 서로에게 줄 수 있는 것과 받을 수 있는 것이 있다.

여성 바이커

카렌 워클린은 55세로 은퇴하기 전까지 35년 동안 정신건강 간호사였다. 처음에 그녀는 여행과 창의성에 대한 그녀의 꿈을 좇을 생각에 가슴 설레고 감사해하며 은퇴를 기다려왔다. 하지만 그녀는 은퇴가 실제로 얼마나 힘들지는 몰랐다. 카렌은 매일 가던 직장도 없어진 채 갑자기 새로운 지역으로 이사를 했다. 물론 그녀의 전 동료들은 여전히 일하고 있었고 동료가 아닌 그녀의 친구들은 전국적으로 흩어져 있었다.

카렌은 내 '두 왓 유 러브' 온라인 코스를 수강하며 새로운 방향에 대해 좀 더 생각하기 시작했다. 우리는 아직 일을 하고 있을 때 "좋아하는 일을 하세요"라는 말을 자주 하지만 카렌에게는 은퇴한 후에야 그 말이 비로소 다가왔다. 이제 그 말은 카렌의 인생철학이 되었고 그녀의 가장 소중한 의사결정 도구가 되었으며, 은퇴 후 선물을 찾는 데도 도움이 되었다. 이제 카렌은 손녀와 함께 시간 보내기, 미술 작품 만들기, 그리고 그녀가 좋아하는 오토바이 타기 등 그녀가 진정으로 좋아하는 일을 하면서 시간을 보내고 있다.

카렌은 거의 40년 전 출근용으로 생애 첫 오토바이를 10파운드에 샀다. 그 후 오토바이는 일상에서 벗어나 모험에 불을 붙이는 열정이 되었다. 하지만 진정으로 몰두하기 시작한 것은 은퇴 이후부터였다. 카렌은 오랫동안 미뤄온 여행과 그녀의 오토바이 사랑을 결합할 수 있었다.

나와 통화했을 때 그녀는 남편, 그리고 바이크 친구들과 함께 막 '두카티 몬스터 821'을 타고 유럽을 가로질러 가고 있었다. 나는 그녀에게 도로를 달리는 기분이 어떤지 물었다. "나와 오토바이만으로도 대단한 자유지요. 이 모든 경험에 진정으로 몰입하게 돼요. 바람 소리와 오토바이 소리를 듣고, 내가 여행하는 곳의 풍경, 소리, 냄새에 흠뻑 빠집니다. 잠깐씩 타는 것도 모험이에요. 서로 다른 도전이기 때문이죠. 때로는 오토바이가 하늘을 나는 새와 가장 비슷한 기분을 느끼는 방법이 아닐까 하고 생각해요. 그리고 우아할 수도 있죠. 춤처럼 말이에요. 지속해서 집중을 이어가며 완전히 현재에 몰입하게 돼요. 명상이나 다름없어요."

내 눈에는 카렌이 록스타처럼 보였다. 나는 그녀가 은퇴 후 곧바로 힘든 시기를 헤쳐 나간 방식을 좋아한다. 그녀 역시도 같은 상황에 있는 다른 사람들에게 이런 충고를 한다. "당신이 진정 누구인지, 그리고 당신이 진정으로 살 수 있도록 새롭게 발견한 자유에 어떻게 접근하고 싶은지에 대해 생각할 시간을 가지세요. 아마 준비하고 계획할 필요가 있을 거예요. 그냥 느긋하게 흐름에 맡기고 싶을 수도 있죠. 어떤 경우든 간에 꿈을 버리지 마세요. 꿈이 당신을 일으켜 세울 거예요. 일이 잘 풀리지 않을 때는 인내심을 가지세요. 변화에는 시간이 걸리거든요."

각기 다른 연령대의 사람들은 각기 다른 지혜, 다른 관점, 다른 에너지 수준, 서로 다른 이야기를 공유할 수 있다. 우정이라는 이름 아래서는 누구나 너그러워진다. 어떤 사람들은 신선한 에너지나 희망을 가져다주거나 당신이 필요로 하는 지식을 가져다줄지도 모른다. 다른 사람들은 당신에게 어머니와 같은 부드러움과 따뜻함, 아버지와 같은 풍부한 경험을 가져다줄지도 모른다. 누가 무엇을 줄 수 있는지는 늘 놀라움으로 다가올 것이다.

나이가 몇 살이든 상관없이 당신은 중요한 것을 가지고 있다.
그것이 무엇인지 생각해 보고, 다른 사람들과 공유할 방법을 찾아보자.

다음의 목록에서 한 가지 아이디어를 선택하거나 당신 자신의 아이디어를 생각해 내고 당신의 무리가 있을지도 모르는 곳에 가기로 다짐해 보자. 지금 바로 할 수 있는 일을 골라 시작해 보자.

- 탈출 열쇠를 생각해 보자. 그리고 그런 주제에 관심이 있는 사람들이 모일 법한 곳을 생각해 보자. 그런 곳에 가도 좋고, 아니면 직접 모임을 만들어도 좋다.
- 공유할 수 있는 관심사를 가지고 그룹이나 네트워크에 참여하자. 지역 모임도 좋고 온라인 모임도 좋다.
- 당신의 지역에서 어떤 행사와 축제가 열리고 있는지 알아보고 티켓을 예매해 보자.
- 당신이 아는 사람이나 혹은 이미 존재하는 그룹에 들어가 신체적인 도전을 해보자. 혹은 스포츠 팀이나 클럽에 가입해 보자.
- 휴양지를 예약하자(음식, 불, 열린 마음을 가진 사람들의 모임은 언제나 신비한 힘이 있다). 창작, 요가, 마음 챙김, 영성, 아이디어, 비즈니스에 관련된 행사도 좋다. 많은 정보가 없더라도 과감하게 도전해 보자.
- 워크숍에 등록하거나 온라인 강의를 듣자.
- 모험을 떠나자.
- 당신에게 영감을 주는 것을 SNS를 통해 공유하자. 창의성을 발휘해 당신이 흥미를 느끼는 수단을 사용하는 것도 좋다.
- 블로그 글을 읽고 댓글을 달거나 당신 자신의 블로그를 시작해 보자.
- 온라인 포럼에서 관심사가 비슷한 사람들과 채팅해 보자.
- 당신의 꿈과 목표를 나누겠다는 목적을 가지고 누군가를 만나 커피를 마시자.
- 내 비밀 클럽인 '프리덤 시커 협회'www.bethkempton.com 에 가입해 다른 사람들을 만나고 지지를 얻어보자.

돌아와서 당신이 시도한 일들을 일기로 써보자. 이 방법은 외롭거나 동기 부여가 되지 않았다고 느낄 때 스스로 영감을 받기 위해 사용할 수 있다.

직관을
사용하라

새들이 정확히 어떻게 하늘을 나는지는 수년간 과학적인 논쟁의 주제
가 되어왔다. 우리가 알고 있는 것은 대부분의 새가 그들의 현재 위치
와 목적지를 알아내기 위해 표지물, 태양과 별 그리고 지구 자기장을
사용한다는 것이다.

산과 강 같은 자연적인 지형지물과 높은 건물 같은 인간이 만든 지
형지물은 새들에게 유용한 지침이 될 수 있지만 그들이 이전에도 똑같
은 루트를 사용했을 때만 유용하다. 따라서 이 첫 번째 항법 도구는 지
식과 경험이라고 할 수 있다.

태양과 별은 특히 날씨가 맑을 때 위치와 방향을 알아낼 수 있는 믿
을 수 있는 지표다. 이 두 번째 항법 도구는 정보와 지침이다.

새들은 지구의 자기장을 이용하여 항행하는 것으로 알려져 있다. 과
학자들은 새들이 자기장을 탐지하고 위치, 고도, 방향을 감지할 수 있
게 해주는 내부 나침반 같은 자기 수용 감각이 있다고 믿고 있지만 아

무도 정확히는 알지 못한다. 이 세 번째 도구는 직관이다.

지금부터는 인간으로서, 우리가 어디에 있으며 어느 곳으로 가고 싶은지를 이해하고 싶을 때 필요한 것들을 이야기해보자. 먼저 우리는 지금까지 배운 지식과 경험을 우리의 배경, 교육, 읽은 책, 대화, 사람들이 우리에게 영감을 준 일들, 우리의 직업과 가봤던 장소 등을 통해 살펴봐야 한다.

두 번째로, 정보와 지침으로 그 공백을 채워야 한다. 이것은 연구, 질문하기, 이전에 비슷한 일을 했던 사람들과 이야기하기, 역할 모델과 멘토 찾기, 수업 듣기, 정보 수집 그리고 도움을 요청할 준비를 하는 것 등이다.

이제 삶을 항해하는 데 필요한 세 번째이자 마지막 도구는 직관이다. 그것은 우리의 오감에 이은 여섯 번째 감각이라고도 한다. 내면으로 아는 지식, 질문을 듣자마자 즉각 마음속에 떠오르는 대답이 바로 직관이다.

첫 번째 도구를 무시하면 과거의 실수를 반복할 위험이 있다. 두 번째 도구를 무시하면 모르는 것에 맹목적으로 뛰어들게 된다. 하지만 세 번째 도구를 무시하는 것이 무엇보다 가장 위험한데, 이것이야말로 자유로운 당신 자신의 목소리이기 때문이다.

벼랑 끝에서의 기적

다린 맥브라트니가 더 이상 몸을 엉망으로 쇠약하게 만드는 난치병과 함께 살고 싶지 않다고 결심할 때쯤에는 그의 결혼은 파탄에 이르렀고 사업도 망한 상태였다.

이 병으로 고통받는 것은 다린 혼자만이 아니었다. 무려 22명의 사람이 비슷한 증상을 보였는데 그중 2명이 사망했다. 모든 희망이 사라지자 그는 빈티지 포르쉐를 캘리포니아 해안가로 운전하고 가서 벼랑 끝을 향해 몰기로 했다.

빅 수르에 접근했을 때쯤, 옛 친구가 그 근처에 살고 있다는 게 불현듯 떠올랐고 다린은 마지막으로 그 친구에게 전화를 걸까 말까 잠시 고민했다. 그는 자신도 모르게 도로를 벗어나 어느새 친구 집 대문 앞에 서 있었다. 다린의 이야기를 들은 친구는 "도움이 될지도 모르는 운동요법 의사를 한 명 알아" 하고 말을 꺼냈다.

뜻하지 않게 찾아간 친구의 권유로 만나게 된 그 의사는 평범한 의사처럼 보이지 않았다. 의사가 꺼낸 낡은 여행 가방에는 수백 개의 작은 병들이 들어 있었는데 빈 병같이 보였지만 자세히 보니 병명이 적혀 있었다. 다린과 함께 에너지 테스트를 한 후, 의사는 여행 가방에서 특정한 약병을 찾더니 그중 한 개를 집었다. "병명은 시구아테라예요." 의사가 그에게 말했다.

추가 실험을 통해, 바다에서 독소를 다량으로 배출하는 유해한 녹조 현상인 '붉은 조류 질환'이라고도 알려진 이 병을 확인했다. 다린이 서핑을 즐기던 시절 중독되었을 가능성이 있었다. 치료에 목말랐던 다린은 "효과적인 치료법이나 해독제가 없다"는 말에 무너지는 것 같았다. 다시 어둠이었다.

의사가 진단을 위해 사용한 방법은 기적처럼 보였다. 다린은 지금까지 알려진 치료 성분의 리스트를 출력해 하나하나 짚어가며 의사에게 에너지 테스트를 요청했다.

그녀가 한 단어씩 말할 때마다 다린은 열심히 받아 적었다. 그중 몇몇은 흔한 요리용 허브, 몇몇은 한 번도 들어본 적 없는 희귀식물이었다. 다린은 그 모든 정보를 모아 의사에게 가져갔고, 의사는 그것들을 모두 준비해 주었다.

결과는 어땠을까? 치료는 효과가 있었다. 다린을 괴롭히던 증상은 모두 사라졌고 결국 그는 완쾌되었다.

··

만약 다린에게 기적이 일어난 것이라면 시구아테라를 가진 다른 사람들을 위한 희망적인 이야기일 뿐만 아니라 우리의 직관이 우리에게 하는 말을 듣는 것이 얼마나 중요한지를 보여주는 예시라고 생각한다. 다린이 오랜 친구를 방문하지 않았다면 대체 치료법으로 목숨을 구해 준 이 의사와 만날 일도 없었을 것이다.

· · ·

새들이 그들의 환경에 따라 항법을 전환하는 것처럼 우리도 이 세 가지의 항해 도구를 필요에 따라 선택해 쓸 수 있을 것이다.

만약 당신이 의식적으로 여행의 방향을 선택하고
스스로 길을 찾기 위해 이 모든 도구를 사용한다면,
당신은 목적지에 도달할 수 있는 높은 가능성을 가진 것이다.

우연
그 이상

나는 내가 많은 우연을 경험했다고 생각하곤 했다. 처음으로 영국 북쪽에 있는 헤브덴 브리지의 예술 도시에 갔을 때처럼 말이다. 길을 걷다 전화기가 울려 확인해 보니 자신의 이야기를 내 블로그에 소개하고 싶다는 한 여성의 이메일이었다. 그녀의 이름은 앨리슨 바트람이었고, 이 메일 서명을 보고 그녀가 헤브덴 브리지의 '하트 갤러리' 오너라는 것을 알았다. '재미있네!' 나는 생각했다. '마침 여기 왔는데.' 그리고 그때 고개를 들자마자 내가 '하트 갤러리' 바로 앞에 서 있었다는 사실을 깨달았다. 믿을 수가 없었다.

나는 갤러리 안으로 들어가 내 소개를 했다. 그녀도 나만큼이나 놀랐고, 우리는 차를 마시러 가지 않을 수 없었다. 우리는 결국 그녀의 이야기를 블로그에 소개했다. 그녀의 언니가 자살하며 그녀가 충격에 일을 그만두었고, 결국 꿈을 좇아 갤러리를 열게 되었다는 이야기였다. 앨리슨의 이야기는 많은 사람에게 감동을 줬다.

이 일 말고도, 내가 남아프리카의 나미브 사막에 갔을 때의 이야기도 있다. 모닥불을 쬐려고 동료 여행자들과 모여 있는데, 옆에 있던 사람이 일본 북부의 한 농장에서 패러글라이딩을 했던 이야기를 하기 시작했다. 그가 여행을 시작한 지 얼마 안 되었을 때 한 외국인이 언덕에서 뛰어오르더니 다시 언덕에 크게 부딪히는 걸 봤다고 했다. 알고 보니 그 외국인은 우리 오빠였다(오빠는 크게 멍만 든 채로 빠져나왔다고 한다). 연결고리가 생기자 그룹 간의 대화는 밤늦게까지 이어졌다.

또 이런 일도 있었다. 나는 시차 때문에 일찍 일어나 샌프란시스코를 새벽 5시에 걷고 있었다. 좋아하는 일을 하라는 주제로 사업을 시작하려고 이것저것 생각하고 있을 때였다. 내가 무엇을 공유하고 싶은지는 알고 있었지만, 사업을 시작한 지 얼마 되지 않아 이 계획을 실현하게 해줄 동업자가 필요했다. 내게 가장 이상적일 동업자가 누구일까 생각하던 중에 '켈리 래 로버츠'가 떠올랐다(1년 전 미술 여행에서 만난 그 켈리 래가 맞다. 94쪽 참조). 하지만 그 이후로 거의 연락을 하지 않았고, 그녀는 이미 온라인에서 엄청난 성공을 거두고 있었다. 내가 연락할 수 있는 수준이 아니었다. 하지만 물어는 봐야겠다고 생각했다.

나는 호텔 방에 돌아와 이메일에 로그인했다. 놀랍게도 켈리 래의 이메일이 와 있었다. 내용은 이랬다. '정말 갑작스럽다는 건 아는데… 문득 우리 같이 일해 보면 어떨까 하는 생각이 들었어요. 뭔가 창조적인 비즈니스면 좋겠는데 뭔지는 아직 모르겠네요. 어때요?'

우리는 '비즈니스 소울 세션 T' 온라인 강좌와 '헬로 소울 헬로 비즈니스' 멤버십 사이트를 함께 만들었고, 전 세계의 창의적 기업가들을 도와 그들이 자랑스러워할 만한 사업을 시작하도록 도왔다. 나는 지금 오리건 주 포틀랜드에서 켈리 래와 동업 10주년을 축하하고 있다. 그녀에게 깊은 감사를 느끼며 여전히 우리 관계의 깊이와 수명을 믿지 못하는 중이다.

우주로부터의 신호

나에게 이런 일들은 항상 일어난다. 아마 당신도 그럴지 모르겠다. 알아채느냐 아니냐에 달렸다고 생각한다. 물론 분명 우연의 일치이지만 두 가지 일이 동시에 일어난다는 전통적인 의미 이상의 것이 있다고 생각한다. 순수한 우연 말이다. 나는 당신이 여행하는 방향과 우주가 당신에게 보내는 안내 표시와 관련이 있다고 생각한다. 설명해 보겠다.

우선, 당신이 새장에서 나오면 당신은 여행의 방향을 선택한다. 이것을 직선이라고 생각해 보자. 당신은 대개 '옳은' 방향으로 움직이고 있지만 만약 궤적을 조금 바꾼다면 우주는 당신의 미래에 존재할 수 있는 '좋은 것'에 대해서 알고 있다.

이 사실을 당신에게 알리기 위해 우주는 당신에게 좋은 일에 대한 메시지를 보낸다. 우주의 메시지가 당신과 교차하는 A 지점에서 '우연'을 통해 당신의 관심을 사로잡으려고 하는 것이다(그림 3). 어쩌면 도로에 떨어져 있는 낙서일 수도, 누군가가 카페 테이블에 놔둔 잡지에 실

그림 2 | 당신의 여행 방향

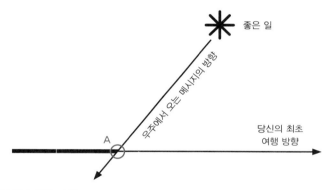

그림 3 | 당신과 교차하는 신호

린 기사 제목일 수도 있다.

당신은 그래도 신호를 알아채지 못하고 계속 같은 방향으로 갈 수도 있다. 그래서 우주는 당신에게 또 다른 메시지를 보내는데 이것은 B 지점에서 당신의 길을 가로지르는 또 다른 우연이다. 아마도 이번에는 책 한 권이 떨어지거나 아니면 당신이 그들에 대해 생각하고 있는 바로 그 순간에 옛 친구가 당신에게 전화할 것이다. 아마도 당신이 계속해서 같은 단어나 이름, 혹은 주제를 보고 있다는 것이 스스로 조금 이상하다고 생각할 수도 있겠지만 이내 신경 쓰지 않고 아마 계속 같은 방향으로 갈 것이다.

지금쯤 우주는 당신의 관심을 사로잡기 위해 필사적이 되어가고 있을 것이다. 당신이 선택한 방향으로 너무 빨리 가고 있어서 이 좋은 일을 완전히 놓친 것처럼 보일 수도 있다. 그래서 우주는 당신에게 주어

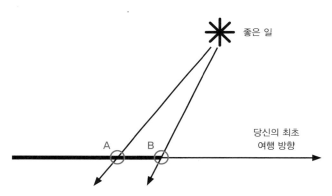

그림 4 | 두 번째로 당신과 교차하는 신호

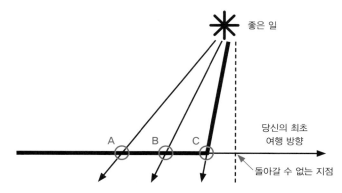

그림 5 | 의사결정 지점에 도달한 경우

진 모든 것을 던진다. TV 프로그램, 반복되는 꿈, 특정 이름의 누군가를 찾으며 계속 잘못 걸려오는 번호, 그라피티에 나오는 메시지, 새로 생긴 워크숍 광고, 어쩌면 정리해고 통보나 육체적인 병일지도 모른다.

우주는 당신이 이 좋은 일을 놓치지 않게 하려고 어떤 것이라도 할 준비가 되어 있다. 그림 5의 C 지점은 최종적으로 주의를 기울이고 코스를 변경(굵은 선이 보여주는 대로)하고 결국에는 좋은 일을 향해 곧바로 가게 해주는 우연한 일이 일어나는 지점이다.

이들 각각의 우연은 하나의 결정 지점을 나타낸다. 만약 당신을 돕기 위해 보낸 신호를 알고 나서 방향을 바꾸기로 선택한다면, 곧 당신을 기다리고 있던 좋은 일을 발견하게 될 것이다.

당신이 선회해야 하는 각도가 점점 더 커지는 것을 볼 수 있다. 당신이 신호를 알아채는 데 더 오랜 시간이 걸릴수록 당신은 경로를 더 뒤늦게 수정하게 되고 경로 수정이 늦을수록 변화가 더 심할 것이고 더 충격적일 것이라는 의미다. 따라서 우연을 일찍 알아챌수록 변화는 훨씬 부드러워질 (그리고 덜 무서워질) 수 있다.

다음과 같은 세 가지 방법으로 좋은 일에 도달할 기회를 늘릴 수 있다.

1. 속도 줄이기
2. 눈을 뜨고 보기
3. 조용히 듣기

물론 당신은 신호를 알아채고도 계속해서 무시할 수도 있다. 하지만 계속 이러다가는 결국(그림 5의 돌아갈 수 없는 지점을 지나서) 좋은 일을 그냥 지나쳐버릴 것이고 그러면 좋은 일도 곧 사라질 것이다. 엘리자베스 길버트는 그녀의 훌륭한 책 『빅 매직Big Magic』에서 아이디어에 관한 천재적인 이론을 소개한다. 사람들이 어떻게 파트너가 될 사람을 찾아 나서는지를 말이다. 하지만 그 사람이 준비되어 있지 않다면 기회는 결국 다른 사람에게 넘어간다고 한다. 내 생각에는 우주가 우리에게 말해주려고 하는 좋은 것들도 마찬가지인 것 같다. 우리가 계속해서 그 신호를 무시하고 길에서 멈출 생각도 안 한다면 어쩌면 취업 기회나 사랑, 또는 그 밖의 다른 모든 좋은 것을 놓치게 될 것이다. 만약 우리가 듣고 있지 않았거나 혹은 듣기에 적절한 때가 아니었다면 그 좋은 일은 다른 누군가를 위해 그 자리에 대신 있을 것이다. 그렇다고 해서 우주가 우리에게 말해 줄 수 있는 다른 좋은 것들이 없다는 뜻은 아니다. 하지만 우리가 길을 따라 더 좋은 것들에 끌릴수록 우리의 여정은 더 나아지고 더 만족스러워질 것이다.

때때로 나는 신호에 관해 이야기하고 사람들은 반신반의하지만 사실 우리는 모두 진실을 알고 있다. 내 친구 중 한 명인 캐리 샤핀은 최근 이 이야기를 해줘 나를 크게 웃게 했다.

우주에서 온 메시지

오늘 오후에 개를 산책시키다가 길거리에서 종이 한 장이 펄럭이는 것을 보았다. 나는 워낙 착한 사람이라 쓰레기라고 생각해 그것을 주웠다. 나는 40대다. 삶의 큰 결정을 내리는 데 도움을 받을 수 있도록 언제나 우주에서 오는 신호를 주시하고 있다. 집어 든 종이가 리스트라는 것을 알고 나니 읽지 않을 수 없었다. 리스트는 다음과 같았다.

유리 가마 / 붓 한 상자 / 유리 / 깨진 달걀 상자 / 아트 비디오 / 냉장고, 토스터, 전자레인지, 식기 세척기 / 점토 / 닭 / 종이! / 이동식 해골 / 글레이즈 / 가마 수리 설명서 / 플러그 / 타일 커터 / 책

내 상상력이 온 방향으로 뻗어 나가기 시작했다. '미술 스튜디오일 거야. 스테인드글라스 스튜디오일지도 모르지. 어쩌면 시원한 로제 와인을 마시면서(냉장고가 있으니까) 작품(구슬일 것 같다)이 구워져 나오는 걸 기다릴 수 있을지 몰라.' 깨진 달걀이 좀 의외이기는 했지만 내가 판단할 일은 아니었다. 나는 이 쪽지가 신호라고 생각하고 목록을 계속해서 봤다. 두 번째 읽을 때쯤 '닭'을 발견하기 전까지. '닭이 왜 필요한 거지? 왜 목록을 반쯤 쓰고 나서야 갑자기 닭이 생각난 거야? 닭은 무슨 상관이지? 무슨 신호가 이래? 난 이제 뭘 해야 할까?'

이것은 우리의 두뇌가 어떻게 무언가를 받아들이고 그것을 해석하는지에 대한 좋은 예다. 우리는 무작위 리스트가 바람에 날리는 것을

선택할 수도 있고, 아니면 우리의 상상력에 도전하고 우리 마음에 드는 신호를 선택할 수도 있다.

그 리스트에서 달걀과 닭, 부활과 삶의 주기에 관한 이야기를 끄집어낼 수도 있는 것이다. 캐리는 작년 도자기 강습을 받으며 10년 넘게 앓아오던 우울증을 떨쳐냈다. 평범한 연필꽂이와 볼이 이런 변화를 만들어낼 거라고 누가 생각이나 했을까? 수업을 마쳤을 때 캐리의 우울증은 다시 시작되었고, 이 종이를 집어 들었을 때 그녀는 다시 도예 수업을 들어야 한다는 신호가 아닌가 생각했다고 한다.

이게 바로 신호다. 당신에게는 어떤 의미가 있지만 다른 사람에게는 아무것도 아닐 수 있다. 어쩌면 아무 신호도 아닌 것일 수 있다. 하지만 그것이 어떤 일을 다른 식으로 보게 하거나 새로운 것을 떠올리게 하거나 잃어버린 무언가를 기억나게 한다면, 그게 진짜 신호인지 아닌지가 중요할까? 이런 신호는 도움이 된다. 그리고 광활한 하늘을 날아가다 보면 어떤 신호든 없는 것보다는 나은 법이다.

우주는 우리의 허락을 기다리지 않는다

내가 다섯 살 때 엄마는 오빠와 나를 런던으로 데리고 가셨다. 우리는 세인트 폴 성당의 높은 돔 밑에 있는 위스퍼링 갤러리를 가로지르며 목소리를 낮춰 떠들면서 자연사박물관에서 거대한 디플로도쿠스 뼈를

봤다. 지금까지 가본 가장 큰 방의 천장에 매달려 있는 푸른 고래 사체를 봤던 것부터 온통 분홍색으로 장식된 바와 외부의 분홍색 벤치, 혀 끝에서 톡톡 터지던 사탕의 느낌까지 기억난다.

우리는 마지막으로 과학박물관으로 들어가 디스커버리 센터를 봤다. 모든 것이 실제와 가까웠고 어린 내 눈에는 어마어마하게 보였다. 하지만 나를 완전히 사로잡은 것은 플라스마 글로브였다. 내가 안에 들어갈 수도 있을 것같이 큰 유리 구체였고, 중심에서 빛나는 공 모양으로 생긴 보라색 불빛이 퍼져 나와 구체의 벽에 부딪히며 색이 변했다. 빛은 번개처럼 사방으로 퍼지고 있었다. 한 번도 본 적 없는 물건이라 상상력에 혼란이 올 정도였다.

"유리에 손을 대고 어떻게 되는지 봐." 엄마가 말했다. 혹시 내가 외계인을 풀어주거나 감전사할지도 모른다는 생각에 나는 망설이며 손을 뻗어 만져봤다. 그 순간 빛은 촉수를 뻗어 내 작은 손을 공의 중심에 연결했다. 빛이 안에서 뿜어 나온다기보다는 내가 빛을 쏘는 것처럼 느껴졌다. 나는 겁이 났다. 그 이미지는 내 머릿속에 지금까지도 각인되어 있다.

30년이 지나서 미술 여행에서 창의적인 깨달음을 얻은 후, 나는 인생에서 수많은 우연을 발견하기 시작했다. 합리적인 분석보다 강한 직관으로 더 많은 선택을 하는 느낌이었다. 수학적인 훈련을 받아 논리적인 사고에 익숙한 사람으로서 나는 자애로운 '우주'의 개념 뒤에 있는 과학을 이해하려고 노력했다. 증거를 두 눈으로 볼 수는 있었지만 방법

론에 대해서는 전혀 알 수 없었다. 나는 과학 그 자체에서는 결국 답을 찾지 못했지만 플라스마 글로브의 이미지가 새로운 의미로 표현되었을 때, 내 이해에 도움을 준 것 역시 과학이었다.

플라스마 글로브는 우주의 에너지로 진동하는 지구와 같은 행성이며, 필요한 곳에 도움을 주기 위해 에너지가 끊임없이 퍼져나간다. 당신의 허락을 기다리지도 않는다. 늘 일하고 있는 것이다. 당신이 땅에 두 발을 붙이고 가만히 서서 조용히 도움을 기다리면 다섯 살짜리 아이가 작은 손을 플라스마 글로브의 표면에 대고 있듯 갈라지는 에너지 줄기들이 당신이 있는 방향으로 뻗어온다.

만약 표면을 가볍게 스치기만 한다면, 관심을 다른 곳으로 돌리거나 제대로 듣고 있지 않다면 그 효과는 미미하다. 그러나 만약 당신이 속도를 줄이고 땅에 단단히 서서 이 도움을 받을 수 있다고 믿는다면 손바닥 전체를 플라스마 글로브 위에 대듯 필요한 도움을 받게 되는 것이다. 명쾌함, 에너지, 그리고 거대한 힘의 기운이 당신 안에서부터 뿜어져 나와 번개처럼 당신을 칠 수도 있다.

하지만 당신도 분명 역할을 해야 한다. '우연' 이론은 당신이 움직이고 있을 때만 유효하다. 소파에 앉아 무릎에 떨어지는 신호를 기다리는 것은 아무 소용없다. 밖으로 나가 적극적으로 찾아봐야 한다.

'우주의 신호를 기다린다'라고 할 때 내가 생각하는 것이 바로 이런 것들이다. 새들이 높이 날고 있을 때, 그들은 말 그대로 공기의 흐름에 몸을 맡긴다. 우주와 함께 움직이고 신호에 주목하고 당신의 항법 도구인 지식과 경험, 정보와 지침, 그리고 직관이 가리키는 곳으로 따라간다면 당신도 앞으로 나아갈 수 있다.

주의를 기울이고 행동을 취하는 것,
이 두 가지를 다 할 때 비로소 마법은 일어난다.

불
켜기

아이들이 아직 어릴 때 부모님 근처에 살면서 더 많은 도움을 받고 싶어 얼마 전 나는 고향으로 돌아갔다. 왠지 퇴보하는 듯한 느낌이 들어 걱정이 많았다. 하지만 나는 이 선택이 옳은 것이라고 확신할 수 있는 신호를 찾았고, 그 신호를 발견하고 나자 이사도 훨씬 쉬워졌다.

브라이턴을 떠나기 일주일 전 노스 레인에 있는 '투 페더스'에서 날카로운 푸른 눈을 가진 리라는 사람에게 타로 점을 봤다. 그의 카드는 너무 낡아 그림이 거의 보이지 않을 정도였다. 내가 옳은 선택을 했다는 신호가, 그게 무엇이 되었든 필요했다.

처음부터 그는 날카로운 통찰력으로 나를 찌릿하게 만들었다. 내가 앉자마자 그는 "움직임이 보이는군요. 집을 옮기려고 하는 건가요?" 하고 말했다. 우연이었을 수도 있지만, 그 후 그는 무서울 정도로 정확하게 우리가 이사 갈 새 집에 대해 묘사했다. 가족들이 살기에 완벽한 장소라고 했다. 그리고 집 주위에 보호 에너지가 있어 우리가 행복할 거라고도 말했다. 그는 계속해서 아무도 알 수 없을 법한 사적인 대화를 맞추는 신기함도 보였다.

그리고 개구리 이야기가 있었다. 글자를 가르치기 시작한 지 몇 주가 지나자 시에나는 계속해서 '개구리'를 반복해 말했다. 우리의 대화나 행동과도 전혀 상관없던 단어였다. 단어들을 막 배울 때라 아마도 새로운 단어의 맛을 느껴보는 것이라고 생각했다. 하지만 너무 자주 말하는 탓에 이상하기는 했다.

점괘를 거의 다 설명해 갈 때쯤 리는 말했다. "그건 그렇고, 그쪽이 여기 들어온 후부터 개구리가 계속 머리 위에 떠다니는군요."

'뭐라고?' 개구리는 변화와 성장, 부활, 기회와 행운의 상징이었다. 나는 이게 신호라고 생각했다. 시에나도 혹시 개구리를 본 게 아닐지 궁금

제대로 듣기

주위에 무슨 일이 일어나는지 자세히 보자. 헤드폰을 쓰지 말고 산책하고 전화기는 내려놓자. 고개를 들어 주위를 둘러보자. 당신이 가려고 하는 방향에 신호처럼 보이는 것이 없는지 보자. 사진을 찍고 메모하고 공책에 당신의 생각과 관찰을 적어보자. 글귀, 스티커, 라벨, 티켓, 엽서 등 당신에게 무언가 말하고 있는 듯한 것들을 모아보자.

처음에는 당신이 무엇을 찾는지, 무엇을 말하는지 모를 수도 있지만 어느 순간 특정한 것들에 특히 더 많이 끌린다는 점을 느끼게 될 것이다. 기대를 안 하고 있을수록 메시지는 눈에 더 잘 들어오는 법이다. 일기에 당신이 발견한 신호의 증거를 붙여놓자. 찾은 내용을 정리해 보자. #freedomseeker를 사용해 다른 사람들과도 함께 나눠보자. 같이 이야기하면서 어떤 변화가 있는지 보자.

했다. 모든 게 잘 될 거라고 내게 계속해서 말해주려던 것은 아니었을까. 우연인지 (아닐지도 모르지만) 일본어로 개구리는 '카에루'로, '집으로 돌아가다'라는 뜻의 동사와도 발음이 똑같다. 정말 신기하게도, 고향으로 돌아가고 난 후 시에나는 다시는 개구리를 입에 올리지 않았다.

모든 신호는 앞에 나타나 있다.
그저 불을 켜고 그 신호를 보기만 하면 된다.
주의깊게 듣고, 믿어보자.

몸의 이야기 듣기

당신의 몸은 직관을 강력하게 전달한다. 가끔은 기쁨을 표시하고 가끔은 고통 속에서 말을 하기도 한다. 어떨 때는 단순히 일이 잘 안 되고 있다는 것을 보여주는 통증이기도 하다. 어딘가 새로운 곳으로 가려고 할 때 주의를 기울여보자. 당신의 몸이 길을 찾는 데 필요한 단서를 가지고 있을지도 모른다.

답답한 느낌

앤리스는 시애틀의 프로젝트가 끝날 때까지 남은 시간을 계산해 보다가 계약이 끝나자마자 시애틀을 출발하는 애리조나행 비행기를 예약했다. 칸막이 방에 갇혀 야외 활동이 너무 그리웠던 터라 바로 다음 직장을 구하는 대신 몇 주 시간을 내서 신선한 공기를 마셔야겠다고 생각했다. 이 여행은 처음으로 야외 암벽등반 경험이 될 것이었다. 앤리스는 매 순간이 즐거웠다. 시애틀로 돌아온 앤리스는 직장에 지원하기 시작했지만 이내 우울해졌다. 그녀는 스트레스를 풀기 위해 피트니스 센터를 찾았고, 곧 편안하게 느껴졌다. 그러나 집에 돌아와 책상에 앉기만 하면 고통이 찾아왔다. 도시에서의 평범한 삶을 살려고 노력하면 할수록 온몸은 더 아팠다.

허리 통증이 심해지기 시작해 그녀는 요가 수업에 등록했다. 우연인지는 몰라도(아닐 것이다) 수업에서는 마침 답답한 느낌에 관해 이야기했다. 마침 딱 맞는 주제였다. 강사는 학생들에게 매주 일과에서 자신들이 갇혀 있다고 느껴질 만한 일들을 해소하는 방법을 찾아보라고 권했다. 앤리스는 매주 암벽등반을 하는 상상을 했고, 곧 기분이 좋아졌다. 허리의 통증도 사라지는 느낌이었다. 무언가 억눌린 느낌이 등에서부터 사라지는 것 같았다.

앤리스는 이제 등반과 모험 영화를 전문으로 하는 영화 제작자로 일하고 있다. 그녀의 몸에 귀를 기울이기 시작한 이후로, 그녀는 요세미티 국립공원, 레드 록 캐니언과 유타주 모아브까지 곳곳을 돌아다니며 자연경관과 모험을 즐겼다. 그녀는 이보다 더 행복하거나 자유로웠던 적이 없었다.

가야 할 방향이나 여정에 관해 결정해야 한다면 직관을 이용해 보자. 어렵거나 방법을 모르겠다면 이 방법을 시도해 보자.

1. 당신 앞에 놓인 선택지를 보자. '예스'와 '노'라고 적힌 종이 두 장이 있다고 상상해 보자. 첫 번째 선택을 한 후 느낌을 느껴보자. '예스'를 선택했다고 생각해 보자. 이제 몸에서 무엇이 느껴지는지 보자. 에너지 레벨은 어떤가? 숨쉬기는 어떤가? 무거움이나 가벼움이 느껴지는가? 손에 땀이 나지는 않는가? 결정에 행복하다는 생각이 드는가, 두렵다는 생각이 드는가? 두렵다면 흥분되면서 두려운 것인지, 아니면 '세상에, 내가 도대체 뭘 한 거야?' 하는 두려움인지도 생각해 보자. 긴장감이 느껴지는가? 심장이 빠르게 뛰거나 두근거리는가? 어떤 기분이 느껴지는지 노트에 적어보자.

2. 이제 두 번째를 선택해 보자. '노'를 선택했다고 해보자. 체크리스트를 다시 보며 당신의 몸이 당신에게 무엇을 말하는지 느끼고 적어보자.

3. 이제 결정하자. 어느 쪽을 선택했는가?

예상하지 못했던 어려움에
대처하기

감금과 탈출의 경험으로부터 배운 것이 있다면 삶은 우리가 기대한 대로 펼쳐지지 않는다는 것이다. 때로는 예상 못 했던 축복을 받기도 하고 때로는 나쁜 일들이 생기기도 한다. 나는 이것을 난기류라고 부른다. 난기류는 언제든 영향을 미친다. 인생이 우리에게 커브볼을 던지면 배를 크게 맞은 것처럼 느껴질 수 있다. 당신이 안다고 생각했던 일들이 문제에 휩싸이고 소용돌이에 빨려 들어가는 것같이 느껴지기도 한다. 종종 이런 일들은 너무 순식간에 벌어지기 때문에 이미 문제 안에 빠져들어 간 후에야 무슨 일이 일어났는지 알게 되기도 한다. 때로는 감당하지 못할 것 같은 기분이 든다.

비행기에서 난기류를 경험해 본 적 있다면 누구나 그것이 얼마나 불편할 수 있는지 안다. 떨림과 흔들림 정도로 실제 다치는 경우는 드물지만 그래도 무서운 건 여전하다. 파일럿이 난기류에 대해 미리 안다면 승객에게 경고할 수 있지만 가장 일반적인 형태인 청정 난기류는 예측

할 수 없기 때문에 가장 혼란스럽다. 눈에 보이지도, 레이더로 감지되지도 않는다.

우리 삶에서 청정 난기류라면 갑자기 들려오는 충격적인 뉴스일 것이다. 친구가 사고를 당했거나 아이가 아프거나 집주인이 주택 담보 대출금을 내지 않아 퇴거당할 위기에 처하거나 당신 자신의 건강이 신경 쓰일 수도, 배우자가 바람을 피우거나 사업 파트너가 당신을 배신했다는 이야기일 수도 있다. 그리고 가끔은, 그런 최악의 악몽이 실제로 일어나기도 한다.

떠다니는 조각들

"마치 바닥에 떨어져서 산산조각이 난 꽃병 같은 기분이었어." 내 어린 시절 친구 홀리 디컨은 동생 브리오니의 자살 사건을 떠올리며 감정을 묘사하려 애썼다. "충격으로 산산조각이 난 것 같았어. 그리고 천천히 조각들이 떠다니는 걸 지켜봤지. 그 후 2주 동안 한 번에 한 조각씩 손을 뻗는 내 모습을 봤지만 그건 그저 손을 뻗는 그 자체를 위한 노력이었고, 종종 그 조각들은 손이 닿지 않는 곳으로 흘러가곤 했어."

뼈가 흔들리는 2주간의 난기류 속에서, 부검과 장례식을 기다리는 동안 홀리는 자동항법 모드였다. 아들의 열 번째 생일 파티 초대장을 쓰는 데 여덟 시간이 걸렸다. 친구들이 모였지만 그녀는 다른 사람들이 뭐라고 했는지 전혀 기억하지 못했다. 그녀는 밤에는 유령에 사로잡혀 있었고 낮에는 혼란스러운 생각들로 가득 차 있었다. 그녀가 할 수 있는 일은 아이들을 먹이고 한 발 한 발 내딛는 것뿐이었다. 인생은 다시는 예전 같지 않을 것이다.

브리오니가 죽은 직후, 홀리는 친구들의 작은 모임에 참여하기로 오래전에 약속이 잡혀 있었다. 취소할까도 생각했지만 집에서 며칠 떠나 있는 편이 오히려 더 나을 것 같았다. 친구들은 그녀를 꼭 둘러싸고 떠다니는 그녀의 파편들을 붙들어주었다. 모임이 끝나고 어둠 속에서 집으로 차를 몰고 가는 동안 그녀는 뭔가가 바뀌는 것을 느꼈다. 멈포드 앤 선즈의 〈내가 기다릴게 I Will Wait〉라는 곡이 라디오에서 흘러나왔고, 그녀는 눈물이 솟구쳤다.

"운전하다가 울었던 그 순간이 그날 이후 기억나는 첫 번째 장면이야." 홀리는 그때를 회상하며 말했다. 카페에서 나에게 이런 이야기를 들려주다가 그녀는 갑자기 놀라서 멈췄다. 마치 브리오니가 우리에게 메시지를 보내는 것처럼 똑같은 노래가 카페 스피커에서 흘러나왔다. 이제 우리 둘 다 울고 있었다.

나는 시간이 정말 슬픔을 치유하는지 홀리에게 물었다. "슬픔은 언제나 그곳에 있을 거야. 하지만 이제 나는 그 슬픔의 형태를 알아. 슬픔을 알아보고 인정하면서 내 하루를 살아가는 거야." 이제 깨진 꽃병은 사랑과 희망과 용기로 다시 조립되었다. 몇몇 균열은 여전히 눈에 띄고 여기저기에 깨진 조각이 있지만 이제 그 조각에도 성격과 아름다움이 생기며 이전보다 더 강한 꽃병이 되었다.

홀리의 경우, 일단 난기류가 완화되면서 그녀는 불안과 슬픔의 새장에 갇혀 있음을 알게 되었고 자신이 겪고 있는 일을 표현할 방법을 찾기 위해 '창조성' 열쇠를 사용했다. 치유 과정 그리고 조각들을 붙여 꽃병을 재건하는 데, 그 과정에서 내면의 공간을 다시 복구하는 데 예술이 도움이 되었다.

깨진 도자기의 아름다움

외상을 입은 후 고통에 빠진 사람을 보면 우리는 종종 그들을 고치려고 노력하지만 그들은 고쳐질 필요도 없고 우리에게 그 책임이 있는 것도 아니다. 예전으로 돌아갈 수 없고, 아주 섬세하고 오래 걸리는 길이다. 우리는 그 과정에서 지지를 아끼지 않을 뿐이다.

자유란 자신의 진정한 정체성을 가지고 자신만의 삶의 방식을 선택할 수 있는 의지와 능력이라는 것을 기억하라. 다른 사람들이 자유로워지도록 허용하는 것은 그들의 삶을 진정한 자신의 모습 그대로 경험하게 하는 것이다.

난기류는 삶의 경험의 일부다. 우리가 성장하는 방법의 하나이기도 하다. 때로는 진정한 자아에 더 가까이 다가갈 방법을 배울 수도 있다. 때로는 고통을 감당할 방법을 찾는 것이 중요할 때가 있다. 일본에는 금박을 입힌 래커를 사용해 깨진 도자기를 수리하는 기술인 킨츠기라는 전통 공예 기술이 있다. 사물의 조각도 그 역사의 일부로 포용한다는 철학을 바탕으로 하고 있다. 균열과 깨진 부분을 숨길 필요가 없다. 그것들 역시도 우리 모습의 일부이다. 혼란에 시달릴 당시에는 이런 것들을 인식하기 어렵지만 난기류는 지나가게 마련이고 평온은 결국 다시 돌아올 것이다.

난기류를 만났을 때

난기류는 주로 부정적인 것에서 오지만 긍정적인 것 역시 당신을 뒤흔들 수 있다. 예기치 않은 승진으로 인한 재배치, 처음으로 대중 앞에서 연설을 하게 만드는 벤처 사업가의 갑작스러운 성공, 계획되지 않은 임신 같은 것들이다. 이런 것들도 갑자기 나타나서 모든 것을 뒤흔들 수 있다.

> 삶의 어느 시점에 난기류는 반드시 오게 되어 있다.
> 그건 확실하다.
> 미리 막을 수는 없지만 대비할 수는 있다.

내 경험과 웹사이트의 수백 명의 이야기를 통해 나는 난기류를 다루는 데 도움이 되는 세 가지 행동을 발견했다. 내게도 효과가 있었던 방법이고, 브리오니가 죽은 뒤 홀리의 상황에도 대처했던 방식이다. 이러한 단계를 미리 알면 난기류가 발생했을 때 잘 대처할 수 있다. 세 가지 행동은 다음과 같다.

1. 숨쉬기

2. 날개 접기

3. 한데 모이기

● **1단계 : 숨쉬기**

잠시 멈추고 숨을 쉬자. 호흡에 집중하라. 최대한 깊이 숨을 쉬어서 산소가 뇌로 흘러가도록 하자. 그런 다음, 사실만 따로 떼어서 보자. 가능한 한 추측은 피하고 지금 당장 진실인 것에 집중하라. 이는 최소한의 공포만을 일으켜 필요한 조처를 하는 데 도움이 될 것이다. 숨쉬기가 당신의 기분을 어떻게 만드는지 살펴보며 계속 숨쉬기에 집중하자.

● **2단계 : 날개 접기**

새들은 비행기와 마찬가지로 난기류를 경험하지만 비행기와는 다르게 대처할 수 있다. 2014년 왕립학회가 발표한 옥스퍼드대학교 과학자들의 연구는 2,500여 건의 난기류를 따라 대초원의 독수리가 비행하는 것을 추적했다. 독수리들은 매 순간 매우 현명한 움직임을 보였다. 바람에 의한 흔들림을 피하기 위해 독수리는 약 0.35초 동안 몸 아래에 날개를 접어 최악의 상황을 피했다. 이것은 '날개 접기'로 알려져 있다. 이 연구를 이끈 그레이엄 테일러 교수에 따르면 '차의 제동장치처럼 새들은 이 기법을 이용해 난기류에 의한 충격을 완화할 수 있다'고 한다.

우리가 삶의 난기류를 경험할 때 이것을 우리 자신에게 적용한다면 완벽하게 이해가 된다. 상황이 정말 힘들 때, 날개를 접어 넣고 할 일을 줄이고 가장 중요한 것들만 남겨두는 것은 아주 짧은 시간 동안에도 타격을 완충시키는 데 도움이 된다.

회의를 취소하거나 업무 요청을 거절해도 괜찮다. 학교 기금 모금 행사를 위해 케이크를 굽지 않아도 괜찮다. 마감일 연장을 요청하거나 일주일을 쉬어도 괜찮다. 물론 영향을 받을 만한 사람들에게는 '날개 접기'를 설명하는 것이 중요하다. 어쨌든 사람들이 당신을 필요로 한다고 해서 전부 나설 필요는 없다. 난기류가 닥치면 당신은 당신이 필요하다. 긴 산책을 하고 잘 먹고 뜨거운 목욕을 해라. 촛불을 켜거나 잠을 자도 좋다. 당신에게 필요한 것은 무엇이든 해라. 자신에게 친절하고 부드럽게 대해라.

● 3단계 : 한데 모이기

당신의 '무리'에게 도움을 요청하고 싶다면 지금 해야 한다. 당신이 해야 하는 일들을 대신 맡아서 처리해 줄 뿐만 아니라 앞이 보이지 않는 난기류를 통과하고 있는 당신에게 힘이 되어줄 수 있다. 그들은 당신에게 무슨 말을 해야 할지 모를 수도 있지만 지금 당장은 그런 걱정을 하는 것이 당신의 책임이 아니라는 것을 잘 알고 있다. 친구들이 모이면 저녁을 사 오거나 자녀를 학교에 데려다주거나 개를 산책시키거나 집을 청소하는 등의 할 일을 주자. 당신과 세상의 완충지 역할을 해달라고 요청하거나 따뜻하게 안아달라고 요청할 수도 있다.

난기류에 휩싸였을 때를 떠올려보고 그 문제를 어떻게 처리했는지 생각해 보라. 당신이 어떤 일을 당했는지, 그때 어떻게 느끼고 대처했는지 자세히 적어보라. 이제 숨을 쉬면서 날개를 접고 그 당시에 무엇이 당신을 도울 수 있었는지 살펴보라. 만약 당신이 지금 난기류에 휩쓸려 있다면 그냥 숨을 쉬고, 날개를 접은 채 모여 있으면 된다.

만약 당신이 아는 사람이 난기류를 경험하고 있다면 당신은 그 사람이 숨을 쉬고 날개를 접고 모여 있을 수 있도록 도와주면 된다. 무슨 말을 해줘야 할지, 어떻게 치유해 줘야 할지 모르는 것에 대해 걱정하지 마라. 치유하는 것은 당신의 일이 아니다. 가장 중요한 것은 그 자리에 있어주는 것이다. 그냥 가서 할 수 있는 일을 해라. 그리고 그 어느 때보다 사랑을 주면 된다.

급격한
변화

난기류는 당신의 상황이 급속히 변할 때 일어나는 불편한 일이다. 보통은 인생이 당신에게 던지는 것들 때문에 난기류가 발생한다. 하지만 때로는 너무 빨리, 너무 많은 변화로 허공을 휘저어 그 난기류를 만들어 내기도 한다. 얼마 전 우리에게 일어난 일이다. 연속적으로 일련의 중요한 삶의 변화를 겪은 후, 남편과 나는 마침내 우리가 활기를 띠기 시작했다고 느꼈다. 하지만 우리가 자리를 잡았다고 느끼자마자 난기류 속으로 곧장 빨려 들어가 온 세상이 정신없이 흘러갔다.

남편은 한밤중에 가슴 통증과 호흡 곤란으로 잠에서 깨어났다. 미처 깨닫기도 전에 우리 침실에 3명의 구급 요원이 들어와서 그를 살펴보고 심장마비의 가능성이 있는지 살펴보았다. 미스터 케이는 서른아홉 살이었고 건강하고 강한 사람이었다. 나는 자동항법 모드가 되어 정신없이 병원에 갈 짐을 싸고 있었다. 아기가 구급차에 탈 수 있도록 자동차 시트를 준비하고 전화 충전기와 현금을 챙겼다. 오빠 존에게 전화를 걸어 우리가 병원에 가 있는 동안 잠든 딸을 돌봐달라고 했다. 오빠가 우리 집에 도착하기까지는 30분 정도 걸릴 터였다.

나는 존이 도착할 때까지 아이를 돌봐달라고 이웃에게 부탁했다. 이웃 헤이즐은 잠옷 차림으로 부스스한 머리에 충혈된 눈으로, 놀라고 걱정이 가득한 표정으로 문을 열고 들어왔다. 그때까지 비현실적으로 버티고 있던 나는 그 순간 허물어져서 아무 말도 못 하고 눈물만 쏟아냈다. 그 후 몇 시간은 기계와 검사, 질문, 그리고 더 많은 검사로 흐릿했다. 품에 딸을 안고서 머릿속에는 '만약에'와 '제발'이라는 단어가 가득했다.

다행히도 미스터 케이의 심장 검사 결과는 모두 깨끗했고, 그는 완전히 회복했다. 나중에 우리는 그것이 아마도 공황 발작이었을 거라는 이야기를 들었다. 둘째의 탄생으로 계속되는 불면증, 짜증을 내기 시작한 첫아이, 새로운 도시로 이사해 새집으로 옮기는 등 아마도 당시 삶에 급격한 변화가 많았기 때문일 것 같았다. 우리가 너무 많은 일을 하고 있다는 것은 알고 있었지만, 그래도 우리가 잘 해내고 있는 것처럼 생각하고 있었다. 둘째 아이의 새로운 모습을 탐구하는 것을 즐겼고 사업은 번창하고 있었다. 그러면서 우리가 실제로 그렇게 많은 변화의 한 가운데서 얼마나 스트레스를 받는지는 알아차리지 못하고 있었다.

결국 미스터 케이는 괜찮아졌고 더 이상 공황 발작을 일으키지 않았다. 이것이 할 일을 줄이고 우리 자신을 더 잘 돌보았기 때문에 나온 결과라는 것은 의심할 여지가 없다.

. . .

다른 길을 가고 싶다는 것을 깨닫고, 앞으로 나아갈 길이 보인다면 누구든 서두르고 싶은 유혹이 들 것이다. 하지만 한 번에 한 걸음씩 천천히 움직여라. 한 번에 너무 많은 변화를 일으키지 마라. 그리고 자신의 행복과 인생을 함께 나누는 사람들의 행복에 더욱 주의를 기울여라.

난기류에 갇혔는가, 새장에 갇혔는가?

난기류에 갇힌 것도 힘들고 새장에 갇힌 것도 힘들다. 어떤 면에서는 비슷한 느낌을 받을 수 있지만 실제로는 서로 다른 세계다. 난기류는 오래가지 않는다. 당신의 상황이 급속히 바뀌고, 혼란과 방향 감각 상실 때문에 잠시 삶에서 벗어나는 것이다. 그러나 새장에 갇혀 있는 것은 훨씬 더 오래 지속된다. 어떤 틀에 갇히게 되면 관성이 생긴다. 철창에 갇혀 있으면 철창을 움켜잡고 놓지 않게 되고, 난기류에 걸리면 헐떡이며 숨을 쉬게 된다. 둘 다 피곤하고 스트레스가 많다. 하나가 다른 하나를 일으키게 할 수 있고, 둘 다 당신의 비행을 방해할 수 있다. 내 친구 리사의 가슴 아프지만 영감을 주는 이야기로 그 차이를 보여주고 싶다.

저항을 무릅쓰다

리사 몬크리프는 곧 태어날 아기가 딸이라는 것을 알았을 때 흥분이 되었다. 그녀는 딸과 함께할 모든 일, 함께 갈 곳, 함께하게 될 경험을 상상했다. 그러나 딸 로지는 희귀 질환인 네말린근병증이라는 희귀한 근육 영양 장애를 가지고 태어났다. 이 상태로 태어난 아기의 3분의 2는 24개월을 넘기지 못한다고 알려져 있다.

로지의 생애 처음 두 달은 리사와 그녀의 남편 이안에게는 삶이 거꾸로 뒤집어지는 경험이었다. 우선순위가 바뀌었고 중요하지 않은 일은 전부 관뒀으며 가족과 친한 친구들에게 지원을 요청했다. 숨쉬기, 날개 접기, 한데 모이기였다. 시간이 지남에 따라 그들은 리사가 복직하고 이안이 로지의 풀타임 간호를 위해 경력을 포기하면서 매우 어려운 상황에 봉착했다. 그들은 걱정, 좌절과 죄책감의 새장에 갇혀 있었다.

첫 생일이 오기 직전에 로지는 감기에 걸렸고, 그녀의 면역 체계가 이를 견디지 못해 호흡 정지 상태에 빠졌다. 로지는 이안의 품에서 거의 죽어가고 있었다. 기적적으로 병원 요원들이 제시간에 도착하여 로지를 소생시켰다. 로지가 회복된 후 리사와 이안은 로지가 집에서도 정상 상태를 유지할 수 있도록 하는 시스템을 일상으로 정착시켜 어렵사리 감당해 내고 있었다. 비록 집에는 온갖 종류의 기계 장치와 마약류 의약품이 가득 차 있었지만 그것이 그들의 일상이 되었다. 이안은 로지의 전업 간병인이 되었고 리사는 다시 직장에 복귀했다. 시간이 흐르면서 리사는 비슷한 시기에 아기를 낳은 친구들과 거리를 두게 되었다. 너무 고통스러웠기 때문이다. 리사와 이안의 관계도 당연히 괴로웠다.

　로지의 두 번째 생일 몇 달 전 크리스마스가 될 때까지 그들이 갇혀 있는 새장은 점점 더 좁아지고 있었다. 세 사람은 가족과 크리스마스를 보낼 생각이었지만 로지의 어린 사촌이 감기에 걸렸고, 결국 여행이 취소되었다. 리사와 이안과 로지, 세 식구는 크리스마스 날 아침에 오붓하게 잠에서 깼다. 크리스마스 날인데 아무 계획도 없고 아무 데도 외출할 필요도 없었다. 리사는 한숨을 길게 내쉬었다. 그들은 이 정도도 기대하지 않았지만 로지는 예전처럼 건강했고 활기가 넘쳤다. 그들은 가족으로서 행복했고, 지난 1년 동안 견뎌온 모든 것을 돌이켜보며 자랑스러워했다. 리사는 숨을 내쉬었다가 평화롭고 고요하게 다시 들이쉬었다. 그들은 함께 즐거운 시간을 보냈고, 내년에 무엇을 하고 싶은지 생각하기 시작했다. 리사는 뭔가가 움직이는 것을 느꼈다.

　리사와 이안은 크리스마스 날에 '쾌활', '유대감'이라는 열쇠를 활성화시켜 그들이 갇혀 있던 새장에서 탈출했다. 서로 진심으로 이야기하고, 상대방이 어떻게 느끼는지 인식하고, 완전히 새로운 방식으로 서로를 지원하는 데 관심을 기울인 이후로. 그들은 로지와 함께 더 재미있는 날들을 계획했고, 로지의 두 번째 생일의 거대한 이정표를 기념했다.

그들은 여전히 같은 현실에서 살고 있지만 이제는 철창살이 거의 없다. 죄책감, 좌절감, 외로움을 느끼기보다는 리사는 이제 용감한 딸이 가르쳐준 모든 것에 감사하고, 훌륭한 남편과의 깊은 관계와 가족으로서의 관계를 경험하고 있음을 느낀다.

리사의 경우, 그녀는 어린 딸이 얼마나 심각한지 처음 알게 되었을 때 난기류에 휩싸였다. 그 때문에 그녀의 삶과 남편의 삶이 완전히 혼란에 빠졌다. 그들은 딸의 병이 인생에 끼칠 영향에 대해 전혀 준비가 되어 있지 않았다. 결국 이 폭탄은 리사의 삶이 흘러가게 될 새로운 맥락이 되었다. 그녀는 갇혀 있다고 느낀 때가 있었지만 어느 날 그녀의 맥락은 더 친숙한 것이 되었고, 그녀는 자기가 갇힌 새장을 인식하게 되었고, 탈출하기 위해 자기의 열쇠를 사용했고, 이제는 그녀의 소중한 딸이라는 선물에 대해 믿을 수 없을 만큼 감사하게 되었다.

난기류를 피하는 확실한 방법은 애초에 날지 않는 것이지만,
그렇게 사는 것은 삶이 아니다.

마음을 다잡고, 너무 겁먹지 마라. 전투 준비가 되어 있다면 전투의 절반은 이긴 셈이다. 자유를 추구하는 사람으로서 이미 해낸 일들은 당신을 그 어느 때보다 더 강하고 더 탄력적으로 만든다는 것을 명심하라. 당신은 폭풍을 헤쳐 나갈 수 있는 모든 것을 가지고 있다. 날개를 접고 숨쉬기를 기억해라.

이겨낼
것이다

당신이 지금 난기류에 휩싸여 있다면 이 말을 명심하기 바란다. 당신은 잘하고 있다. 결국에는 괜찮아질 것이다. 하늘이 무너지는 느낌이 들수도 있고, 위아래가 계속 뒤집히면서 자유낙하하는 느낌이 들 수도 있다. 소리 내어 비명을 지르거나 아니면 조용히 있고 싶을지도 모른다. 대답을 간절히 원하고 있을 수도 있고 아니면 질문에 대해 전혀 알지 못할 수도 있다.

괜찮다. 괜찮아질 것이다. 숨을 쉬고, 날개를 접고, 한데 모이자.

여정을 지속할
힘을 얻는 법

죄책감과 걱정과 시간을 요구하는 일들을 제쳐두고 평화와 휴식, 새로운 영감, 새로운 생각, 진정한 나를 새롭게 인식할 공간을 마련하고 나는 글쓰기에 대한 나의 사랑, 자연과 야외에 대한 나의 사랑, 웃음의 순수한 기쁨을 다시 발견했다. 그리고 부모, 아내, 친구라는 역할의 고정관념을 떨쳐버리면서 나는 내 모습 그대로의 부모, 아내, 친구가 되는 방법을 찾았다. 내면을 들여다보니 용감한 마음을 다시 발견할 수 있었고, 나는 다시 용감해졌다.

방바닥에 누워버렸던 그날로부터 오래 지나지 않았을 때, 내 삶의 모든 영역을 다시 살펴보기 시작하면서 우리가 매달 얼마나 많은 돈을 낭비하고 있는지 살펴보았다. 나는 내가 좋아하는 카페에 가서 카푸치노를 주문하고 은행과 신용카드 명세서를 들고 아침식사 바에 앉았다. 나는 우리가 소비하고 있는 모든 것을 기록했고, 내가 적은 내용에 충격을 받았다. 1년 넘는 시간 동안 쌓인 금액을 계산해 보니, 내가 매일 커피 마실 돈을 아꼈더라면 두 번이나 세계 일주를 떠났을 것이다. 우리의 집세는 평균 봉급과 비슷했다. 먹는 데 얼마나 돈을 썼는지는 언급하지 않겠다. 대부분 시간을 절약하기 위해 비싼 슈퍼마켓에서 장을 본 식사였다. 나는 그 일을 끝내고 몸이 아팠다. 아이러니한 것은 우리가 사교 활동을 거의 하지 않았다는 것이었다. 우리는 차를 가지고 있지 않았고, 실제로 '물건'을 많이 사지 않았다. 우리는 이 큰 집에서 살기 위해, 평소와 같은 생활을 유지하기 위해, 어느 곳에도 가지 못하면서도 돈을 줄줄 흘리고 있었다.

나는 소중한 자원, 즉 시간과 돈, 에너지를 낭비하지 않기로 했다. 미스터 케이와 나는 문제를 해결하려고 돈을 쏟아 붓는 대신에 우리를 좀 더 자유롭게 만들어줄 수 있는 대대적인 변화를 일으켰다. 월 지출을 절반으로 줄이기 위해 집을 줄이고 다른 도시로 옮긴다든지, 집을 더 편안하게 느끼게 만들어서 외식을 하는 데 돈을 덜 쓰게 한다든지, 옷을 정리해서 옷을 더 사지 않고도 내가 실제로 입을 수 있는 어떤 옷들을 가지고 있는지 잘 알 수 있게 한다든지 하는 변화였다.

미스터 케이와 자유를 느끼는 것에 대한 생각을 공유했고, 우리 아이들도 자유를 느낄 수 있도록 어떻게 키울 수 있는지에 대해 토론했다. 우리는 우리가 제공하는 환경, 집 안의 에너지와 분위기, 어떻게 하면 우리의 성역을 만들 수 있을지에 대해 생각했다. '만약에 어떤 일이 가능하다면? 그럼 어떻게 해야 할까? 다시 시작할 수 있다면? 우리가 무엇을 달리 할 것인가? 만약 중요한 것이 행복이라면? 이제 우리는 무

엇을 할 것인가?'

우리는 6년 전에 세운 '두 왓 유 러브'라는 사업을 새롭게 살펴보았다. 미스터 케이는 결혼 직후에 합류했다. 온라인 비즈니스로서, 이론적으로는 우리가 원할 때, 우리가 원하는 곳에서 일할 수 있는 완전한 자유를 제공한다. 하지만 우리는 우리가 만든 기계의 노예가 되었다. 우리는 여러 개의 파트너십을 개발하고 전 세계 수천 명의 사람이 더 행복하고 창의적이며 영감을 얻는 삶을 살 수 있도록 지원하는 강력한 코스를 만들었다. 하지만 그렇게 함으로써 우리는 성공을 따라잡기 위해 경쟁했고, 수요를 따라잡기 위해 팀을 성장시키면서 그것이 우리가 원하는 방향인지 묻지 않았다.

나는 다른 사람을 실망시키고 싶지 않았다. 유능한 사람으로 보이고 싶었다. 그래서 가끔 '아니요', '지금은 아니요'라고 말해야 할 때도 '네'라고 계속 말했다. 나는 내 목록에 끌려가고 있었다. 내 마음을 따라가는 대신에. 내가 잘하는 일을 계속했다. 모두가 내게 바라는 모습이었고, 내가 하겠다고 말했기 때문이었다.

나는 내 아이들과 나 자신의 행복에 집중해야 할 때 지나치게 확장했다. 비즈니스는 자유의 관문이 될 수 있지만 그것은 당신이 일상에서 기쁨을 느낄 수 있는 방식으로 설정할 때만 가능하다. 만약 현재 처해 있는 현실과 일상이 마치 덫에 걸린 것처럼 느껴진다면 큰 그림이 자유를 약속한다고 해도 소용없다. 어차피 느끼지 못할 테니 말이다.

'두 왓 유 러브'를 시작했을 때 나는 가이드였다. 나는 내가 창조하고 이끌어가는 과정을 통해 세상에 대한 나의 생각과 진실을 공유했다. 시간이 흐르면서 그 강좌의 성공은 다른 사람들을 내 방으로 데려왔다. 우연히 제작자가 된 나는 그들의 지혜를 널리 공유할 수 있는 기반 시설을 제공함으로써 그들의 작업을 지원하는 큰 영광을 누렸다. 그 여성들과 함께 일하는 것은 소중한 경험 중 하나였고, 나는 그 경험에 감사한다. 하지만 새장을 벗어나 안개 속에서 빠져나오기로 결심했을 때 나 역시 뭔가가 필요하다는 것을 깨달았다. 그렇다고 해서 내가 세운 사업을 희생해야 한다는 뜻은 아니었지만 이미 세워진 사업과 함께 내 프로젝트가 번성할 수 있도록 그 사업을 재구성할 수는 있었다.

결국 그것은 간단한 방정식이었다. 시에나와 마이아와 더 많은 시간을 보낼수록 우리는 더욱 가까워졌다. 미스터 케이와 시간을 더 많이 보낼수록 내가 왜 그와 결혼했는지 더 잘 기억할 수 있었다. 혼자 시간을 보낼수록 자유로워진 나 자신과 다시 연결되어 무엇이 나를 살아 있는 것처럼 느끼게 하는지를 알게 되었다. 그리고 이 모든 일을 할수록 내 삶의 다른 모든 영역에 내가 더 많이 드러났다.

시간이 충분하지 않다고 생각하지만 사실 우리에게는 충분한 시간이 있다. 우리가 시간을 어떻게 쓰기로 선택하는가의 문제일 뿐이다. 그렇다고 바쁜 날도 없고 해야 할 일 목록도 없다는 뜻은 아니고, 하루가 어떻게 지나갔는지도 모르게 침대에 쓰러지지 않는다는 뜻도 아니다. 하지만 요즘은 내가 자유로워지는 순간에 내가 사랑하는 사람들과 함께하는 데, 내가 좋아하는 일을 하는 데 시간을 쓰는 경우가 더 많다.

그것이 나를 더 행복하게 하고, 주변 사람들을 더 행복하게 만든다.

우리는 시간과 돈, 에너지를 어떻게 쓰는지 더욱 의식하게 되었고 적극적으로 감사하게 되었다. 시간과 돈, 에너지를 어린 시절의 소중한 순간, 부모로서의 삶과 결혼 생활, 초콜릿, 거품 목욕, 아늑한 담요, 나무 버너 옆에서 저녁을 보내고 달빛 속에서 밤을 보내는 데, 자연 속에서 거닐고 맨발로 잔디밭에 서 있는 데, 미친 듯이 춤을 추고 눈물이 나도록 웃는 데, 옛 친구들과 새 친구들과 어울리고 끌어안고 비밀을 나누는 데, 잠자리에 들기 전에 미스터 케이와 내가 마침내 우리의 운명을 지배할 방법을 찾는 데 쓰도록, 각자의 독립된 여정 그리고 우리가 함께하는 여정을 위해 쓰도록 말이다.

자유로운 나 자신과 분리된 것이 어느 한 순간의 일이 아니었듯이 우리의 화해도 갑자기 이루어진 게 아니었다. 우리는 천천히 부드럽게 서로를 향해 나아갔다. 우리는 즐거움과 기쁨의 작은 순간을 찾아냈고, 경험을 향해 방향을 바꾸었고, 그 순간을 통해 우리의 길을 느꼈다. 시간이 흐르면서 유대감과 자유에 대한 감각이 생겨났다.

장기적으로 바라보기

가장 좋은 것은 매일 자유롭게 느끼며 사는 것이다. 나는 매일 자유롭게 느끼며 살기 위해서는 다음의 두 가지 접근법을 동시에 취해야 한다는 것을 이해하게 되었다.

1. 열쇠를 활성화하여 가능한 한 자주 자유로울 수 있다.
2. 열쇠를 지침으로 삼아 장기적으로 자유를 끌어들이는 라이프스
   타일을 설정할 수 있다.

이제 당신은 열쇠를 활성화하고 그 경험의 소중한 순간에 몸을 담그
는 방법을 안다. 이제 긴 게임을 해야 할 때, 즉 장기적으로 자신을 위해
새로운 종류의 생활방식을 만들기 위해 일시적으로 희생하거나 견뎌
야 할 것들에 대해 이야기할 때다.

우리와 마찬가지로 자기 카페를 여는 것이 꿈이었던 내 친구 스펜서
보먼의 사례를 살펴보자.

오래 지속되는 자유

스펜서는 자기 카페를 열겠다는 목표를 이루기 위해 회사와 꽤 괜찮은 급
여를 포기했다. 카페 '메트릭스'를 3년 운영한 끝에 영국 햄프셔 전역에 네
곳의 카페를 열었으며 맛있는 커피, 훌륭한 음식으로 빠르게 유명해지고
있다. 내 두 번째 사무실이기도 하다.

하지만 멈추는 것은 종종 매우 힘든 길이었던 어떤 것을 광택이 나
게 해주는 일이기도 하다. 지난 3년 동안 스펜서는 새로운 가게를 여느
라 정신없었고, 느리게 진행되는 건설 작업에 지쳤으며, 범죄 손해도 입

었고, 끝없이 오르는 인건비의 어려움 등을 모두 겪어야 했다. 그 사업은 초창기에 거의 망할 뻔했다. 그는 옷도 사지 않고 휴일에도 나가지 않았고 최근까지도 월급을 받지 않았다. 결국 그는 모든 스트레스를 받고 여자친구와 헤어졌다.

여러 면에서 스펜서는 급여를 지불해야 한다는 압박과 정해진 시간과 정해진 물리적 위치에 관한 현실적 문제들로 자신을 가두고 있던 새장에서 도망쳤다. 1년도 안 되어 여덟 번째 절도 사건으로 손해를 보고 몇 시간 동안 그는 자신의 카페에서 혼자만의 시간을 보냈다. '그냥 다 털고 팔아야 할까?'

하지만 그는 카페 벽에 걸린 가족사진을 향해 고개를 들고 어린 시절과 조부모님의 집을 떠올렸다. 조부모님에게는 5명의 자녀, 수십 명의 손자들과 증손자들이 있었기 때문에 이곳은 항상 사람들, 웃음과 사랑으로 가득 차 있었다. 그는 모든 연령대의 사람들이 집에 온 것처럼 느낄 수 있는 장소인 '메트릭스'를 시작했을 때 그것이 영감을 주었던 것을 기억했다. 사람들은 그들의 공동체에서 그런 것을 필요로 했고, 그는 힘들었지만 카페가 살아나는 것을 보고 얼마나 행복했는지 깨달았다.

스펜서는 또한 자신이 선택한 이 새로운 길을 좋아하는 많은 이유를 상기시켰다. 환상적인 직원, 관계, 이야기, 창의력 및 주도권을 사용할 수 있는 기회, 지역사회에 생기를 불어넣을 기회 등. 그는 이 모든 것을 털고 떠나면 어떤 기분이 들까 고민하다가 다시 머물고 싶은 기분은 어떤지도 생각해 보았다. 그리고 그는 남기로 결심했다. 그것은 그에게 언제나 선택권이 있다는 것을 상기시키는 데 도움이 되었다. 이것은 긴 게임을 하겠다는 그의 의지를 재확인한 것이다. 스펜서는 도전적인 문제와 함께 일상생활에서 자유롭게 느낄 수 있는 방법을 찾았으며 장기적으로 자유를 위해 사업을 계속 구축했다.

사실 많은 사람들이 큰 꿈을 꾸지만 큰 꿈을 실현하는 데는 시간이 걸린다. 큰 꿈을 향해 가는 길은 결코 쉽지 않고 결코 잘 뻗은 길도 아니다. 다시 회사로 돌아가는 일은 상상할 수 없지만, 그렇다고 해서 내가 선택한 길 위에 놓여 있는 일들이 도전적이지 않다는 뜻은 아니다. 다만 선택의 여지가 있다는 것을 알고 매번 자유롭게 느끼는 선택을 하라는 것이다.

도전은 맥락이라는 것을 기억하라.
당신이 다시 함정에 빠지게 내버려 둘지는
그 상황에 어떻게 반응하느냐에 달려 있다.

어떤 도전과 희생은 그 과정에서는 별 의미가 없지만, 장기적으로 자유를 추구하기 위한 노력이 하루하루 너무 고통스럽다면 시도할 수 있는 다른 길이 또 있을 것이다. 고통은 항해를 위한 단서이다. 그것은 우리에게 사물, 특정 사람들과 상황을 알려주고, 그리고 다른 사람들에게 경고한다. 그것은 우리가 이미 배운 것들을 상기시킨다. 어떤 면에서는 생명의 광대한 하늘을 항해하기 위해 실제로 고통이 필요하다.

열쇠를 다시 한 번 살펴보고 더 자유로운 느낌을 가질 수 있는 방법을 찾을 수 있는지 알아보고, 미래에도 더 자유로운 느낌이 들도록 자신을 설정하라.

성공의 덫

때로는 무언가를 위해 몇 년을 보낸 후에야 마침내 그것을 얻게 되고, 그것이 우리를 실제로 행복하게 하지 않는다는 것을 깨닫는다. 이것은 파괴적이고 혼란스럽고 방향 감각을 잃게 만든다. 다른 사람의 성공에 맞서 자신을 측정해 왔기 때문에 그런 일이 일어난다. 때로 우리는 목표를 세우고 그 목표를 계속 추구한다. 그것이 우리가 실제로 원하는 것인지 계속해서 확인하지 않으면서. 그리고 때로는 성공을 추구하는 데 너무 오래 걸려서 마침내 '그곳에' 도달할 때쯤에는 전체 맥락이 변할 때가 있다.

철창살 너머로

학교에서 로버트 존 고햄은 '스포츠 가이'도, '공붓벌레'도, '예술가'도 아니었다. 그는 파티를 여는 데는 능했다. 이로 인해 그는 음악 업계에서 일을 시작할 수 있었으며 '롭 다 뱅크'라고 알려진, BBC 라디오 채널에서 대단히 인기 있는 DJ로 성공했다. 그의 경력이 절정에 달했을 때, 그와 그의 아내 조시는 2명의 공동 창립자와 함께 '베스티발'이라는 음악 축제를 만들었다. 이 축제는 '영국 최고의 메이저 축제'를 비롯한 많은 상을 수상했다.

매년 수만 명의 사람을 끌어들이는 이 행사는 수많은 스핀 오프 이벤트를 만들어냈으며 롭이 가족처럼 여기는 헌신적인 팀이 이 이벤트를 운영한다.

그러나 최근 각 행사가 끝나고 공급 업체를 다루는 일상적인 현실로 돌아가고, 엄청난 예산에 대한 전반적인 책임을 지고, 이익이 희박하고, 음악과는 아무런 관련이 없는 결정을 내리는 동안 그는 무언가 잘못되었다는 생각을 하게 되었다. 43세의 나이, 그의 명성과 경력의 절정에 서 있음에도 롭 다 뱅크는 갇혀 있다는 느낌이 들었다.

"베스티발은 여러 가지 면에서 놀라워요. 사람들, 경험, 에너지, 행사에서 모두 놀랍죠. 하지만 사실은 나는 오랫동안 안정적인 업무를 하고 정기적인 봉급을 받는 정규직으로 일하기를 바라왔어요." 나는 깜짝 놀랐다. 첫인상으로만 볼 때 롭이 비순응적인 사람이라는 것을 알 수 있지만, 그가 치명적으로 심각하다는 것 또한 알 수 있었다.

문제는 10여 년 전 롭과 그의 공동 창업자들이 베스티발에 대한 아이디어를 스케치했을 때, 그들이 그렇게 폭발적인 성공을 거둘 것이라고는 상상도 못했다는 데 있었다. 독립적이고 자유로운 방법으로 시작된

야심 찬 꿈이 너무 성공적이어서 개인의 자유를 없애기 시작했다는 것이 얼마나 아이러니한 일인지.

온화한 얼굴에 미소를 짓는 이 겸손한 남자는 내게 최근의 창조물, 즉 세계에서 가장 큰 바운스 캐슬을 보여주었다. 그의 목소리에는 흥분이 있었다. 그는 아이디어가 어디에서 시작되었는지, 그리고 모든 준비를 마치고 오픈할 때까지 기다리기가 얼마나 힘든지를 말했다. 롭은 세계 기록의 팬이다. 베스티발은 또한 가장 큰 디스코 볼과 가장 화려한 드레스를 입은 사람들의 기록을 보유하고 있다. 베스티발이 영국인들에게 인기 있는 것은 이런 재미 때문이다. 하지만 롭이 하는 일상적인 일에는 재미가 별로 없어서, 그 때문에 위험 경보가 울리고 있는 것이다.

롭은 베스티발에 대해 깊이 신경을 쓴다. 그는 그것을 믿고, 성장에 대한 야심 찬 비전을 가지고 있다. 그러나 롭은 또한 영화 평을 쓰고 음반사를 소유하며 가족과 더 많은 시간을 보내고 싶어 한다. 그는 또한 자신을 위해 더 많은 음악을 만들고 싶어 한다. 하지만 그는 주중 일하는 시간의 90퍼센트를 페스티벌에 다 바친다.

장기적으로 롭은 직원들에게 새로운 책임을 주는 것에서부터 축제를 판매하는 것까지 다양한 옵션을 제공한다. 하지만 지금 이 순간, 새장에 갇혀 있는 상태에서는 탈출구를 찾기가 어려울 때가 많다.

롭 다 뱅크는 자기가 갇혀 있는 새장의 철창살 사이로 또 다른 자기 자신의 모습을 볼 수 있다. 또 다른 자신은 자유로운 모습으로 갑판 위에서 헤드폰을 쓰고 있다. 그는 가족과 가장 친한 친구들을 위한 특별 파티에서 훌륭한 곡을 뽑아낼 때 미소짓는다. 그 파티는 '생명'이라고 불리고, 그는 다시 돌아오고 싶어 한다.

당신은 자신의 성공에 갇혀 있는 것일 수도 있다. 그러나 당신만 그런 것이 아니다. 당신이 바깥에서 자신의 새장을 내려다보고 있다고 상상해 보라. 당신이 지금 있는 그 지점에 도달하기 위해 그렇게 열심히 일한 것이 슬프지 않은가? 잠시 시간을 내서 당신이 얼마나 멀리 왔는지, 무엇을 성취했는지, 얼마나 자랑스러워할 수 있는지를 생각해 보라. 많은 사람이 흥분에 가득 차서 새로운 것을 시작하고, 새로운 것의 정점에 도달하고, 그 뒤에는 상황이 변하면서 점차적으로 관심을 잃는 '프로젝트' 접근법을 취한다. 우리는 번성하고 주기적으로 성장한다.

프로젝트는 아이디어, 창조, 구현, 보상, 반영과 같은 단계들을 가지고 있으며 프로젝트 주기는 사람마다 다르다. 내 프로젝트 주기는 3년 정도다. 당신의 관심은 더 길거나 더 짧을 수도 있다. 그리고 당신의 관심을 끌기 시작하고 삶의 새로운 단계로 나아가게 하고 당신에게 영감을 주고 더 발전하도록 도와줄 새로운 '프로젝트'가 필요하다. 프로젝트 주기가 어떻든 간에 당신이 지금 그 주기의 어디쯤에 있는지를 알면 에너지를 관리하고 새로운 기회를 찾아야 할 시기를 알 수 있고, 주어진 프로젝트에 대한 감정적 반응이 왜 시간이 지나면서 변하는지를 이해할 수 있다.

자연의 생활 주기를 넘어서는 '프로젝트'를 계속 유지하거나 현재 있는 곳에 맞게 프로젝트를 진화시키지 않는다면 당신은 덫에 걸릴 것이다. 그렇다고 해서 직장을 그만두거나 배우자와 헤어지거나 사이클이 끝날 때마다 다른 거대한 삶의 변화를 만들어야 한다는 뜻은 아니다. 사이클이 끝날 무렵에 스스로 점검하고 상황을 혁신해야 한다는 의미다. 그리고 아마도 새로운 프로젝트는 정확히 당신이 필요로 하는 것이다.

. . .

얼마 전 부모님이 집을 옮기면서 다락방에서 내 옛날 스크랩북 상자를 발견했다. 색이 바랜 각설탕 포장지에 빼곡히 담긴 내용은 거의 직업적인 기자 수준이었다. 어디에 가 있든 빠짐없이 내가 먹은 모든 것을 상세하게 기록한 것이었다. 이런 것이 지루해질 때마다 부모님께 프로젝트를 부탁했다. 뭔가를 만들거나 연구할 것이 필요했고 풀 수 없는 미스터리가 필요했다.

가장 최근에 덫에 걸렸다고 느꼈을 때는 사업은 번창하고 있었고 헌신적인 비즈니스 파트너들과 함께 일하게 되어 감사했지만, 공동의 야망을 이루기 위해 나는 개인적인 꿈을 희생하고 있을 때였다. 그 해답은 전에 가졌던 모든 것을 버리고 다시 시작하는 것이 아니라 오히려 간단히, 내 자신의 프로젝트를 갖는 것이었다. 나중에 생각해 보니 너무 뻔한 것이었지만 당시에는 보이지 않았다. 이제 나는 다른 선택을 함으로써 두 가지 모두를 할 수 있다는 것을 안다.

인생에서 가장 중요한 이정표를 되돌아보고 그 사이에 어떤 패턴이 있는지 살펴보라. 만약 질병이나 사별 같은 뜻밖의 일이 일어난다면 이는 그 패턴을 혼란스럽게 할 수 있지만 당신이 적극적으로 변화를 일으킨 상황을 자세히 살펴보자. 일지에 메모를 하고 주요 생활 프로젝트의 대략적인 길이를 식별할 수 있는지 확인하라(예를 들어 주어진 직장이나 특정 역할, 특정 회사, 관계 또는 특정 장소에서의 시간을 고려할 수 있다). 옳고 그름은 없다. 패턴을 발견했다면 질문을 던져보자. '가장 최근의 사이클에서 나는 어디에 있는가? 뭔가 끝나가는 중인가? 중간쯤 와 있나? 뭔가 시작된 건가?'

전에 덫에 걸렸다고 느꼈던 중요한 순간들을 떠올려보라. 프로젝트 주기와 어떻게 일치하는가? 순환의 특정 지점에 갇혀 있다고 느끼는 경향이 있는가? 지난번에 뭘 바꾸었나? 어떻게 탈출했나? 지금 당신이 어디에 있는지, 다음에 무엇을 할 수 있는지에 대해 무엇을 알려주는가?

자원이
충분할 때

'당신의 조건에 따른 성공'은 어떤 모습일까? 많은 사람이 돈에 대해 생각하는 경향이 있지만 그것은 시간, 에너지, 관심 등 우리가 쓸 수 있는 소중한 자원 중 하나일 뿐이다. 그리고 이러한 자원들은 목적 자체를 위한 수단이 아니라 목적에 대한 수단이다. 시간을 투자하고 돈을 쓰고 에너지를 쏟고 관심을 기울이는 등 우리가 이런 자원을 어떻게 사용하는지 설명할 때 금융 용어를 어떻게 사용하는지 생각해 보라. 이러한 도구를 아웃풋이나 결과가 아닌 인풋으로 생각하자. 일단 그것들을 목적지로 보지 않고 여행의 연료로 보기 시작하면 당신은 그것이 실제로 자유의 수단이라는 것을 깨닫는다. 우리는 그것들이 우리에게 잘 봉사하도록 가능한 한 효율적이고 효과적으로 사용할 필요가 있다.

어떻게 소비를 우선순위로 삼을 것인가? 만약 당신이 일을 대대적으로 개혁하고 새로운 길을 따라가는 데 진지하다면 당신이 가진 자원을 어떻게 쓰고 있는지, 그것들이 당신의 비행 계획에 도움이 되는지를 고려해야 한다. 희생과 투자는 당신이 좋아하는 일을 하는 그곳에서 차고 넘치게 회수된다는 것을 알아야 한다. 시간과 돈과 에너지와 관심을 올바른 방향으로 투자하면 가장 중요한 종류의 막대한 부를 얻을 수 있다. 그리고 기억하라. 선택은 해야만 한다. 정말이다.

옵션 열어놓기

케이트 해들리는 남편 제프가 집시 카라반 두 대로 만든 목조주택을 전기가 닿지 않는 숲에 놓고 거기에 산다. 그들은 농촌 공예 학교와 야외 연극 그룹을 운영하고 파티를 주최하며 목공을 가르치고 여름에 음악 축제에서 워크숍을 제공한다. 케이트와 제프는 몇 달 전에 둘째 아이를 낳았기 때문에 휴식시간을 함께 보내고 있다. 그들의 집과 삶에는 살아 숨 쉬는 진정성이 있다.

케이트에게 성공이란 자연 속에서 사는 자급자족과 행복감을 의미한다. 그 가족은 근근이 먹고 살지만 빚은 없다. 반면 케이트의 도시 친구들은 엄청난 돈을 벌고 쓰면서 수천 달러를 빚지고 있다. 케이트는 한 가지 방법이 다른 방법보다 더 좋은지 판단하지 않는다. 하지만 슈퍼마켓에서 음식을 살 수 있도록 원하지 않는 직장에 출근하기보다는 땀과 시간으로 식사비를 지불하는 편이 낫다는 것을 안다.

케이트의 생활방식이 지금 내게는 너무 극단적이라는 것을 알지만 나는 케이트를 방문했을 때 그 단순함에 영감을 받았다. 여기에서 원칙은 당신을 자유롭게 해주는 것에 따라 사는 것이다. 얼마 전까지만 해도 미스터 케이와 나는 바다 옆의 윙윙거리는 도시에 살았다. 환상적인 장소였지만 매우 비쌌다. 더 싼 곳으로 이사를 했더니 모든 것을 지불하기 위해 열심히 일해야 하는 압력이 줄어들었다. 이사를 간 지 몇 달도 안 돼서 줄인 생활비로 우리 가족 전체가 세계 여행을 갈 티켓을 살 수 있었다. 궁극적으로, 지출을 줄이는 것은 더 자유로운 느낌을 향한 간단한 단계였다. 진정 중요한 일들에 대해 당신을 자유롭게 해주기 위해서 당신의 인생에서 무엇을 단순화할 수 있을까?

비행 자금 만들기

개인 비행 자금을 만드는 것을 고려해 보라. 이것은 철창살 안에 다시 갇히게 될 것만 같은 미래의 그 순간을 위한 비상 완충장치다. 열쇠를 활성화해야 한다. 매달 여유가 될 만큼 확보해 두고 성장하는 모습을 지켜봐라. 비행기 표를 사거나 직장을 그만두고 3개월 동안 무급으로 살아남을 수 있어야 한다. 아마도 당신은 예술품들을 구입해야 할 것이다. 그래서 당신은 당신의 창의력에 깊이 빠져들거나 당신이 믿는 것의 홍보 비디오를 만들기 위해 영상 제작자들에게 돈을 지불할 수 있을 것이다. 새로운 사업을 시작하려면 종자 자금이 필요할지도 모른다. 그것이 무엇이든 간에 당신이 새장에서 탈출해야 할 때 당신의 비행 자금은 적어도 돈이 부족해서 다시 주저앉는 일은 없도록 해줄 것이다. 그것은 당신이 '나는 감당할 수 없다'에서 '나는 감당하지 않을 것이다'로 전환하는 데 도움이 될 수 있다.

미리 비행 자금을 만들어둔다면 그 자금을 사용할 때가 되었을 때 당신은 당신이 처한 상황에 돈 걱정이라는 압박을 가하지 않을 수 있을 것이고, 그 기금을 마련해 둔 자신이 자랑스러워질 것이다. 그것은 스스로에게 선택권을 주는 한 가지 방법일 뿐이다.

현재를 최대한 이용하기

우리는 종종 무게를 줄이는 데 관심을 기울이지만 실제로는 걱정을 얹어서 무게를 늘리기도 한다. 열쇠와 상충되는 모든 것에 집중하면 비행에 악영향을 미친다. 주의를 기울일 다른 것을 선택하라.

> 당신이 현재 대부분의 시간을 보내는 것들을 사랑하든 그렇지 않든,
> 그 맥락에서 열쇠에 주의를 기울이는 것은 정말 도움이 될 수 있다.

예를 들어, 지루한 일에 갇혀 있는 당신이 찾은 열쇠 중 하나가 '창조성'이라면 업무 공간을 아름답게 만들고 회사 행사의 표지판을 디자인하거나 새로운 방식으로 일을 할 수 있는 방법을 고안해 내는 것으로 시작할 수 있다. 만약 열쇠 중 하나가 '유대감'이라면 동료들의 비밀스런 삶을 알아내려고 애쓰거나, 회사가 NLP 교육 과정을 수강하도록 돈을 지불하게 하는 등의 임무를 수행할 수 있다. 어떤 상황에서도 열쇠를 찾을 수 있는 방법이 항상 있다. 더 힘들수록, 당신이 그 일을 하는 동안 더 많은 승리를 느낄수록 삶은 매일 더 흥미로워진다.

현실 즐기기

같은 직장에서 6년을 보낸 루시 힐은 3개월간의 안식을 취하고 여행하며 사진을 찍고 광범위하게 글을 썼다. 그녀가 떠나 있는 동안 그녀는 자신의 직업을 사랑한다는 것을 깨달았지만 더 창조적인 삶을 갈망했다. 루시는 큰 변화를 일으키지 않고 직장에서 더 창의적으로 일하면서 하루 중 여유로운 시간에 더 자유롭게 느낄 수 있음을 발견했다.

이제 그녀는 걸어 다니면서 영감을 주는 팟캐스트를 듣고 기차에서 블로그 콘텐츠를 쓰고 점심시간에 책을 읽고 항상 카메라와 노트를 가방에 가지고 다닌다. 가장 큰 변화는 직장에서 창의력을 발휘함으로써 생겼다. 루시는 광고 캠페인, 교육 과정 및 소책자를 만드는 일에서 좀 더 자기 자신을 드러냈고 그렇게 함으로써 고용주를 위해 더 높은 기준을 제공하면서 더 창의적이 될 수 있었다.

주말에는 시야를 넓힐 자격을 얻기 위해 공부하고 있으며, 다락방에 스튜디오로 쓸 작은 공간을 마련했다. 루시는 결국 자기 사업을 원하지만 지금은 다니던 직장에 머물면서 새 회사의 토대를 구축하고 있다. 시간이 걸리는 합리적인 접근 방식이지만 성공할 확률이 높고 그녀는 승차감을 즐기고 있다.

하루를 보낼 때 당신이 무엇에 주목하고 있는지를 의식하라. 당신이 육성하고자 하는 것에 집중하라. 중요하지 않은 일에 정신이 팔리게 하지 마라. 집중하는 것은 자유를 느끼는 데 필수적이라는 것을 기억하라.

열쇠 활성화 빈도

열쇠를 활성화하는 빈도를 추적하면 노력에 집중할 수 있다. 다음과 같이 표를 만들어 작성하거나 혹은 www.bethkempton.com/flyfree에서 템플릿을 내려받아서 일주일 동안 매일 작성하라.

	월	화	수	목	금	토	일
자정~1.00am							
1.00am~2.00am							
2.00am~3.00am							
3.00am~4.00am							
4.00am~5.00am							
5.00am~6.00am							

시간						
6.00am~7.00am						
7.00am~8.00am						
8.00am~9.00am						
9.00am~10.00am						
10.00am~11.00am						
11.00am~정오						
정오~1.00pm						
1.00pm~2.00pm						
2.00pm~3.00pm						
3.00pm~4.00pm						
4.00pm~5.00pm						
5.00pm~6.00pm						
6.00pm~7.00pm						
7.00pm~8.00pm						
8.00pm~9.00pm						
9.00pm~10.00pm						
10.00pm~11.00pm						
11.00pm~자정						

열쇠

☐ 비우기   ☐ 일상탈출   ☐ 쾌활   ☐ 창조성

☐ 용기   ☐ 유대감   ☐ 열정   ☐ 발견

열쇠마다 다른 색을 사용해서 각 열쇠가 활성화되는 시간대의 칸을 칠하라. 이 항목은 활동 추적기가 아니라 자유 추적기이므로 해당 시간대에 열쇠가 활성화된 경우에만 칸을 칠한다. 주말에 당신이 얼마나 많은 시간을 운영할 수 있었는지, 또는 열쇠를 활성화하는 방식으로 규칙적인 일을 어떻게 해냈는지 생각해 보라. 일주일 중 상당 부분이 열쇠 활성화와 관련될 때까지 계속 이 과정을 반복한다.

꿈
가꾸기

자유로워진 느낌이 어떤 것인지 분명해지면 마음속의 꿈도 더욱 분명해질 것이다. 그럼에도 불구하고 초기 단계에서 이러한 꿈은 소중하고 섬세하며 신중하게 다루어져야 한다. 한 가지 이상의 아이디어를 갖고 있을지 모르지만 그 아이디어의 씨앗을 심고 물을 주어 키워야만 그중 어떤 묘목이 자라나는지 알 수 있게 된다. 꿈을 보호하는 일은 당신의 일이고, 일단 녹색 싹이 나타나기 시작하면 당신의 가장 큰 관심사를 마음에 품고 있는 신중하게 선택된 몇몇 사람들의 도움을 받아 그 싹을 부드럽게 격려하라.

아이디어 키우기

조시 애덤스와 톰 스테걸은 일본 홋카이도의 스키 리조트에서 일하면서 만났다. 스키 시즌이 끝났을 때 그들은 각자의 집으로 돌아갈 준비가 되어 있지 않았다. 영국의 조시와 뉴질랜드의 톰은 그들의 칼 쓰는 기술과 로맨스를 가지고 이비사로 가서 고급 저택의 전속 요리사로 일하며 정착했다. 둘 다 모험을 좋아했지만 서로에 대해 진지했기 때문에 두 사람이 함께하기 위한 장기적인 해결책을 찾아야 할 때가 되었다.

그녀와 톰은 밴을 개조해서 갓 볶은 원두로 내린 커피를 유럽 최고의 스키 리조트와 고산 축제 방문객들에게 판매하는 이동식 취사 사업을 시작할 수 있었다. 그들은 모든 소지품을 오래된 차에 싣고 이비사를 떠나 영국으로 향했다. 가는 길에 그들은 이탈리아의 가르다 호수에 들러 빈티지 곤돌라를 우연히 발견했다. 그들은 그곳이 그들의 꿈을 위한 완벽한 집이 될 수 있다는 것을 깨달았다.

거의 2년이 걸릴 것이고 많은 도전과 많은 재정적인 지출이 있을 것이다. 그러나 커피 곤돌라는 알프스에서 스노보드 축제와 여름 이벤트에서 첫 시즌을 앞두고 런던의 텔레그래프 스키와 스노보드 쇼에서 데뷔했다. 낮에는 바퀴 달린 커피 하우스이고, 밤에는 에스프레소 마티니를 제공하는 DJ 허브다.

"개인적인 차원에서 보면 뭔가를 실제로 이행하는 것 그리고 자기가 한 말을 충실히 따르는 것이 내가 굳게 믿는 원칙이라는 걸 깨달았어요." 조시의 말이다. "시작 단계에서 우리 꿈을 지켜낼 수 있었던 것은 내가 뭘 하겠다고 말하면 꼭 하는 사람이어서 가능했던 거예요. 지원을 받으려면 사람들에게 충분히 알리긴 해야죠. 하지만 나처럼 자기를 지킬 수 있는 사람은 많지 않아요."

작지만 아름다운 꿈이든 아니면 크고 거창한 꿈이든 꿈을 너무 일찍 주변과 공유하면 그 꿈은 무너질 것이다. 프로젝트가 일단 궤도에 오르고 나면 누가 찔러본다고 해도 유지될 수 있다. 주변에서 끈덕지게 찔러대겠지만 그래도 유지는 된다. 하지만 꿈은 그것보다 더 섬세하다. 너무 빨리 잘못된 사람들에게 노출되면 당신의 큰 아이디어는 파편으로 부서질 수 있다.

재료 과학자들은 충격에 의해 잘 부서지는 사물을 '부서지기 쉬운 frangible'이라고 묘사한다. 처음 그 단어를 읽었을 때 내 뇌는 그것을 '취약한fragile'과 '실재하는tangible'으로 나누었다. 그것들은 상상력과 현실 사이에 있으며, 삶을 위해 살살 달랠 필요가 있다. 너무 많은 압력이 너무 빨리 가해지면 먼지가 되어버린다.

그러니 당신의 꿈을 부드럽게 조심해서 다뤄라. 당신의 꿈이 거기에 있다는 것을 당신이 알고 있고, 응원하고 있다는 것을 꿈에게 알려라. 꿈에 대해 더 많이 알고 싶다고 말해라. 보관할 수 있도록 주머니에 넣어두어라. 안전한 장소, 우정의 장소, 멘토, 또는 신뢰할 수 있는 온라인 커뮤니티와 함께 있을 때만 꺼내라.

당신은 이미 앞서 있다

특히 온라인에서 눈에 띄는 다른 사람들의 삶과 비교하는 함정에 빠지기 쉽다. 비록 우리가 마음속 깊은 곳에서는 대부분의 사람들이 반짝이는 면만을 보여준다는 것을 알고 있지만 그럼에도 불구하고 우리는 어떤 면에서 우리가 무언가를 놓치고 있고, 우리는 충분히 성취하지 못했고, 우리 집은 충분히 멋지지 않고, 우리 삶에서 도달해야만 하는 어떤 지점에 이르려면 우리는 아직도 멀었다는 느낌을 갖지 않을 수 없다.

그리고 만약 길을 바꾼다면 그 길에서는 초보자가 되는 것이고 그것은 더 열악해진다는 뜻이다. 우리는 충분히 알지 못하고 멍청해 보이고 실수를 하게 될 것이 두렵다. 초보자가 된다는 것은 우리가 모든 사람의 뒤에 있다는 것을 말한다.

틀렸다. 당신은 여기서 이 책을 읽고 있다. 더 충만한 삶을 살기 위해 행동을 취하는 것이다. 당신은 성장하고 있으며, 새로운 것을 향해 자신을 밀어붙이고 있다. 당신은 개방적이고 마음도 넓으며 다른 사람을 사랑한다. 당신은 최고의 자아를 세상에 가져오고 싶어서 여기에 있는 것이다. 그리고 그건 당신이 앞서 있다는 뜻이다.

그런 게 중요한 게 아니다. 이건 경쟁이 아니다. 하늘은 광대하고 무한하다. 앞뒤도 없다. 새들은 상황에서 상황으로, 지구 주변에서, 그리고 다시 순환하며 모든 방향으로 날고 있다.

어떤 새는 갇혀 있고 어떤 새는 자유롭다. 어떤 새는 무리지어 날고 어떤 새는 홀로 날아간다. 어떤 새는 높이 날아오르고 어떤 새는 둥지에서 알을 품고 있다. 우리는 모두 거대한 세상에서 자기의 뭔가를 하는 단지 새일 뿐이다.

새끼 새들은 부모를 관찰하는 것만으로는 날 수 없다. 그들은 스스로 그것을 시도함으로써 배운다. 그들은 날개를 미친 듯이 퍼덕이며 최선을 다한다. 가끔은 넘어지거나 뭔가에 부딪치고 잠시 동안 바닥에 떨어져서 버둥거리다가 곧 다시 시도한다. 그들은 즙이 많은 벌레와 생존을 위한 원시 본능에 의해 동기를 부여 받아 점차적으로 비행 근육을 구축한다.

결국 당신에게도 마찬가지다. 이것이 당신의 삶이다. 그것은 자신의 '즙이 많은 벌레'를 찾는 즐거움과 기대에 관한 것이다. 그리고 그것은 자유로운 자아의 장기적인 생존에 관한 것이다. 그러니 그냥 자신의 비행 경로에 집중하고 다른 사람들도 각자 자신의 비행을 하도록 내버려 두자.

완전한
자유

나는 1만 년이 넘는 세월 동안 성지 순례를 하던 글래스턴베리 토르 위
에 앉아 있다. 딸기 달(하지에 가장 가까운 6월의 보름달-옮긴이)이 지나간 뒤
70년에 한 번 대기가 마법으로 가득 차는 날이다. 내 앞에는 서머셋의
시골을 떠다니는 거대한 황금빛 오렌지색 구체가 있다. 추수기의 달이
뜨는 시간이다. 달이 떠오를 때 반백의 금발 머리를 꽃으로 장식한 엘
프 여자가 노래하기 시작한다.

> 눈을 뜨고 보게 해주세요.
> 마음을 열고 내가 그렇게 하게 해주세요.
> 마음을 열고 내가 자유롭도록 해주세요.

음악이 내 뼈에 스며들고, 나는 안다. 이것이 자유를 추구하는 자의
소명이다.

비행
레슨

이 서사시적인 자유를 찾아 바다를 건너 자연 속에서, 꿈속에서 수백 번의 대화와 수천 시간의 생각을 통해 근본적으로 중요한 것을 이해하게 되었다.

사실 부탄의 성스러운 산에서의 그 소녀로 돌아가고 싶지는 않다. 지금 내 삶의 맥락에서 그녀가 되고 싶은 것이다. 그리고 나는 내가 원할 때마다 내 자신을 그렇게 느끼게 하는 힘을 가지고 있다.

과거에 갇혀 있거나 특정한 미래를 바라는 마음은 이제 없어졌다. 지금 당장 필요한 건 다 갖고 있다. 선택은 내게 달려 있다. 그리고 당신도 마찬가지다. 자유롭다는 느낌이 당신에게 어떤 의미든 간에 당신은 언제든지 그곳에 갈 수 있다.

오해하지는 말기 바란다. 모든 걸 다 알아낸 척하는 것은 아니다. 매 순간 새처럼 자유로워진 척하는 것 역시 아니며, 완벽하게 행동하는 두 아이와 함께 고요하게 미끄러지듯 돌아다니는 것도 아니다. 사실, 당신이 우리 집에 와서 본다면 스트레스로 가득해서 퉁명스럽게 굴거나 너무 많은 것들을 하려고 애쓰는 내 모습을 보게 될 것이다.

하지만 요즘은 테디 베어 피크닉을 위해 시간을 내려고 애쓰고, 혼란에 직면했을 때 웃으면서 그 모든 일에 감사하는 마음을 더 빨리 내려 애쓰고 있다.

나는 내 아이들, 남편, 내 삶에 대한 내 사랑의 깊이를 깨달았다. 나는 때때로 그들에 대한 나의 죄책감과 걱정이 그 사랑의 표현이라고 믿었지만 그러한 내 맥락에 대한 특별한 반응은 그 누구에게도 좋지 않았다.

내 딸들을 끌어안은 품보다 더 소중한 것이 없지만 가장 중요한 것은 꼭 붙잡고 있는 것이 아니라 뒤로 물러나 서로의 눈을 들여다보며 실제로 서로를 보는 것이다.

그리고 이제 나는 그들이 나를 바라볼 때를 안다. 그리고 그들이 높은 곳으로 날아가는 모습을 보기를 원한다는 것을 안다. 내가 그 아이들에게 줄 수 있는 가장 큰 선물은 휙휙 날아오르는 방법을 보여주는 것이고 내 옆에 나란히 날아오라고 초대하는 것이다.

당신은 뭘 배웠는가?

조감도

일기를 다시 읽어보고 당신이 얼마나 멀리 왔는지 살펴보라. 다음의 마지막 질문들에 대해 곰곰이 생각하고 답하기 위해 잠시 시간을 내라.

1. 어떤 방식으로 더 많이 살고 있는가?
2. 이제 걱정을 덜 하는 방법은 무엇인가?
3. 지금 어떻게 하고 있는가? 아직도 아이디어 단계에 있다면 당신이 좋아하는 일을 하기 위한 계획은 무엇이고, 지금 당장 무엇을 할 수 있는가?
4. 더 자유롭게 느끼기 위해 한 모든 조치를 생각해 보라. 이제 몸은 어떤가?
5. 마음속으로는 어떤 느낌이 드는가?
6. 진정한 자유를 느끼는 그 목적지로 계속 나아가기 위해 앞으로 몇 주, 몇 달, 몇 년 동안 무엇을 할 것인가?

비행
법칙

거울을 다시 한 번 들여다보고 이제 당신이 얼마나 다르게 보이는지 살펴보라. 더 이상 새장에 갇힌 모습이 아니라 저 아래 아름다운 호수에 비친 멋지게 날고 있는 당신의 모습을 보라. 당신은 비행 중인 새다. 당신은 중심에 있고 현재에 있고 높이 솟아 있다. 당신을 밀어주고 끌어당기는 모든 힘을 인식하고, 이제는 그 모든 것에 불구하고 비행하는 것이 아니라 그 모든 것 때문에 비행하는 것이다.

때로는 한 힘이 다른 힘보다 강해진다. 나는 당신이 떨어지는 것을 보고, 당신이 올라가는 것을 본다. 이제 속도를 늦추고 속도를 높여라. 가끔은 당신이 날개를 세게 휘둘러 내 심장이 당신에게로 향하기도 한다. 그리고 따뜻한 기류가 당신을 들어올리고, 당신은 활공에 몸을 맡기고 긴장을 푼다. 그리고 이제 당신은 다시 한 번 하늘로 솟아오르고 있다. 소중하고 완벽한 순간, 당신의 몸은 쉽게 날아오른다. 당신의 비행은 아름다운 춤 같다.

나도 하늘에서 당신과 함께 날고 있다. 당신이 보인다. 나 자신도 보인다. 당신 안에 내가 있고, 내 안에서 당신을 본다. 우리는 지금 같은 무리에 있고 이 여행을 함께 계속할 것이다. 이따금 완벽한 균형을 찾을 수 있다. 역동적인 평형 속에서 날아갈 때 당신은 하늘을 쉽게 가로질러 날아오르고 놀라운 경치에 경탄한다. 이것이 바로 비행의 도(道)이며 모두에게 가장 소중한 보상이다.

자신의 본질을 더 자주 찾아갈수록
이 영광스러운 비행에서 더 많은 시간을 보낼 수 있다.

등불이 되자

자유를 향한 당신의 탐구는 개인적인 것이다. 하지만 당신을 진정 살아 있게 해주는 것이 무엇인지를 발견함으로써 당신은 당신의 빛에 매료되어 모여드는 자유를 찾는 다른 사람들을 당신에게 끌어들이게 될 것이다.

　자녀가 있든 없든, 당신이 사는 방식은 다음 세대에 진정한 영향을 미칠 수 있다. 우리는 작동되지 않는 교육 시스템에 사람들의 관심을 끌어들이고 있다. 반대편의 사람들은 잘못된 기대와 현실세계에 맞지 않는 부적합한 장비를 가지고 있고 그들의 일생에 걸쳐 짊어져야 할 엄청난 기대라는 짐을 지고 있다.

우리 중 너무나 많은 사람들이 자신이 싫어하는 일을 하며 노예로 살고 원하지 않는 일에 소중한 시간을 바치고 다른 사람이 성공한 방식에 따라 다음 단계를 선택한다. 그만하면 됐다. 우리는 우리 아이들과 우리가 사랑하는 사람들의 아이들을 위해 최선을 다하고 싶어 하고 그들을 격려하려고 노력하지만 그들은 종종 우리가 주는 조언을 모델링하지 않는다.

자유로워진 당신은 뭔가를 변화시킬 수 있는 수단과 기회를 가지고 있다. 우리 모두는 우리 자신이 자유롭게 비행함으로써 다른 사람들이 자유롭게 날도록 도울 수 있다. 우리는 다음 세대가 진정 자유로운 세대가 되도록 영감을 줄 수 있다. 그리고 우리의 세계에 어떤 잠재력이 생길지 상상해 보라.

친구야,
자유롭게 날아!

이제 나는 당신이 이것을 알았으면 좋겠다.

열쇠를 활성화하는 것은 매일의 결정이다.
인생이란 뭔가가 일어나는 것이다.
하지만 이제 준비가 되어 있고 언제든지 그 선택을 할 수 있다.

당신은 분노나 갈망이나 불만을 느낄 때 어떻게 해야 하는지 알 수 있다. 이제 다시는 갇히지 않도록 해야 한다. 원래 있었던 곳으로 돌아가면 안 된다. 이 책을 책상이나 침대 옆에 두고 철창살이 덮치기 전에 펼쳐 보라. 열쇠를 하나, 또 하나 시도해 보자. 손을 뻗어 확인해 보자. 뭐든 해보자.

선과 악은 모두 지나간다는 것을 기억하라. 따라서 그것이 영원히 지속되지 않을 것이라는 지식 속에서 일어나는 모든 일을 경험하라. 아름다움에 감사하고, 고통을 통과할 때는 숨을 쉬어라. 계속 가라. 계속 날아라. 자유가 있는 곳이 바로 그곳이다.

이것이 당신의 삶이다. 살아 있는 것처럼 살 것인지 걱정 속에 살 것인지를 선택해야 한다. 당신이 좋아하는 일을 하면서 살 것인지, 자신의 길을 계속 가면서 진정한 자아로서 인생을 경험할 수 있을지도 선택해야 한다. 누구와 함께 비행할지, 아니면 혼자 비행할지도 당신이 선택할 수 있다. 하루를 어떻게 보낼지, 그 순간을 알아차릴지도 당신이 선택할 수 있다.

이 약속은 무조건적이다. 비나 태양, 우박, 진눈깨비 속에서도 당신은 자유를 느끼며 자유롭게 사는 것을 선택할 수 있다. 평온한 날이나 폭풍우가 몰아치는 날이나, 악천후와 난기류를 지날 때나 황홀경과 거듭남을 경험할 때나 어떤 조건에서도 당신은 선택할 수 있다. 당신은 어디를 가든 열쇠를 가지고 갈 수 있고 그 열쇠는 언제나 당신을 이끌어줄 것이다.

자유를 추구하는 것은 평생의 탐구이다. 아름다움과 먼지 속에서 진정으로 중요한 것을 깨워 일으키기 위한 지속적인 여정이다. 우리가 할 수 있는 일과 해야 할 일에 말이다.

인생은 거칠고 영광스럽고, 단단하고 아름답다.
우리는 모든 결정, 세부 사항, 돈 한 푼까지도
매일 자유를 선택해야 한다.
결국 아름다운 인생이 되는 것은 그 모든 경험들 때문이다.
지금 가서 당신에게 있는 모든 것을 가지고 살아라.

따뜻한 4월의 어느 날 저녁, 코스타리카의 한 야외 요가 스튜디오에서 반짝이는 티크 바닥에 매트를 깔고 누워 있는 나는 인생에서 가장 놀라운 경험을 하게 될 줄은 전혀 모르고 있다. 태양이 니코야 반도에서 지고 있고 나는 쿤달리니 수업을 듣고 있다. 원형 오두막은 어마어마한 원뿔형 지붕을 이고 있으며, 나무줄기에 고정되어 있다. 우리는 300미터 높이에 있고 멀리 바다를 볼 수 있다. 목에 걸린 작은 드림캐처에 저녁 햇살이 반짝이고 벌새들이 나무 사이로 휙휙 날아오고 있다. 분홍색 하늘은 하루가 끝나감을 알린다.

수업 시간에 우리는 머리 위로 손을 모아서 첫 번째 손가락을 위로 향하게 하는 간단한 자세를 취하고 있다. "당신의 삶에 손을 뻗으세요." 우리 선생님인 앤지가 자신의 말이 얼마나 강력한지 모르고 소리친다. 지붕 쪽으로 몸을 뻗는 순간, 내 몸이 갈라지는 게 느껴진다.

곁눈질로 뭔가 움직이는 것을 본다. 맹금 한 마리가 태평양 위를 날아다니고 있다. 날개를 활짝 벌려 부드러운 바람을 타고 정글 위를 미끄러지듯 지나간다. 검은 매 또는 독수리 같았다. 나는 놀라 일어서서 그 새가 스케이트를 타고 하늘을 가로지르는 모습을 지켜보고 있다. 새는 석양에 비친 실루엣으로 태양 쪽으로 날아갔다.

수업은 가슴 앞에서 손을 모으는 새로운 포즈로 나아갔다. 앤지는 우리가 이 아름다운 곳에서 일몰에 요가 수업을 듣고 있다는 사실을 생각하라고 한다. 그리고 우리가 이 아름다운 일을 해냈다면 무엇이든 할 수 있을 거라고 말한다.

그런 다음 영화는 내 소중한 남편, 아름다운 아이들, 모험, 투쟁, 상실, 승리, 우정, 사랑 등 내 마음에 한 장면 한 장면 비춘다. 나는 모든 것에 대해 감사하는 마음으로 가득 차 있다.

고개를 들어보니 독수리가 가까이 다가오는 게 보인다. 마지막 순간에 이 강력한 새는 요가 살라를 지나쳐 바로 다가왔고, 그 순간 나는 독수리의 영혼이 내 영혼으로 뛰어드는 것처럼 흥분했다. 잠시 동안 모든 것이 하얗게 질렸다. 심장이 점화되었고 눈물이 뺨을 타고 흘러내린다. 태양이 타오르고 하늘이 밝아진다. 그리고 그때 나는 알았다. 마침내, 자유가 돌아왔다. 자유가 나이고, 내가 자유다. 우리는 마침내 집에 돌아왔다.

앨러스테어 험프리스
Alastair Humphreys

모험가, 작가이자 블로거다. 사람들의 바쁜 삶에 어울리는 지역 모험인 마이크로 어드벤처로 '내셔널 지오그래픽 올해의 모험가'로 선정되었다.
www.alastairhumphreys.com

알리 드 존
Ali de John

알리는 무엇이든 손으로 만든 것들과 공간을 아늑하게 만드는 것들에서 영감을 얻는다. 그녀는 창작 과정인 '더 메이커리The Makerie'를 만들어 사람들에게 그 무엇으로부터도 방해받지 않는 창조적인 시간을 선물해 주고 사랑스러운 모임도 갖고 있다. 남편, 두 아이와 함께 콜로라도 볼더에 살고 있다.
www.themakerie.com

앨리슨 바트람
Alison Bartram

앨리슨은 예기치 못한 여동생의 죽음으로 인해 하루하루가 선물이라는 사실을 깨닫게 되기 전까지는 어느 것에도 만족하지 못했다. 앨리슨은 자신을 행복하게 만드는 것들에 둘러싸여 자유를 얻을 기회를 잡았다. 그녀는 영국의 헤브덴 브리지에서 '하트 갤러리'를 운영하고 있다.
heartgallery.co.uk

앨리슨 퀄터 버나
Alison Qualter-Berna

앨리슨은 세 아이의 자랑스러운 어머니이다. NBC 뉴스 제작팀에서 일했으며 유니세프에서 글로벌 프로그램을 관리했다. 쌍둥이 딸이 태어난 후, 그녀는 아이들을 위한 올인원 놀이 공간인 '애플 시드'를 만들어 뉴욕 시에만 3개 지점이 있다. 비영리 기구인 '팀 씨 파서빌리티'를 만들었다.
www.appleseedsplay.com 그리고 www.teamseepossibilities.com

알란 기로드
Allan Girod

알란은 배우, 어릿광대, 이야기꾼, 협력자이자 줄리아의 남편이다. 현재 호주 퍼스에 살고 있으며, 몇 년간의 모험 끝에 세상을 다른 렌즈를 통해 다시 바라보는 또 다른 모험을 시작했다.
www.flaminglocomotive.com

앤리스 나크만
AnneLiese Nachman

앤리스는 미국 펜실베이니아의 황무지에서 자랐고, 펜실베이니아 주립 대학에서 배운 영화 제작 기술로 야외에 대한 열정을 영화 제작과 결합했다. 현재 시애틀에 살고 있으며, 그녀의 개 험프리와 감동적인 콘텐츠를 만들기 위해 캐스케이드 산맥과 올림픽 산맥을 여행한다.
www.anneliesenachmanfilms.com

다린 맥브라트니
Darin McBratney

코스타리카 요가 스파를 소유한 서퍼이자 부동산 사업가다. 생명을 위협하는 질병을 앓고 치료법을 찾는 데 적극적으로 참여한 후 '현대 의학과 치유를 바꿔놓는 것'을 목표로 하는 '글로벌 너처 프로젝트'를 이끌고 있다.
www.costaricayogaspa.com

에밀리 펜
Emily Penn

에밀리는 해양 보호 운동가이자 선장이 된 전직 건축가이다. 그녀는 공동 설립한 '판게아 탐험'을 통해 6년 동안 플라스틱 쓰레기가 쌓인 바다 환류 지역을 탐험했다. 그녀는 바다와 관련된 문제에서 국제적인 강연자와 고문으로 사람들의 사고방식과 미래의 사회를 바꾸고 있다.
www.emilypenn.co.uk

엠마 맥고완
Emma McGowan

엠마는 영국 브라이튼 출신의 일러스트레이터이자 패턴 디자이너이다. 그녀는 스케치, 그림, 인쇄에 대한 사랑을 현대 색상 팔레트와 결합하여 신선하고 장식적인 문구류, 카드, 직물, 삽화 등을 만들어내고 있다.
www.emmamcgowan.co.uk

나카타 히데토시
Hidetoshi Nakata

전 일본 프로축구 선수였던 히데토시는 세리에 A와 프리미어 리그 팀과 일본 대표팀에서 뛰었다. 2006년에 은퇴한 후, 3년 동안 세계를 여행했다. 일본의 문화, 공예 및 장인을 세계적으로 홍보할 기회를 만들고 제공해 왔다.
nakata.net

홀리 디컨
Holly Deacon

홀리는 영국 햄프셔에 사는 사진작가이자 페이퍼 아티스트다. 그녀는 주변의 모든 것에서 영감을 얻으며 예술과 사진 모두에서 지속적인 의미가 있는 작품을 만드는 것을 목표로 한다.
www.hollybobbins.com

제니퍼 바클레이
Jennifer Barclay

제니퍼는 『우조 안의 문어An Octopus In My Ouzo』, 『꿀 속으로 떨어지다 Falling In Honey』, 『미스터 킴 만나기Meeting Mr Kim』의 저자다. 책 편집자이

자 문학 에이전트인 그녀는 영국 북부에서 자랐고 캐나다와 프랑스에서 살았다. 그 후 그녀는 그리스 섬으로 이사해 그곳에서 생활하고 있다.

www.jennifer-barclay.blogspot.com

제시카 헵번
Jessica Hepburn

제시카는 아기를 만드는 과학을 주제로 한 세계 최초의 예술 축제인 '퍼틸리티 페스트'의 감독이다. 그녀는 또한 『모성의 추구와 행복으로 향한 21마일 : 모성의 의미를 찾는 수영The Pursuit of Motherhood and 21 Miles to Happiness: A Swim in Search of the Meaning of Motherhood』의 저자이기도 하다.

www.thepursuitofmotherhood.com 그리고 www.fertilityfest.com

조시 애덤스와 톰 스테걸
Josie Adams &
Tom Steggall

조시와 톰은 개조한 캐나다 스키 곤돌라에서 성공적인 모바일 커피 사업을 운영한다. 커피 괴짜, 여행 중독자 및 눈 애호가로서 그들은 '유럽 전역의 커피 곤돌라The Coffee Gondola all over Europe'도 운영하고 있다.

www.thecoffeegondola.com

카렌 워클린
Karen Walklin

영국 링컨 출신의 카렌은 아내, 엄마이자 할머니이다. 그녀는 혼합 미디어 아트와 도자기 작품을 만들며 오토바이를 숭배한다. 카렌의 창의성의 원천은 모험과 모험을 좋아하는 사람들이다.

www.creative-adventures.net

캐리 샤핀
Kari Chapin

베스트셀러 작가이자 창의적인 직업을 가진 사람들의 챔피언인 캐리는 목표 설정, 시간 매핑 및 세부 계획에 중점을 둔 창의적인 비즈니스를 시작하고 유지할 수 있도록 돕는 일을 한다.

www.karichapin.com

케이트 에크먼
Kate Eckman

케이트는 '러브 유어셀프, 러브 유어 라이프Love Yourself, Love Your Life'라는 블로그를 운영하며 자기애, 건강한 신체 이미지, 개인적 성장, 뷰티 및 피트니스에 대한 이야기를 공유하고 있다. 그녀는 또한 공인 레이키 마스터, QVC On-Air 뷰티 호스트이자 윌레미나의 모델이기도 하다.

kateeckman.tv

케이트 해들리
Kate Hadley

케이트는 '스피니 할로' 삼림 지대의 공동 소유자이자 '트리크리퍼 시어터TreeCreeper Theatre, CIC'의 공동 설립자다. 그녀는 항상 창조적인 놀이, 자연과의 교감 및 긍정적인 발전과 사회 변화에도 관심을 기울이고 있다.

www.spinneyhollow.co.uk

켈리 래 로버츠 Kelly Rae Roberts	켈리 래는 국제적으로 유명한 예술가이자 작가로 수많은 매체에서 소개되었다. 그녀의 작품은 다양한 선물 아이템으로 전 세계에서 볼 수 있다. 창조적인 기업가를 위한 '헬로 소울 헬로 비즈니스^{Hello Soul Hello Business}' 사이트도 공동 운영하고 있다. www.kellyraeroberts.com

켈리 래 로버츠
Kelly Rae Roberts

켈리 래는 국제적으로 유명한 예술가이자 작가로 수많은 매체에서 소개되었다. 그녀의 작품은 다양한 선물 아이템으로 전 세계에서 볼 수 있다. 창조적인 기업가를 위한 '헬로 소울 헬로 비즈니스[Hello Soul Hello Business]' 사이트도 공동 운영하고 있다.
www.kellyraeroberts.com

케리 로이
Kerry Roy

20대 후반에 직장을 잃은 것은 케리에게 축복이었다. 케리와 그녀의 파트너인 데이브는 세계 여행에서 영감을 얻어 영국의 요크셔에 있는 아름다운 시골 지역에 아이슬란드어 단어 '행복'에서 이름을 딴 '캠프 카우투르'를 열었다. 사업에서 성공을 거둔 케리와 데이브는 이탈리아의 아브루조에 그들만의 새로운 공간을 마련했다.
www.campkatur.com

케빈 캐럴
Kevin Carroll

케빈은 스타벅스, 월트 디즈니, 나이키, 마텔 같은 많은 조직에서 창의적인 아이디어를 현실로 만드는 데 도움을 주었으며 사회 변화와 성공을 위한 수단으로 교육, 스포츠 및 놀이를 발전시키는 데 헌신하고 있다.
www.kevincarrollkatalyst.com

리사 맥아더 에드워즈
Lisa McArther-Edwards

리사는 아테네, 로마, 런던에서 자랐다. 그녀는 영화 로케이션 관리 일을 하기 전 인테리어 디자인을 공부하고 수상 경력에 빛나는 여러 TV 시리즈 및 광고를 작업했다. 리사는 1997년 호주로 이주하여 남편과 이벤트 회사를 시작했으며, 생물 역학 농장을 시작했다. 그녀는 후에 예술에 대한 열정을 다시 쫓기 시작했고 현재는 여러 분야의 예술가로 활동 중이다.
www.lisamcarthuredwardsartist.com

리사 몬크리프
Lisa Moncrieff

리사는 난치병인 근육 장애를 가지고 있는 로지의 엄마다. 리사는 장애 아동 가족이 자유, 행복을 찾을 수 있도록 라이프 코칭을 제공하는 블로그를 운영하고 있다. 또한 자선기금을 모으기 위해 등산과 마라톤도 한다.
www.myweakmuscles.com

로투스 쥐리 잘잘라
Lotus Juri Zazala

로투스는 수백만 달러 규모의 사업을 성공시킨 후 정신없이 사느라 내면을 돌아보지 못했음을 깨달았다. 비건 채식주의자가 되고 진실에 충실한 삶을 살며 건강과 기쁨을 되찾은 로투스는 이제 요가, 서퍼, 농부,

기업가, 예술가로서의 자유를 다른 사람들과 공유하며 다른 사람들도 자유를 찾을 수 있도록 돕고 있다. 현재는 코스타리카에 거주 중이다.

루 아켈
Lou Archell

루는 영국 브리스톨 출신의 작가, 사진작가이자 엄마다. 그녀의 블로그인 '리틀그린셰드Littlegreenshed'는 여행, 식물 및 단순한 삶에 대한 실질적인 조언을 제공하고 있다. 2015년 그녀는 훌륭한 여성들이 재충전하고 힘을 얻을 수 있도록, 연례 프로그램인 '시스터후드 캠프Sisterhood Camp'를 시작했다.

www.littlegreenshedblog.co.uk 그리고 www.sisterhoodcamp.co.uk

루시 힐
Lucy Hill

루시는 미디어 업계에서 풀타임으로 일하고 있지만, 그녀의 진정한 열정은 업무 밖에 존재한다. 계절에 따라 창조적인 삶을 가꾸는 것에 대한 블로그를 운영 중이며, 수제 작품에도 열정을 가지고 있는 그녀는 공인 라이프 코치이자 NLP 프랙티셔너이기도 하다.

www.thepinkbuttontree.com

맨디 헨리
Mandy Henry

재미를 좋아하는 여행 블로거, TV 진행자, 이벤트 주최자인 맨디는 2012년에 자신의 회사를 설립하고 프리랜서로 새로운 도전과 삶을 경험해 보기로 했다. 결국 '인생은 예행연습이 아니니까!'

www.travellightbulb.blogspot.co.uk

니콜라 모스
Nichola Moss

니콜라는 사람들 사이를 다시 연결하고, 그들이 내면의 나침반을 따라가며 내면에서 변화를 일으키도록 인도하는 코치다. 그녀는 자연에서의 수업뿐 아니라 일대일 세션도 제공하고 있다.

www.nicolamoss.co

폴 캠프턴
Paul Kempton

폴은 헌신적인 남편, 아버지이며 스포츠, 영화, 만화 애호가다. 10년 넘게 토목 기사로 일했던 폴은 '두 왓 유 러브'에 합류하며 커리어에 큰 변화를 맞았다. 그는 사람들에게 개인적, 직업적, 재정적 자유를 줄 수 있도록 영감을 주는 온라인 과정을 개발하는 일을 하고 있다.

www.dowhatyouloveforlife.com

피아 제인 비예케르크
Pia Jane Bijkerk

피아는 세계적으로 유명한 스타일리스트, 사진작가, 작가이며 지난 10년간 전 세계에서 일해 왔다. 『파리 : 메이드 바이 핸드Paris: Made by Hand(2009)』, 『암스테르담 : 메이드 바이 핸드Amsterdam: Made by Hand(2010)』, 『마이 하트 원더스My Heart Wanders(2011)』, 『작은 보물 : 메이드 바이 핸드

Little Treasures: Made by Hand(2013)」의 저자이다.

www.piajanebijkerk.com

롭 다 뱅크
Rob da Bank

음악 방송인이자 트렌드세터인 로버트 고행(롭 다 뱅크)은 영국에서 가장 사랑받는 음악 큐레이터 중 한 명이다. 그는 1995년 런던에 설립한 클럽 '나이트 선데이 베스트'로 처음 주목을 받았으며, 이후 음반사와 3개의 수상 경력이 있는 음악 축제인 '베스티발Bestival', '캠프 베스티발 Camp Bestival', '커먼 피플Common People'을 성공시켰다.

www.bestival.net

로한 구나틸레이크
Rohan Gunatillake

로한은 현대의 마음 챙김과 명상 분야에서 가장 독창적이고 창조적인 사람 중 한 명이다. 그의 회사 '마인드풀니스 에브리웨어'는 '카라', '슬립풀니스', '카드 포 마인드풀니스'를 만들었고, 베스트셀러 앱 '부디파이 buddhify'도 개발했다. 『디스 이즈 해프닝This is Happening』의 저자이며 현재 글래스고에 살고 있다.

www.rohangunatillake.com

샘 레이놀즈
Sam Reynolds

지난 10년 동안 샘은 유방암 진단을 세 번 받았다. 암이 삶에 미치는 영향을 다양하게 경험한 그녀는 암 치료 후 회복하고 재적응하는 사람들을 위한 온라인 네트워크인 '샘스페이시스Samspaces'를 설립했다.

www.samspaces.co.uk

스펜서 보먼
Spencer Bowman

기업가적이고 창의적이며 주도적인 스펜서는 자신의 고향이 거대한 잠재력을 발휘하기를 바라며 영국 사우샘프턴 중심부에 기반을 둔 사람 중심 비즈니스를 구축하기 위해 노력했다.

www.mettricks.com

비그디스 밧셰우
Vigdis Vatshaug

비그디스는 영원한 낙천주의자이고 모든 면에서 긍정적인 사람이다. 그녀의 열정은 야외 활동과 코스타리카에서의 '푸라 비다pura vida' 생활 방식을 다른 사람들과 공유하는 데 있다. 남편과 함께 '바히아 리카 낚시용품점 및 숙소'를 운영하고 있다.

www.bahiarica.com